融合型·新形态教材
复旦学前云平台 fudanxueqian.com

普通高等学校学前教育专业系列教材

学前儿童家庭教育

编　著　张富洪

李　斐　　陈龙图　　赖发明　　卢文丰

宋丽平　　谢莉莉　　杨慧彤　　李爱东

复旦大學出版社

内容提要

　　本教材为师范院校学前教育专业职业能力课程"学前儿童家庭教育"的应用型配套教材，是由高校学前教育专业教师和幼儿园骨干教师共同编写的校企合作融合型新形态教材。教材以立德树人为根本，以课程思政为抓手，基于《指南》对五大领域提出的"教育建议"，以及学前儿童学习与发展的"关键经验"和家长的"关注热点"编写而成。教材内容分"理论篇"和"实践篇"两部分，以实用性为主，兼具理论性。理论部分概括性强、浅显易懂；实践部分突出操作性和应用性，共收录了52个家庭教育情景案例（含案例分析），充分体现了职业教育教材的特点，在同类教材中颇具特色，具有较强的应用和创新价值。教材既可以作为师范院校"学前儿童家庭教育"课程的配套教材，也可以作为该课程的教学参考书，还可以作为幼儿园家长学校的指导教材使用。

复旦学前云平台
数字化教学支持说明

为提高教学服务水平，促进课程立体化建设，复旦大学出版社学前教育分社建设了"复旦学前云平台"，为师生提供丰富的课程配套资源，可通过"电脑端"和"手机端"查看、获取。

【电脑端】

电脑端资源包括 PPT 课件、电子教案、习题答案、课程大纲、音频、视频等内容。可登录"复旦学前云平台"www.fudanxueqian.com 浏览、下载。

Step 1 登录网站"复旦学前云平台"www.fudanxueqian.com，点击右上角"登录 /注册"，使用手机号注册。

Step 2 在"搜索"栏输入相关书名，找到该书，点击进入。

Step 3 点击【配套资源】中的"下载"（首次使用需输入教师信息），即可下载。音频、视频内容可通过搜索该书【视听包】在线浏览。

【手机端】

PPT 课件、音视频、阅读材料：用微信扫描书中二维码即可浏览。

扫码浏览 →

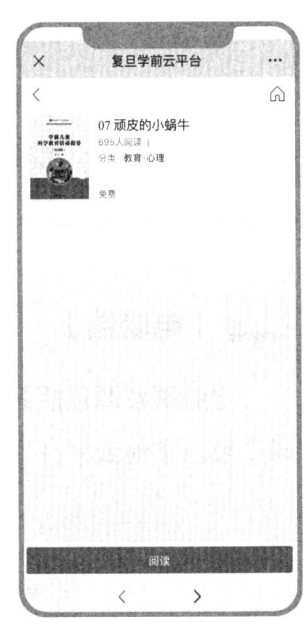

【更多相关资源】

更多资源，如专家文章、活动设计案例、绘本阅读、环境创设、图书信息等，可关注"幼师宝"微信公众号，搜索、查阅。

平台技术支持热线：029-68518879。

"幼师宝"微信公众号

前　言

　　家庭是幼儿成长的摇篮,是亲子关系建立和发展的基础。幼儿出生后接触的第一环境就是家庭,他们在家庭中生长和生活,家长是他们的第一任教师。家长对孩子的教育是建立在血缘关系和亲子之爱的基础上的,幼儿从模仿家长开始,在家长的引导下学习适应社会,逐步掌握社会生活必备的知识、经验和技能,完成从自然人到社会人的过渡。在幼儿的社会化进程中,家庭对幼儿的影响是不可替代的,幼儿性格的刚懦、品质的优劣、学习的好坏等无不与家庭教育有着密切的联系,科学的家庭教育对幼儿一生的发展成长都起着十分重要的作用。

　　《3～6岁儿童学习与发展指南》(以下简称《指南》)的颁布,引发了全社会对家庭教育质量的重视和思考。《指南》以为幼儿后继学习和终身发展奠定良好素质基础为目标,以促进幼儿体、智、德、美各方面的协调发展为核心,通过提出3～6岁各年龄段儿童学习与发展目标和相应的教育建议,帮助幼儿园教师和家长了解3～6岁幼儿学习与发展的基本规律和特点,建立对幼儿发展的合理期望,实施科学的保育和教育,让幼儿度过快乐而有意义的童年。《指南》的印发,对于有效转变公众的家庭教育观念,提高家长的科学育儿能力,全面提高家庭教育质量具有重要意义。因此,应协助家长把握《指南》的核心理念并将其有效运用到家庭教育中,如果家长能正确领会《指南》,并能参照《指南》中的建议,用心观察孩子,了解自己孩子的身心发展水平,多与孩子做积极、有效的游戏与沟通,做好家园配合工作,这对于孩子的终身可持续发展是非常有利的。

　　《中华人民共和国家庭教育促进法》明确指出,家庭教育是指父母或者其他监护人为促进未成年人全面健康成长,对其实施的道德品质、身体素质、生活技能、文化修养、行为习惯等方面的培育、引导和影响。父母或者其他监护人应当树立家庭是第一个课堂、家长是第一任老师的责任意识,承担对未成年人实施家庭教育的主体责任,用正确思想、方法和行为教育未成年人养成良好思想、品行和习惯。未成年人的父母或者其他监护人及其他家庭成员应当注重家庭建设,培育积极健康的家庭文化,树立和传承优良家风,弘扬中华民族家庭美德,共同构建文明、和睦的家庭关系,为未成年人健康成长营造良好的家庭环境。这些充分表明了国家已经把家庭教育摆在了非常重要的位置。

　　本教材为师范院校学前教育专业职业能力课程"学前儿童家庭教育"的应用型配套教材,是由高校学前教育专业教师和幼儿园骨干教师共同编写的校企合作融合型新形态教材。教材以立德树人为根本,以课程思政为抓手,基于《指南》对五大领域提出的"教育建议",以及学前儿童学习与发展的"关键经验"和家长的"关注热点"编写而成。教材内容分"理论篇"和"实践篇"两部分,以实用性为主,兼具理论性。理论部分概括性强、浅显易懂;实践部分突出操作性和应用性,共收录了52

个家庭教育情景案例(含案例分析),充分体现了职业教育教材的特点,在同类教材中颇具特色,具有较强的应用和创新价值。教材既可以作为师范院校"学前儿童家庭教育"课程的配套教材,也可以作为该课程的教学参考书,还可以作为幼儿园家长学校的指导教材使用。

教材共包含八章内容。第一章至第三章为理论篇,主要包括"3～6岁儿童学习与发展特点、3～6岁儿童家庭教育概述和《3～6岁儿童学习与发展指南》的家庭教育解读"等三部分内容,旨在让家长了解3～6岁儿童的生理、心理特点,以及常见的身心发展问题,正确认识家庭教育的价值、特点,做到关注儿童学习与发展的整体性,恰当处理儿童学习与发展中的问题,构建合理的家庭教育目标,建立科学的家庭教育理念,掌握家庭教育内容、原则和方法。第四章至第八章为实践篇,主要包括"学前儿童健康领域、语言领域、社会领域、科学领域和艺术领域的家庭指导策略"等五部分内容,旨在让家长关注孩子的身心状况和动作发展,培养幼儿的倾听与表达能力、人际交往能力、社会适应能力、科学探究能力、数学认知能力、感受与欣赏能力、表现与创造能力,并结合当前亟待解决的学前儿童家庭教育问题提出相关应对策略。每一章均通过"情境分析导入—知识内容学习—操作技能训练—课外拓展任务"4个教学模块呈现具体的教学内容。教材能使学前教育专业学生通过学习掌握学前儿童家庭教育的基本知识,形成必备的能力和素质,对促进当前学前儿童家庭教育水平的提高有一定的指导意义,也能为相关教育行政部门制订学前儿童家庭教育政策、开展学前儿童家庭教育培训提供有益的参考。

教材为融合型新形态教材。在每一章内容的"情境分析导入""操作技能训练"和"课外拓展任务"模块内均内配有二维码,学生可以根据课堂教学需要通过扫码方式观看视频、浏览图片或阅读文献资料。教材配套的教学资源主要包括课程标准、课程教案、电子课件、教学视频、典型案例、拓展阅读材料、练习题和测试题等材料,均可以通过扫码方式或登录复旦学前云平台(www.fudanxueqian.com)免费下载,选用本教材的教师和学生可以在教学中自主使用上述教学资源。

本教材系2015年度广东省教育厅基础教育课程改革项目"学前儿童家庭贯彻《3～6岁儿童学习与发展指南》的策略研究"(编号2015JJKGYJ015)的研究成果,是由项目负责人张富洪教授领衔的江门职业技术学院学前教育专业教师团队和课题实验园江门市第一幼儿园教师共同编写而成的校企合作教材。在编写过程中,也得到了江门市培英实验幼儿园、江门市灏景园幼儿园、江门市江海区江南幼儿园、江门市鹤山市碧桂园幼儿园、中山市小榄镇明德中心幼儿园、佛山市顺德区北滘君兰幼儿园、佛山市顺德区大良万圣怡幼儿园等7所课题实验幼儿园领导、教师的大力支持与帮助,在此表示深切的谢意。教材编写的过程中,我们还参考了有关的书籍和网络资源,在此也一并表示衷心的感谢。

限于作者的水平,书中错漏和不当之处敬请读者批评指正。

张富洪

2021年11月

目 录

理 论 篇

实 践 篇

理 论 篇

第 一 章

3～6岁儿童学习与发展特点

学习目标

素质目标	1. 热爱幼儿教育事业。 2. 树立正确的儿童观,尊重幼儿身心发展规律和特点。
知识目标	1. 了解3～6岁儿童的生理、心理特点。 2. 知道3～6岁儿童常见的身心发展问题。
能力目标	1. 能够针对3～6岁儿童常见身心发展问题开展教育与指导。 2. 能够设计一份幼儿行为观察记录表。

情境分析导入

讨论分析:

扫码观看视频并谈谈幼儿常见的攻击性行为有哪些? 为什么会出现这些行为?

1-1

知识内容学习

第一节 3～6岁儿童的生理、心理特点

一、3～4岁儿童的生理、心理特点

3～4岁的幼儿刚从婴儿期步入幼儿期,他们不免带有一些婴儿的"痕迹";随着身心迅速发展,他们又开始具有幼儿期的显著特点。小班幼儿年龄特征十分突出。儿童年满3岁,可以进入幼儿园小班接受有计划、有目的的学前教育。由于生活条件和教育条件的改变,进入幼儿园成了儿童生活上的一个转折,对其心理发展有很明显的影响。

(一) 3～4岁儿童的生理特点

3～4岁幼儿脑部结构基本成熟,脑重量约为1 000 g,是出生时的两倍多,神经细胞容量增大,神经纤维增长延伸,使神经细胞之间出现了新的传导道路,脑的机能也已经发展起来,大脑皮层兴奋过程占优势,抑制过程较弱,但神经细胞脆弱,表现为易兴奋、易疲劳。神经系统的发展使幼儿可以连续活动5～6个小时,日间只需要一次睡眠。

3～4岁幼儿身体结构和器官功能有所加强,骨骼更加坚硬,但骨化过程还未完成,容易变形。身体动作发展得也非常快,身高每年可增长8～10 cm,动作发展非常迅速。3～4岁的幼儿已掌握行走、跑、闪避、扔、停、拐弯、减速等大动作,而且也已经掌握了一些精细动作,比如能自己吃饭,会解扣子,会自己倒水等许多事情,具有初步的生活自理能力。喜欢接触外界环境,练习大肌肉运动技能,能自然地走、跑、跳、学骑三轮车、玩球等,但幼儿手腕、手指等小肌肉群的发育较晚、较慢,需要较长时间才能加以随意控制。动作的发展不仅对他们的身体发育,而且对他们的思维发育都有重要价值。刚刚走过婴儿期的3岁幼儿,正处于知觉行动到具体形象思维的过渡阶段,他们的认识很大程度上要依赖于行动。

3～4岁的幼儿逐渐掌握最初步的生活自理能力,在正确的培养下能够自己进餐,自己控制大小便,以及在成人帮助下自己穿衣。3岁半以后,逐渐习惯于自发地和小朋友共同游戏。这些发展使3～4岁的幼儿具备了离开亲人去参加幼儿园集体生活的可能性。幼儿生活范围的扩大,引起了心理发展上的各种变化,使他的认识能力、生活能力、人际交往能力都迅速发展。

(二) 3～4岁儿童的心理特点

1. 感知觉与注意发展

3～4岁幼儿的感知觉逐渐完善,能初步辨认红、黄、蓝、绿等常见色;辨别上下前后方位;掌握圆形、方形、三角形;对生动形象、色彩鲜艳的事物和形象容易认识。但幼儿的观察带有很大的随意性,只能观察到事物的粗略轮廓,看到事物的表面现象,观察时常常用手指头帮忙,指着图片和物体进行观察。观察目的会随观察过程发生转移,容易受外界新异刺激的干扰而不能持久,只有6～7分钟,甚至更短,而且受情绪的影响很大。家长可以通过激发幼儿的观察兴趣,帮助幼儿明确观察目的,教会幼儿观察的方法,来促进幼儿观察的发展。

3～4岁幼儿逐渐能够根据要求主动地调节自己的心理活动,集中指向应该注意的事物,但有意注意的稳定性很低,注意力仍以无意注意为主。凡是生动、活泼形象的事物都容易引起他的注意,所以家长会常常发现这种现象,比如他正在聚精会神地玩自己喜爱的玩具或游戏时,周围一旦出现什么新异的刺激,他马上就会分散注意,即便在较好的条件下,一般也只能集中注意3～5分钟。注意转移、分配能力都很差,表现在观察图片时,仅能注意其主要的、鲜明的部分而忽视其他部分;在做律动时,只能听琴声两手上下挥动或双脚小跑步,而不能将身体各个部分的运动有机地结合起来。

2. 记忆发展

3～4岁幼儿记忆以无意记忆和机械记忆为主。他们对那些形象鲜明、具体生动、能够满足幼儿个体需要或者能激起强烈情绪体验的事物,很容易自然而然地记住。由于幼儿爱机械地背诵,所以不要以为他会背就是懂了。家长要掌握幼儿的记忆特点,让幼儿记的东西要尽量形象,是他们感兴趣的,而不是仅仅满足于幼儿会背。研究证明,当记忆事物能够成为幼儿活动的对象或活动产生的结果,记忆也较容易,幼儿所获得的知识,多半是在游戏和其他活动中"自然而然"地记住的。

3. 思维

3～4岁幼儿往往凭着感知觉,凭着动作去认识事物、认识世界、积累知识,其思维仍然带有很大的直觉行动性,即在使用物体、摆弄玩具的动作过程中边做边想,或者是先做后想,一旦动作停止或转移,其思维活动也就随之停止或转移。他们掌握实物概念只能按物体的颜色、形状等外部特征进行概括,只能掌握日常生活中具体概念,如实物概念、简单的数概念等,很难掌握抽象的关系概念、时间概念、道德概念等。虽然也用词表达一个概念,但这时的词所概括的内涵十分有限,基本只能概括事物的一个或某一些特征,不能把握事物的所有特征。理解事物常常要依靠具体形象,往往按照自己的生活经验或个人情绪来进行判断、推理。例如儿童认为"木块能浮是因为它宽大,钉子能沉是因为它小"。随着儿童知识经验的不断丰富,所储存的表象日益增多,儿童的具体思维开始形成和发展。

知识链接：

动　作　思　维

3～4岁的幼儿在听别人讲述或自己讲述事情时,往往离不开具体动作。比如听故事时,听到"大象用鼻子把大灰狼卷起来了",就用手在自己鼻子前面做"卷"的动作。吃饭时给家人讲述幼儿园里的事情,经常把碗和汤匙放下,站起来比划。

幼儿在游戏的时候,比如搭积木或者画画,当你问他,你要搭一个什么东西呀? 或者你要画一个什么东西呀? 儿童往往说不出来。他画到什么地方,他会跟你说我想画什么,他搭到什么地方,他就说我搭什么,比如我搭一个房子,或者我搭一个门等。

让幼儿把几个图形拼成图画,他拿到图形后立刻行动,如果让他想一想再动手拼,他做不到,往往是无意中拼出了某种形状,他才有所发现地说出,如"宝宝骑马"。画图画之前,他即使说了"画太阳",在画画过程中也会发生变化,画完之后,他惊讶地说:"大苹果!"

3～4岁幼儿的想象儿乎没有主题和预定的目的,常满足于想象的过程,有很明显的即时性、情境性、易感性。他们想象的主题主要依赖成人的语言描述,内容基本上是重现生活中的某些经验,经常与知觉过程相纠缠,他还喜欢夸大想象,把没有的事情说得活灵活现。因此常出现想象与现实中的事物相混淆的情况。

知识链接：

"说谎"的界限

3～4岁幼儿很喜欢想象,有时会出现夸大想象现象。比如说,他会兴高采烈地和其他小朋友一起谈论爸爸妈妈带他到动物园或植物园去玩,看到了大象、长颈鹿等,其实他并没有去,这只是因为他想去而产生的一种想象而已,但这并不是有意在说谎。家长要注意分清"想象"和"说谎"的界限,幼儿会由于强烈的愿望,达到分不清想象和现实的地步。

4. 语言

3～4岁是幼儿口语发展的关键期,正常情况下这一时期的幼儿都已学会讲话,但因为他们的发音器官和听觉发育并不十分完善,还不能辨别差别较小的音,不善于协调使用发音方法,所以存在发音不清楚的情况。这时的幼儿掌握一定口语有1 000～1 100个词汇,名、动词占大多数。这些词汇不仅包括许多与日常生活、起居饮食有关的词,也有不少与日常生活没有直接联系的词,如关于人造卫星、古代历史等,但对词义的理解肤浅片面。掌握了一些基本语法结构和一些句型,能用词组成简单的句子来表达自己的意思,但句子经常不完整,常出现没有主语的病句或颠倒的情况。能用较恰当的词句向别人表达自己的思想和要求,但带有很大的情景性。喜欢听故事、学儿歌,能安静地听别人讲述,初步体验到与他人进行语言交流的乐趣,并能初步感受语言的丰富和优美。语言的形成和发展使幼儿已经基本能够向别人表达自己的思想和要求,不需要成人过多地猜测他的意愿。

5. 社会性

3～4岁幼儿的行为具有强烈的情绪性,情感大都表露于外,常常处于激动状态,且容易变化。从2～3岁时能叫出自己的名字和掌握代词"我",幼儿开始产生真正的自我意识,与此同时,幼儿也开始出现与成人不合作的行为,常以沉默、退缩、身体的抗拒来拒绝成人的要求,并常用"我自己来"拒绝成人的帮助,表现出强烈的独立行动的愿望,自制力差、易冲动、自我中心化明显。这一时期的幼儿常出现因争抢玩具的"工具性攻击行为",加上自控能力差,辨别是非能力差,容易学习模仿影视节目中的暴力镜头,有时会出现一些交往障碍或行为问题。他们开始具有初步的规则意识和行为规范,开始有初步的自我评价,喜欢用语言、动作与人交往,在社会性交往方面开始从自我为中心慢慢转变,逐渐习惯于自发地和同伴共同游戏,能对别人表示出同情和关心,出现助人行为,但是往往不考虑自己助人出现的后果,常常好心办坏事。对荣誉感的理解大多局限在自己身上,而较少考虑到整个班级,还不知道为别人的成功而高兴。

二、4～5岁儿童的生理、心理特点

(一) 4～5岁儿童的生理特点

4～5岁儿童生理上比以前成熟,神经系统有进一步发展,兴奋和抑制能力都有较大提高:兴奋过程的提高表现在清醒时间进一步延长,夜间连续睡10小时,中午睡2小时,就能保持精神饱满。抑制过程的发展表现在对某些刺激可以不发生反应。抑制时大脑起保护作用,过分兴奋容易疲劳。神经过程转入抑制,使脑细胞不致受损害。幼儿用心听讲一段时间之后,就听不进去,那是他的脑细胞自动休息了,转入抑制过程。这时不能勉强他继续专心听讲。由于他们已经在园一年,对幼儿园生活已比较适应,把每天早晨大人上班、自己上幼儿园,看作是理所当然的事情,表现特别活泼好动。集中精力进行活动的时间也较前延长,上课可达20分钟。

4～5岁幼儿小肌肉不断发展,动作更灵活有条理,好动是这一年龄阶段的突出特点。他们能够掌握多种动作技能,跑、跳、钻、攀都相当灵活且比较协调;手指动作比较灵巧,可以熟练地穿脱衣服、扣纽扣、拉拉链、系鞋带,能练习拍球,能伸手接球,会对准目标丢球、踢球。会用不同的材料建构较复杂造型,也会完成折纸、穿珠、拼插积木等精细动作。动作质量明显提高,既能灵活操作,又能坚持较长时间。

4～5岁儿童在集体生活中行为的有意性增加了,他们能接受成人的指令,完成一些力所能及的任务。在幼儿园里,可以学当值日生,为班级的自然角浇水,帮助老师摆放桌椅等。在家里,能够收拾自己的玩具、用具,并能帮助家人收拾碗筷、折叠衣服等。这些都表明此时幼儿已出现了最初的责任感。

(二) 4～5岁儿童的心理特点

1. 感知觉与注意发展

4～5岁儿童随着身心的发展对周围的生活更熟悉了,他们总是不停地看、听、摸、动,见到了新奇的东西,总爱伸手去拿、去摸,还会放在嘴里咬咬、尝尝,或者放在耳边听听,凑过鼻子闻闻,积极地运用感官去探索、去了解。他们常常喜欢寻根问底,不但要知道:"是什么?"而且还要探究:"为什么?"如:为什么鸟会飞? 洗衣机为什么会转? 中班幼儿由于见识不多,对事物的理解有限,因此观察过程十分依赖成人,结论也脱离不了成人的帮助。以观察手表为例,他们感兴趣的是里面那根针会走动、发出声响的长针,当放开手表,问他们里面有几根针,他们就不一定说得准。家长若能引导他全面地观察,如有几根针,有哪些数字,表面是什么形状的,表带上有什么等,那幼儿的收获与独自观察所得就大不一样了。我们还可引导他观察长短针的关系,然后让幼儿小结,和他一起寻找正确答案。发展中班幼儿的观察力,需要家长多角度的指引,多问一些问题,促使幼儿深入观察。

4～5岁儿童无意注意占优势,他们喜欢新玩具、新衣服、新图书,因为这些新东西本身的吸引力引起了他们的注意,同时有意注意在逐步发展,呈现出无意注意向有意注意转化的趋势,比如当幼儿看图书显出失去兴趣的样子要丢掉图书时,我们表扬激励的话能使他又认真翻阅下去,这就表现出了幼儿的有意注意。4～5岁儿童的有意注意还十分有限,他们虽然在受表扬之下能继续看图书,可过不了多久便会弃书另找乐趣。根据以上特点,家长在引导幼儿学习时应当选用有动感、色彩明艳、能吸引幼儿目光的教具以及生动有趣的语言和表情,采用故事或游戏的形式,寓教于乐,使幼儿集中注意,并要多采用正面教育,促进幼儿有意注意的发展。

2. 记忆发展

4～5岁儿童的记忆特点是无意记忆较多,也能进行有目的、有意识的记忆,如在游戏时无意中看到妈妈切洋葱,让洋葱熏出了眼泪,以后便不敢弄碎它了。另一特点是能学会忘,如要他们学一首儿歌,他们反复朗诵几遍就记下了,但如果长时间不复习,会忘得一干二净。当然,这跟幼儿学儿歌时对儿歌的理解程度有关,如果不理解,只是机械地背诵,那么背得快,但短时间里就会忘记了,如果是在理解的基础上进行的记忆,那他们记的时间会长一些,但也必须重新巩固,否则也会忘记。要发展4～5岁儿童的记忆力,关键的一环是锻炼他们的注意力,同时要提高幼儿对语词的理解能力,当幼儿听得懂故事和家长解说的各种现象时,那么他们学习的积极性就高了,学习能力增强,记忆效果也会明显提高。

3. 思维

4～5岁儿童的思维具有具体形象的特点,他们还缺乏通过词语逻辑来思维的能力,更多的是在动手玩乐中进行思维,在理解成人语言时,时常凭借自己的具体经验,如:老师说"清华大学",儿童则理解成"青蛙大学"。此时的儿童在已有感性经验的基础上,开始能对具体事物进行概括分类,但概括的水平还很低。其分类的根据是具体事物的表面属性(如颜色、形状)、功能或情景等。例如:把苹果、西瓜归为一类,认为"能吃,吃起来水多";把太阳、皮球归成一类,认为都是圆的;把玉米、香蕉归一类,认为都是黄的。

4～5岁儿童对事物的理解能力开始增强,在时间概念上,能分辨什么时间该做什么事情;在空间概念上,能区别前后、中间、最先、最后等位置;在数量上,能自如地数1～10。对物体类别的概念也有初步的认识,会区别轻重、厚薄、粗细等。部分儿童还能分清左右,能把物品从大到小摆成一排。初步理解周围世界中表面的、简单的因果关系,如能够明白种花若不浇水,花就会枯死的道理。

想象是幼儿的一种创造性表现。4～5岁儿童的想象,常常是在游戏、制作、观察活动中有所发现而产生的突发奇想。如捧起米来,米粒从指缝间落下来,他们会叫:下雨啦。但如果给他们定下主题,让他们想象创作,就有困难了。家长可以帮幼儿找一个着眼点,或是示范想象来促使幼儿开窍。到中班后期,一般的幼儿能大胆想象、独立创作了,如画大象,他能在没见过的情况下画出大象的多种形态:洗澡、吃苹果、卷木头等。幼儿的想象与其本身掌握的知识很有关系。因此,要不断扩大幼儿的视野,幼儿的想象力才能丰富。

4. 语言

4～5岁的儿童已能清晰地谈话,词汇开始丰富,喜欢与家人及同伴交谈。能够独立地讲故事或叙述日常生活中的各种事物,但有时讲话会断断续续,因为儿童还不能记清事物现象和行为动作之间的联系。他们还会根据不同对象的理解水平调整自己的语言,如对小妹妹说"叔叔走了",对妈妈说"奶奶去商店买吃的东西了"。有时他们也能表述相当复杂的句子:"我还没来得及把蛋糕放在桌子上,妹妹就把它吃掉了"。这个阶段的儿童喜欢唱歌,会拍打较容易的节奏,他们能说出至少6～8种颜色,喜欢涂涂画画,能用黏土或橡皮泥捏出一些形状和物体,如圆形、方形、西瓜、苹果、香蕉等,有时还会捏出人像或动物的形象。这一时期的儿童在表达自己的想法时,经常要用手势、表情一起帮助表达与创造。

5. 社会性

4～5岁的儿童情感的稳定性和有意性逐步增长,行为受情绪支配的比例在逐渐下降。例如,在他生气和着急时,不一定哭闹;高兴时,也不一定笑出声来;当他看到同伴哭时,他可以表示出关心、同情,情绪较3岁儿童更稳定。在商场,当他们看到喜爱的玩具,已不像2～3岁时那样吵着要买,能听从成人的要求,并用语言自我安慰:"家里已有许多玩具了,我不买了。"在幼儿园里,同伴间发生争执时,有时也能控制自己的情绪和行为。当然,他们并非对所有的事都能调节好,对特别感兴趣的事和物仍然受情绪支配,甚至还出现情绪"失控"现象,遇到不顺心时仍会大发脾气。

4～5岁的儿童喜欢和同伴一起玩,在活动中他们逐渐学会了交往,会与同伴共同分享快乐,还获得了领导同伴和服从同伴的经验。此时他们开始有了嫉妒心,能感受到强烈的愤怒与挫折,有时,他们还喜欢炫耀自己所拥有的东西。当然,在集体活动中他们也了解和学会与人交往及合作的方式,规则意识开始萌芽,懂得要排队洗手、依次玩玩具等。当他们与人相处时,表现得有礼貌了,会主动说"谢谢""对不起"等。此时儿童的是非观念仍很模糊,只知道受表扬的是好事,受指责的是坏事,喜欢受表扬,听到批评会不高兴或感到难为情。4～5岁的儿童不但爱玩,而且会玩。此时的儿童游戏兴趣显著增强,游戏水平也大大地提高,他们能够自己组织游戏,选主题、自行分工、扮演角色等,游戏情节丰富,内容多样化,还出现以物代物等替代行为,如用积木代替电话机、用"雪花片"代替公园门票等,表征水平有了提高。他们的游戏不仅反映日常生活的情景,还经常反映电视、电影里的故事情节。

4～5岁的儿童开始意识到男女的性别差异。开始对外生殖器表现出某种关心,对异性身体的差异表示关注。这时期的幼儿会出于对自己的出生和角色的好奇向家长提出很多有关性方面的问题,如他们会问:"妈妈,我是从哪里生出来的?"等等。幼儿的这一发现对他们来说是一个生活的转折点,在这时期里,帮助他们树立明确的性别概念,向幼儿进行正确的性教育和指导,是幼儿建立健全的自我意识和健康的精神面貌的基础工程。当幼儿提出性方面的疑问时,家长应当尽可能坦率、清楚、恰如其分地给予回答,不要曲解幼儿对性的好奇心。

三、5～6岁儿童的生理、心理特点

(一) 5～6岁儿童的生理特点

5～6岁的儿童脑的结构已相当成熟,神经系统的发育已接近最后阶段,皮质兴奋和抑制过程进一步加强,但仍不够平衡,兴奋强于抑制。5岁时脑重约为成人的75%,6岁时约为成人的90%。神经纤维分支增多加长,神经传导更迅速和准确。由于脑的日益成熟,加上外界经验的增多,大大有助于幼儿各方面能力的发展。身高增长相对较快,头长和身长的比例因身高的增长而逐渐变小,身体各部分外观比较匀称。满6岁时,男孩的体重达15.9～27.1 kg,身长106.1～125.8 cm;女孩体重15.3～27.8 kg,身长104.9～125.4 cm。

随着手眼协调的发展,5～6岁儿童动作的灵活性增强,能较熟练地做大肌肉运动,运动较以前更为剧烈,如单脚跳、多种方法玩球、玩绳等。平衡能力提高,能在一条直线上走、攀爬、滑行等。精细动作机能得到较大提高,能较自如地控制手腕和手指,灵活地使用一些工具,如剪刀、锤子等。能用泥捏出造型的精细部分,会捆东西、串珠子、用剪子、拉拉链、系纽扣、按按扣、装配东西、完成拼图以及其他更多事情。有的儿童动作模仿力和表现力已经显示出一定的天分,有了相当的自理能力,吃饭、穿衣、大小便已完全不必依靠大人的帮助,而且也能够做不少家务,如整理床铺、打扫卫生、买东西等。

6岁的幼儿已经是个强壮、会走会跳、极具反叛性的儿童,小肌肉发达,喜欢练习大肌肉的技巧,手眼合作完善,食量大增,非常好动。由于小肌肉运动技能的发展,儿童的双手更灵巧,操作物体的能力大大加强,他们越来越喜欢那些能满足想象和创造欲望的多变性玩具,他们能长时间地、专注地探索物体的多种操作可能,在体育活动中也会很别出心裁地想出玩法。他们的歌舞、乐器、绘画、建构等方面的表现能力大大增强。

(二) 5～6岁儿童的心理特点

1. 感知觉与注意发展

5岁多的儿童分辨事物的能力有所提高,已能正确地区别混合色和不同深浅的颜色,能对光谱中全部颜色和它的名称紧密地联系起来。触摸觉的差别感受才开始发展起来,如幼儿用两手来比较两个同样体积而重量不同的小盒子。3～4岁幼儿往往认为重量是一样的,而5～6岁幼儿就能指出哪一个重些,哪一个轻些。能初步理解真实与虚构,能知道一年中12个月的名称和一周中每一天的名称。开始能看钟表,时间概念已比较明确,时间知觉有所发展。不但能辨别"昨天"和"今天",也开始能辨别"前天"、"后天"和"大后天"。

5～6岁儿童无意注意进一步发展,对感兴趣的活动能集中较长的时间。有意注意有了一定的稳定性和自觉性,集中时间能延长约15分钟,有了初步的任务意识。观察的目的性有所提高,在观察图画时能主动观察周围感兴趣的事物,如芽和树的变化、蚕和蝌蚪的变化等,并能掌握一些观察方法,如有顺序

的观察(按照一定方向或路线,从上到下,从左到右;把图形或图形的相应部分一一对应地进行比较等)。在注意的活动中,5～6岁幼儿能采取各种方法使自己不分散注意,比如自觉地把眼睛盯着需注意之物,把双手放在身旁或用两手掩着耳朵防止杂音干扰,等等。

2. 记忆发展

5～6岁儿童记忆的有意性有了明显的发展,能主动记忆所学的内容或成人布置的任务。记忆的持久性也进一步发展,但精确性不足。不仅能够记住和再现所需要的事物,在进行记忆时还能主动运用一定的记忆技巧,如初级的复述、组织、匹配联想等策略加强自己的记忆。在成人交代任务时,幼儿自己重复念一遍,以便有意识地听和记;幼儿还会根据一定的逻辑顺序,时间或者类别进行记忆,让他们记住一些物体,幼儿在回忆起来时,会打乱原来的秩序,按类别说出来。例如:让幼儿记忆一些任意排列的物体:车子、桌子、橘子、椅子、船、梨等,大班幼儿在记忆时会说成:车子、船、桌子、椅子、橘子、梨等。有的幼儿还会自言自语地追忆:"还有什么水果呢?"或叙述完事件后,反问一下:"接下来,还有什么事呢?"此外,幼儿在复述故事时,能删去无关紧要的部分,加上一些自己认为合理的细节,还会在不破坏逻辑关系的前提下对故事的细节程序做更改。

3. 思维

5～6岁幼儿的思维仍以具体形象思维为主,但已开始有抽象逻辑思维的萌芽,即出现依靠概念、判断和推理等形式的思维。此时的幼儿能够初步理解事物的本质属性和内在规律性的联系;能够掌握最基本的词的概念、实物概念、社会概念及数的概念。他们已能按照一定的类别为物体分类,但是他们掌握的概念大部分还是具体的,与直接可以感知的对象相联系的。例如,5～6岁儿童能够根据概念分类:如果给幼儿一些画有车、船、桌、椅、苹果、梨等物体的图片,要求他们将物体进行分类,4岁幼儿往往不会独立分类,5岁以后能够按交通工具、家具、水果等概念分类。4岁幼儿往往还弄不清楚"车子"和"卡车"这两个概念的关系。5岁以后,幼儿知道"车子"包含着"卡车"。5岁半以后,幼儿对于像"这里车子多呢,还是卡车多"一类的问题,能够做出正确回答。他们需要通过直观形象来理解抽象的超经验的概念,如在学习数学时需要借助实物包括手指头的帮助。

5～6岁幼儿的想象活动中开始出现一些创造性因素,不再完全按照成人的描述或指示,而能根据自己的想象进行加工。这种创造成分在游戏尤其是角色游戏和建造、造型活动中表现得最充分,不仅内容日益丰富,想象的距离也日益扩大,不仅能重复反映在家庭或幼儿园里发生过的事情,而且还会想象发生在公园、公共汽车、医院等公共场所发生过的事情。5～6岁幼儿创造想象的发展使他们能预见到活动的进程,如在游戏之前能想象出游戏的情节,商定游戏的规则,分配游戏的角色。在画图时,能先构思再动笔,在内容上能反映范围广阔的周围事物,甚至反映他们熟悉的文艺作品等。

5～6岁幼儿的抽象逻辑思维还带有明显的不自觉性,即不能自觉地调节、检验和论证自己的思维过程,不能说出自己是如何进行思考和解决问题的。对于一些需要经过多层次分析推理的事情,他们还是力不能及。同时,由于知识经验的限制,他们推断的结论也常常发生错误。例如,一个5岁幼儿羡慕邻居的家具,就问妈妈:"为什么叔叔和阿姨家里的东西都那么漂亮?"妈妈回答说:"因为叔叔和阿姨新结婚,他们的东西都是新的。"幼儿接着问:"妈妈,那你和爸爸为什么不结婚呢?"5～6岁幼儿在观察图片时也会进行一些逻辑推理。例如,几个大班幼儿在观察一幅图画时,对图画描绘的季节发生了激烈的争论。一些幼儿说是夏天,因为图中男孩子穿着短裤,另一些孩子说是秋天,因为女孩子穿着绒衣,说明他们既注意到图画的细节,还能根据这些细节进行分析推断。当然,6岁前儿童的逻辑推理能力还是初步的。

4. 语言

5～6岁阶段的幼儿言语器官已发育成熟,而且语音意识进一步发展,已经能意识到自己和别人语音中的问题,他们具备了正确发音的条件,也有了说话清晰准确的愿望。在成人正确的教育与引导下,能够发清全部语音,听懂一些较为复杂的句子,理解一段话的意思。能够掌握表示类概念的词汇以及表示因果关系的连接词,语言的连续性有所加强。资料显示,5岁幼儿词汇量有大幅度增加,而且质量上

也有明显提高。他们不仅掌握了名词、动词、形容词、数量词,还开始掌握一些常用副词和连词,这个年龄段的幼儿可以与成人自由地进行言语交流,已经初步掌握语法结构,开始产生内部言语。因而,其言语表达能力会有进一步的提高,不仅可以完整、连贯地说话,还会表现得大胆、生动、有感情,并喜欢在讲话过程中配合做肢体动作,还能初步掌握书面语言。言语对行为的调节功能也比以前加强了,能比较自由地表达自己的思想感情,有强烈的语言要求,乐于谈论每一件事。语言的发达与智力和情感的发展互相关联,同时也显示了幼儿的复杂个性。幼儿会经常模仿大人的语气讲话,也乐于表演自己熟悉的故事,扮演角色游戏。

5~6 岁是儿童语言能力明显提高的时期,他们能比较系统地叙述生活见闻,而且能生动、有表情地描述事物,语言的灵活性增加,能够反应比较快地与人对答,同时他们的讲话中会有很多成语、规范语言、完整的词句。大班儿童对图书也有浓厚的阅读兴趣,能够长时间专心地看书,不但对内容的理解力非常强,也开始对文字感兴趣,儿童经常会几个人聚在一起读书中的文字,家长可以提供一些比较常见的带有文字和拼音的故事给幼儿看,也可以利用更多外出的机会来帮助幼儿巩固已认识的汉字。

5. 社会性

5~6 岁儿童的情感虽然仍会因外界事物的影响而发生变化,但他们的情感比小、中班幼儿情绪稳定、积极,而且善于表达。大多数儿童在班上有了相对稳定的好朋友。儿童开始能够有意识地控制自己情感的外部表现,而且,此时由社会需要而产生的情感也开始发展。例如,摔痛了能忍着不哭;当自己的表现或作品被忽视时会感到不安;而当让他们照顾比自己小的幼儿时会表现得很尽职。随着年龄的增长,社会交往范围的扩大,他们的情绪情感变得相对复杂,能更好地解读一些社交信号,并能够理解、预测以及影响他人的情感反应。但有时会受到一些消极情绪的干扰,此阶段的幼儿需要看一些情绪控制方面的书(《我不想生气》《生气汤》),了解一些方法(想想开心事、做些喜欢的事情等,但是要相对简单);家长要注意培养幼儿对消极情绪情感的宣泄和调控能力,让他们以健康积极的心态迎接新的生活。

5~6 岁儿童的合作意识逐渐增强,规则意识逐步形成:在相互交往中,该年龄段的儿童开始有了合作意识。他们会选择自己喜欢的玩伴,也能与三五个小朋友一起开展合作性游戏。同伴群体开始对幼儿产生明显的影响。他更喜欢同一个或更多的小朋友一起玩耍,而不愿单独玩了。他们能互相指定角色,设计游戏情节,并在想象世界中一起解决问题。他们逐渐明白公平的原则和需要服从集体约定的意见,也能向其他伙伴介绍、解释游戏规则。他们开始学习着控制自己的行为,遵守集体的一些共同规则,他们懂得通过改变自己的行为来使朋友满意,也会努力使老师高兴,自制力和忍耐力有所提高。这一时期的儿童对于规则的认识还没有达到自律。规则对儿童来说还是外在的,因此,儿童在规则的实践方面还会表现出自我中心,成人要适当引导,这对幼儿今后的集体意识培养是有益的。

5~6 岁儿童的个性特点有了较明显的表现,其中最突出的是儿童自我意识的发展。这一时期儿童自我意识的发展主要体现在自我评价的能力上,他们不再轻信成人的评价,当成人的评价和儿童的评价不一致时,他们会提出申辩,也就是我们一直说的“小孩越大,主意越大”,他们不再是你说什么就是什么了。这一阶段的儿童在生活自理能力方面更加成熟了,他们能选择自己喜欢的、适合的衣服,能很好地使用筷子,也能自己独立地安睡,而且非常喜欢参与成人的劳动,在幼儿园里也非常愿意做一些力所能及的事,家长不妨放手让他们做一些事情,这样他们会很高兴,同时各方面生活能力也会得到更大的提高,这也是他们责任感的一种表现。5~6 岁的幼儿在入学前可以进行入学心理准备和学习能力方面的过渡和衔接。入学心理准备方面,家长可以在日常生活中逐步渗透给幼儿,“恭喜你长大了,可以进入小学,开始自己的另一段学习生活”等。学习能力方面可以根据5~6 岁幼儿的心智发育特点,循序渐进、寓教于乐地利用互动游戏,激发幼儿的学习兴趣,让幼儿在愉悦的状态中养成良好的学习习惯。

第二节　3～6岁儿童常见的身心发展问题

一、3～4岁儿童常见的身心发展问题

1. 适应问题

每年的9月1日,许多幼儿离开家庭,第一次进入幼儿园过集体生活。入园初期的幼儿情绪极不稳定,内心矛盾迅速产生,心理冲突不断形成,具体表现为以下几种行为特征:依恋家庭成员——紧抱亲人不放;对抗、拒绝新环境中的人和事,面对他人的接近大哭大叫;精神焦虑,时断时续地哭泣,见到其他家长就闹情绪;精神恐惧——不说不动、默默流泪等;躯体反应——发烧、胃痛、小便频率剧增、身体僵硬、抽搐等。

知识链接:

分 离 焦 虑

对幼儿入园初期分离焦虑情绪的观察记录进行统计后发现,2～4岁幼儿从开始的极度不适应集体生活到平静应对,一般需要一个月左右时间。当然这存在较大的年龄差异,托班一般需要3～4周,小班需要2～3周,个别幼儿适应时间更长。这种焦虑情绪的变化趋势呈现出一定的规律性。

1. 入园伊始,尤其是前三天,幼儿的分离焦虑情绪持续上升,表现激烈,以后逐渐缓和,但直到九月上半月,幼儿一直存在分离焦虑情绪,表现为:紧紧抱住家人不愿分离,长时间的哭闹,拒食、拒睡,不停地要求去找家人,或时常提出"家人早点儿来接"等行为,不参加任何活动,不理任何人,有的幼儿会紧紧盯着某一位老师而拒绝其他人的抚慰。老师的安抚效果不明显。

2. 九月的下半月,幼儿哭闹时间较前一阶段缩短,程度较弱,80%以上的幼儿情绪稳定,还有10%的幼儿分离焦虑情绪在波动、反复中趋于缓和,表现为:大部分幼儿能愉快入园,有少部分幼儿早上来园与家人分离时会哭闹一会儿,易受其他幼儿的感染(看到其他幼儿家人来接时哭或其他幼儿哭时跟着哭等),但能在教师带领下参与活动,情绪一般,午睡时需教师陪一会儿,不愿意说话等。

3. 国庆长假后的两个星期,由于离开幼儿园时间较长,幼儿的情绪又有了反复,表现为:大部分幼儿情绪平静,只是在来园时和家长分离略有哭闹,但是家长离开后注意力马上被玩具吸引。午睡入睡时间延长,接近家中的入睡时间,乐意接受安抚等。

依恋理论认为,婴儿具有遇到危险时寻找母亲(特殊依恋对象)的天性倾向。幼儿自出生起就和自己的家长及养育者朝夕相处,建立了牢固的依恋关系,这种依恋构筑了幼儿安全感的基础。他们能够忍耐同家长的短期分离,相信家长会回到他身边。入园初期,幼儿突然离开了原有的依赖对象,离开熟悉、温暖的家庭和照看者,进入到完全陌生的幼儿园,面对陌生的环境和陌生的人,往往会本能性地产生恐惧、无助感,于是便以"哭"这种自然方式予以抵抗,出现大哭大闹、吵着回家或沉默寡言等一系列焦虑情绪。换言之,幼儿入园出现分离焦虑,是一种保护自己的本能反应,是非常正常的行为表现。

对于刚刚入园的幼儿来说,幼儿园的生活作息时间和空间的变化,对幼儿的心理承受能力提出了巨大的挑战。适应幼儿园的集体生活也需要一个过程,幼儿需要集中和调动他所有的心理能量来适应新环境和学习新本领。目前家庭中的幼儿大都存在因受过度保护而生活自理能力低、心理承受能力差的

弱点,因此造成很多幼儿产生心理和行为上的入园适应困难。加上家长不注意自身情绪对幼儿的影响,无意中产生了很多误导:如和幼儿一起流泪,不忍离去;在教室门口或窗外窥看;对幼儿入园适应的担心与对幼儿园的不信任,送幼儿入园"三天打鱼、两天晒网";反复询问幼儿在园情况等。家长这些行为所流露出的情绪会使幼儿产生安全感缺失和恐惧紧张感,导致其不适应行为出现。

家长与老师要清醒地认识到:入园初期幼儿出现不适应新环境的情绪性行为,无论其行为表现怎样激烈,都不为过,毕竟,如此幼小的儿童面临如此巨大的环境变化,没有什么异常反应倒是要引起高度重视。教师和家长要做的事情,就是帮助幼儿走好这第一步。入园初期,幼儿在家已形成许多固有的生活习惯,在大脑皮层形成动力定型,成为影响幼儿行为的一部分。改变习惯,就是限制、中止幼儿神经系统固有的动力定型,不适应的反应就会表现特别激烈。因此,入园初期,老师不能急于改变幼儿原有的生活习惯,以免引起幼儿的心理不安,可待他们的情绪稳定以后,再逐步有针对性地提出要求。研究发现,幼儿的种种不适应问题,除了他自身的身心发展因素以外,更深层次地则来源于家长,来源于家园合作的深度。家长是幼儿最亲近的人,他们对幼儿的影响最大。如今,有不少家庭幼儿是由祖辈带养的,由于老人对第三代的偏爱,他们往往对幼儿的任何要求都会非常迁就。因此,家园配合,改变教养观念非常重要。

2. 第一反抗期

幼儿在2~3岁时会产生与大人不合作的行为,比如用沉默、退缩或身体的抗拒来拒绝成人的要求,并常用"我自己来"来拒绝成人的帮助,家长觉得"这孩子现在怎么变得有点不听话了",这种抗拒常常在三四岁时达到高峰。实际上,这是幼儿首次发现自我,试图用各种方式来证明自己的存在,在心理学上称这一时期为"第一反抗期"。幼儿在3岁以前,自己能做到的事情非常有限,各方面都需要家长的耐心呵护,这时的幼儿对家长也有较强烈的依附感。到了3岁左右,他身体活动能力已经较强,很多事情都可以自己动手。他们就渴望扩大独立活动范围,基于这种强烈的愿望,会不断尝试去独立完成新的事情,但这些要求往往会受到家长的阻拦和限制,因此幼儿会用明确的态度和对抗行为告诫大人:我不是全部从属于他人的。渐渐地,他知道了哪些事情是"我想做的",而哪些事情是"别人让我做的",他想顽强地表现自己的意志,这些反抗会让家长觉得幼儿突然不听话了。几乎所有正常的幼儿都会出现持续半年至一年的"反抗期",这个反抗期是儿童心理发展的一个必经阶段,突出表现为:心理发展出现独立的萌芽,自我意识开始发展,好奇心强,有了自主的愿望,喜欢自己的事情自己做,不希望别人来干涉自己的行动,一旦遭到家长的反对和制止,就容易产生说反话、顶嘴的现象。

对两三岁的幼儿来说,反抗实在不是什么大毛病,更不是坏毛病。有专家做过这样的研究:将2~5岁的幼儿分成两组,一组反抗性较强,另一组反抗性较弱。结果发现,反抗性较强的幼儿中,有80%长大以后独立判断能力较强;反抗性较弱的幼儿中,只有24%长大以后能够自我行事,但是独立判断事情的能力仍比较弱,常常依赖他人。专家对此得出结论:第一反抗期的幼儿已经有独立的想法,这是他发展判断力和独立自主能力的好时机,应该得到家长的重视。如果要求幼儿事事听话,反而会阻碍幼儿判断力的发展。

针对以上情况,家长应该看到,幼儿的"反抗"行为正是促进他们能力发展的心理动力。大人正好可以趁这个机会对幼儿的某些行为给予适当的鼓励,以促进幼儿自我意识的形成和动作技巧、能力的发展。家长可以适当地让他们学会自我服务的本领,比如让他自己穿脱衣服,自己上床睡觉,自己洗手绢、系鞋带等,还可以创设一些条件让他们从事一些简单的劳动,如浇花、喂小动物等。在欧美,很多家长会很开心:"我的孩子能够说'不'了,有自己的主张了!"当然,在为幼儿说"不"高兴的时候,还是要区分清楚,哪些是建立在自发性基础上的自我主张,哪些是出自任性的欲望。对幼儿的反抗行为既不能一味地满足,也不能过多地限制。一味地满足容易造成幼儿任性和执拗;过多地限制会挫伤幼儿的自尊心,从而变得顺从和依赖,缺乏自立能力。最重要的是要注意因势利导,从旁协助,给予正确、合理的教育。比如:幼儿喜欢独立行走,就不要硬去搀扶他,可以在旁注意保护;幼儿要自己吃饭、穿衣,就可以让他自己动手,而你在旁加以指导,以此促进幼儿心理健康发展,帮助幼儿顺利渡过"反抗期"。

知识链接：

对付孩子反抗的小技巧

1. 做事情提前告知。如吃饭时间到了，告诉看电视的孩子："你还能再看十分钟哦，十分钟后要吃饭。"

2. 约法三章。做事情前事先和孩子商定好合理的规矩，如去商场的时候为了避免孩子乱买东西，可以对孩子说："如果待会你能听妈妈的话，只买一件妈妈觉得可以买的玩具，我们就一起去商场。"

3. 正话反说。对待反抗期的孩子，反其道而行之是个不错的方法，如想让孩子多喝点水，可以说："妈妈好想喝掉这杯水，我猜你一定不想喝，那妈妈要拿走喝掉了。"

4. 角色扮演。面对屡屡反抗你的孩子，你不妨也偶尔装成一个做事拖拉又不听话的"孩子"，而让孩子扮演妈妈，增进彼此之间的了解。

5. 转移注意力。孩子情绪不佳大吵大闹，可以突然转移话题或做些奇怪的表情，如说："呀，那个小兔子好像在笑，你看是不是？"

6. 发泄法。允许孩子尽量地喊叫来发泄他心中的不满，只要不是原则性的问题，就不必紧紧抓住不放。

7. 温情安抚法。把孩子紧紧抱在怀里，一边摇晃一边哼些轻柔的歌曲，或者温柔地和宝宝说说话，使他平静。

二、4～5岁儿童常见的身心发展问题

1. 自主性发展

自主性是指人在活动当中的独立性和主动性，它表现为个体自由地、独立地支配自己言行的一种状态。自主性是人的品格特征，也是人的素质的基本内核，它体现在自身特性与社会特性两个方面，如主体性、主动性、上进心、判断力、独创性、自信心以及自我控制、自律性、责任感等。幼儿的自主性最主要体现为他有能力为自己的行为进行自由的选择。它对幼儿个性和社会性的形成与发展起着至关重要的作用。教育家蒙台梭利十分重视幼儿的独立性的培养，她说："教育者先要引导幼儿沿着独立的道路前进。"她认为，儿童自身有巨大的发展潜力，应尊重幼儿的自主性、独立性，放手让他们在活动中发展。事实上，幼儿是一个主动的发展者、主动的学习者，幼儿的发展归根结底是在自己的需要、价值、动机、态度的支配下，在自主活动中实现的。4～5岁儿童活动的自主性和主动性有了进一步的发展，自我意识、自我独立需要开始萌芽，是想象力最丰富、好奇心最盛、动手探索欲望最强的时期，他们能够提出自己的活动想法，有主动参与活动的热情与能力，能努力完成自己选择的活动。活动的自主性在活动区、游戏以及其他活动中都明显地表现出来。教育者可以把握良好的教育策略，适时、适宜、适度地给予支持与引导幼儿的探索行为，通过各种方式对幼儿进行能力的培养，如听故事等等。还可以通过游戏，尊重幼儿对游戏的设计，角色的选择，在游戏中有意识地培养幼儿的独立性，促使幼儿在自主的状态下主动建构知识与经验，从而使幼儿的巨大潜能得到自由释放和充分开发。当他们在游戏中发生了矛盾和争吵，教师可以放手让幼儿自己独立解决，从而形成独立解决的能力。

幼儿的独立能力并不是只在幼儿园中靠教师教育锻炼就行的，他们生活中更多的时间是待在家里的，如果家长不重视，总是护着帮着、包办代替，教师的教育工作就很难进行。做家长的，应根据幼儿自身的特点和能力，扩大幼儿自由活动的空间，为幼儿创设一个宽松、自主、有规则的活动环境，让幼儿真正成为活动的主人。例如，4岁以后，幼儿的手指已经比较灵活，完全应当自己穿脱衣服、鞋子。让幼儿自己穿衣有很多好处。首先，有利于培养他的独立性，减少他对家长的依赖。家长也可以有更多的时间去干其他事情。在穿脱衣服中，幼儿也许会碰到一些困难，家长千万不要包办代替，只需在一旁指点就

可以了;这样有利于培养幼儿克服困难的能力,锻炼他的意志力和培养他独立生活能力。其次,让幼儿自己穿脱衣服,可以锻炼他的手指。穿衣服还需要分清衣服的上下和前后,鞋子的左和右,因此还能锻炼幼儿辨别方位的能力。此外,家长还可以让幼儿帮助做一些力所能及的家务,如为家长洗个苹果,拿杯水;吃饭时,发发碗筷;家长在扫地、洗衣时,可以帮忙拿拿簸箕、肥皂之类的东西。这些看上去虽是很小的事,但实际上是一种很好的生活教育,无形中培养了幼儿的勤劳习惯,为幼儿日后的独立生活打下了基础。大人放手让幼儿在他生活的小范围内自理,让他失败,碰钉子,这样幼儿就会从失败中记取教训而成长起来。在教幼儿自理时一定要有耐心,循序渐进,当幼儿完成一项工作后,做家长的能够给以适当的肯定和赞赏:"做得好!"幼儿的存在价值被肯定,自己的工作能力被肯定,他们也会感到无比的兴奋和快乐,在很大程度上增进了幼儿与家长的感情。有的家长为了图省事和赶时间,往往包办代替,使幼儿生活自理能力较差,而自理能力差的幼儿无形中会受到同伴和老师的批评,导致幼儿自信心差。

未来是属于孩子的,孩子未来的路要靠他们自己去走,未来的生活要靠他们自己去创造,教育者应循序渐进、耐心引导幼儿逐渐养成独立习惯,特别是多给幼儿自己去尝试体验的机会。在培养过程中积极鼓励孩子的每一点进步,帮助他们树立自信。

2. 社会性发展

社会性发展是儿童在一定的社会条件下逐渐学会独立地掌握社会规范,正确地处理人际关系,从而积极主动地适应社会生活的心理发展过程。幼儿阶段是儿童社会性发展的一个重要时期,大量研究表明,幼儿的社会性发展与其将来的社会交往、情绪情感、社会适应性以及学业成绩等都密切相关。美国及一些西方国家,把诚实、自信、对集体的认识、责任感、在社会制约范围内的独立性作为学前教育的主要培养目标。日本强调和谐的人际关系,把社会意识、合作作为首要能力来培养。德国把社会化人格的培养作为入学准备的三大条件之一。瑞典极为重视儿童的个性发展,主张让儿童在与他人合作的环境中实现社会化。可见,人际交往和社会适应是幼儿社会适应性不断完善并奠定健全人格基础的过程。学前阶段是幼儿社会性发展的关键时期,幼儿在与成人和同伴的交往过程中,学习如何与人相处、如何看待自己和他人。4～5 岁的幼儿,随着认知水平的发展以及自我意识的不断增强,同伴之间的交往也越来越多了。随着对同伴交往的需求与能力的发展,他们能进行简单的社会交往活动,社会性品质也正在逐渐形成和发展中,越来越喜欢并适应群体生活,愿意并主动参与群体活动,在与同伴发生冲突时能在他人的帮助下和平解决,感受规则的意义,并能基本遵守规则,但其社会互动能力还相对较弱。

知识链接:

中班幼儿品德与社会性发展评价表

项 目	内 容	等 级 标 准 二	是否达到
自我系统	自我认识	知道自己的爱好	
	自 信 心	完成稍有难度的任务时有信心	
	独 立 性	自己能做的事不请求帮助	
	坚 持 性	能坚持一段时间完成稍有难度的任务	
	好 胜 心	在竞赛情景及与他人同时进行的活动中努力争取好成绩	
情绪情感	表达与控制情绪情感	一般情绪状态较好,能用较平和的方式表达情绪;一般能自己调节与控制消极情绪	
	爱周围人	亲近班里的老师和小朋友	
	爱 集 体	在教师引导下能关心班里的事,为集体做好事	

续　表

项　目	内　容	等　级　标　准	是否达到
		二	
文明行为	礼　貌	能主动使用礼貌用语	
	诚　实	做错事能承认；拾到物品主动交还	
	合　作	喜欢与小朋友合作游戏和做事	
	遵守规则	能自觉遵守规则	
交往行为	与教师交往	有时能主动与教师交往	
	与小朋友交往	有时能主动与小朋友交往	
	与客人交往	对客人的主动交往有积极反应	
	解决冲突	能用适宜的方式自己解决与小朋友的冲突	

中班的幼儿有着强烈的交往需求，这种需求是可以通过自主游戏活动得以实现的。因此，为幼儿提供可以交往合作的游戏氛围，是促进幼儿社会性发展的重要手段。户外锻炼、表演游戏、角色游戏以及各种活动区的游戏，都能为幼儿的这一发展需要提供帮助。家长可以帮助幼儿了解基本行为规则或其他游戏规则，让幼儿体验规则、理解规则的重要性，学习自觉遵守规则。经常和幼儿玩带有规则的游戏，遵守共同约定的游戏规则，利用实际生活和情景，向幼儿介绍一些必要的社会行为规则，以及为什么要遵守这些规则。经常带幼儿参加一些群体性活动，使幼儿"乐群、合群"。如：参加亲戚、朋友和同事的聚会，支持幼儿和不同群体的同伴一起游戏、丰富幼儿的群体活动经验。在参加群体活动的时候，能够感受规则的意义，并且基本遵守规则。平时利用小朋友来家里做客的机会，鼓励幼儿与别人分享玩具、图书，提醒幼儿注意礼貌。当幼儿与别的小朋友发生冲突的时候，指导幼儿用协商、交换、轮流玩、合作的方式解决冲突。结合具体情境、通过角色扮演、讲故事的方式引导幼儿换位思考，让幼儿学习理解别人的感受。家长还要给幼儿创设良好的亲子关系和环境，让幼儿在积极健康的人际关系中建立安全感和信任感，发展自信和自尊；在良好的社会环境中学会遵守规则，建立基本的认同感和归属感。

知识链接：

父母教养方式与幼儿社会化

美国心理学家鲍姆林特采用观察研究的方法，研究了处于不同家庭环境中的限制对幼儿社会化的影响，她认为：父母对幼儿的限制应分为"严格合理的限制"和"惩罚性的限制"，由此提出了三种影响较大的父母教养方式，即权威型、宽容型和专制型。她认为权威型父母认为自己在孩子心目中应有权威，但这来自对孩子的理解和尊重，来自他们经常与孩子的交流和对子女的帮助；宽容型父母很少向孩子提出要求，他们给孩子最大的行动自由，把尊重孩子的个人意愿放在首位，甚至采取"听之任之"的态度，宽容型父母与子女的沟通和交流比较好，在子女需要帮助时他们愿意提供帮助；专制型父母要求孩子绝对服从自己，孩子的自由是有限的，父母希望他们按照自己为其设计的发展蓝图去成长，希望对孩子的所有行为都加以保护监督，他们与子女之间的关系是不平等的，是"管"与"被管"的关系，因此两代人之间的沟通是不好的，虽然家长的心是好的，但往往不能向孩子提供切实有效的帮助。他的研究表明：权威型的家庭中的孩子，具有更多的社会责任感和成就倾向；宽容型家庭的幼儿，缺乏独立性；专制型家庭的幼儿缺乏社会责任感。

三、5～6岁儿童常见的身心发展问题

1. 攻击性行为

攻击性行为一般指的是当幼儿自身的需求得不到满足、权利受侵犯时，对别的幼儿进行身体上的进攻、言语上的攻击等侵犯他人的行为。弗洛伊德认为，攻击性是人的一种本能，人的敌意和攻击性能量不断积累，到达一定程度时就会以暴力或破坏性行为来宣泄。习性学家劳伦茨则指出，攻击性是环境中的诱因所激发的本能。儿童的攻击性（或称侵犯性）是儿童社会性发展中一项非常重要内容。一个人生来就具有一种内在的攻击倾向，但随着心理生理发展，这种攻击倾向可能会指向一些有意义的目标，如征服外部环境，在驾驭环境中取得成功。朝这个方向发展的"攻击性"，会变成人心理中积极成分，如坚韧性、毅力、意志品质等，但是这种与生俱来的攻击倾向指向一些不被社会赞许的目标，如伤害别人，这种攻击性就是有害的。攻击性行为是儿童在身心发展过程中，其人际关系还没有形成良好的社会适应时表现出来的不良行为。它的出现表明幼儿的人际交往出现了不协调。攻击性行为在大班这个年龄阶段的幼儿身上都会有或多或少的表现，它一般表现为打人、骂人、推人、踢人、抢别人的东西等。现在社会大多是独生子女，由于家中只有一个小孩，家中长辈都比较疼爱，千方百计地满足幼儿的需要，导致幼儿占有欲旺盛，稍不如意，就以攻击手段来发泄不满情绪。如果攻击行为延续至青年和成年，就会出现人际关系紧张、社交困难，这个阶段的发展对幼儿以后乃至一生的发展都至关重要。只有正确认识幼儿攻击行为的表现和特点才能进行有效干预，帮助幼儿克服攻击行为，学会合理解决问题，促进其社会化健康发展。

知识链接：

幼儿攻击行为的类型

1. 取乐性攻击行为：以身体、言语或工具直接或间接地向其他人实施攻击，以取得心理快乐，精神愉悦。

2. 报复性攻击行为：有的孩子受了别人的气，采取以牙还牙的方式，从而使得攻击行为更加严重。

3. 习惯性攻击行为：频繁的攻击性行为形成了习惯，在情绪低落或者亢奋时都有可能发生，而且形式多样，或说粗话骂人，或随手乱摸等。

4. 迁怒性攻击行为：当孩子受到批评时，感到心中愤愤不平，但他们知道这种情绪不能向老师和父母发泄，而只能把怒气发泄到其他小朋友身上。

5. 模仿性攻击行为：在流行的电视、电影、游戏中，模仿其中的暴力行为。

6. 妒忌性攻击行为：因为妒忌其他小朋友而产生的一种攻击行为，方式以语言为主。

家长对幼儿的态度和抚养方式对儿童攻击性行为的形成起重要作用。溺爱型的家庭对小孩百依百顺，幼儿长年累月处于这样一种说一不二的核心位置，有错误也不能纠正，不合理的欲望却常常在无原则的纵容下得到满足，因而使幼儿养成任性、不讲道理的个性，幼儿的自我中心意识也得到了强化，容易发生攻击性行为。此外，冷漠拒斥的家长常常会反复无常地惩罚幼儿，并容许幼儿表现攻击性冲动，他们更容易培养出攻击性的幼儿。他们给幼儿树立了对人漠不关心的榜样。当幼儿对别人表现出攻击性时，他们也采取不管不问的态度，这就使幼儿们的打斗行为合法化，使幼儿失去控制自己攻击性冲动的锻炼机会。研究证实：常靠体罚来约束攻击性行为的家长，他们的孩子在家庭之外往往是强侵犯性的，并且证实有家庭暴力的幼儿攻击性行为更为严重，弗洛伊德认为，家长自身有心理健康问题的则其子女有行为问题的竟高达60％。家长对幼儿的过分放任也会导致幼儿攻击性行为的增加，包括与同伴打架、欺负同伴、骂老师、违反规则等等。家庭中不良的家庭氛围即高压型的家庭(家庭成员之间很少表达感情，常常争吵不休)会影响幼儿攻击性行为的发生。

相比成人来说，幼儿的行为更容易受环境的影响，因此，家长要为幼儿提供一个良好安全的环境，才能促进幼儿的健康发展。首先，提供足够的空间、书籍和娱乐器具等供幼儿选择，尽可能避免电视、电影、游戏等暴力行为的刺激，可以减少他们模仿而来的攻击性行为。其次，家长可以帮助幼儿学会懂得正确宣泄情绪的方式，例如：多同幼儿沟通分析事情缘由，给幼儿提供情绪发泄的机会；通过游戏转移幼儿不愉快、压抑的感情等。再次，帮助幼儿提高自控力，通过角色扮演游戏让幼儿设身处地体验攻击行为给别人的家长和幼儿带来的不快，学会换位思考，逐步形成规则意识。最后，幼儿学习很重要的手段就是模仿，而幼儿从出生到慢慢地成长，首先模仿的就是家长的行为。家长虽然不一定能够做到言传身教，但是家长的行为总会对儿童的行为产生潜移默化、耳濡目染的作用。所以，爸妈随时都要想一下在幼儿面前的行为合适吗？好的行为需要说教，坏的行为则要避免。爸妈不要由于自己的不愉快而在幼儿面前毫无顾忌地谩骂，也不要由于自己的不得意而发生家庭暴力事件，或者把自己的攻击情绪和行为带到家里来。而且，家庭成员之间对幼儿的教育态度要一致，不溺爱不谩骂，夫妻间应当避免争吵，为幼儿树立良好的榜样。要注意的是，帕特森提出"消极反应会强化儿童攻击性行为"，攻击性行为的幼儿采取的方式往往各不相同。有的幼儿为了实现自己的目的去攻击小伙伴，有的幼儿则专门向弱小的幼儿挑衅，这可能使他们认识到攻击强壮的小伙伴会遭到反击的缘故。对于内向老实、弱小胆怯的幼儿，家长要教会他们学会适当的应对攻击的方法，提高自我保护能力。

2. 幼小衔接问题

所谓"幼小衔接"，泛指幼儿进入小学前家长、学校、幼儿所参与的活动，可视为是为帮助幼儿衔接幼儿园和小学前后学习环境所需付出的准备。6岁从幼儿园入小学，又是一个阶段的转折，又出现一个危机期或转折期。在这一时期，幼儿既感到自己长大了，在身体、年龄等方面长大了，但在心理上还不很成熟，这就出现了心理上的矛盾，既要独立，又不具备完全独立的能力。幼儿能否很快完成由幼儿到小学生的转变，能否很快适应小学生活，幼小衔接是关键所在。幼小衔接，是幼儿园教育的终结阶段，是小学教育的开始阶段，它起着承上启下的作用。幼小衔接的主要目的在于：一是让幼儿非常自然、顺利地适应小学的学习生活；二是通过衔接工作对幼儿加深了解做出更为正确的评价。幼小衔接进行得不顺利，幼儿进入小学后往往会出现睡眠不足、身体疲劳、食欲不振、体重下降等现象；心理方面也会表现为精神负担重、情绪低落、自信心不足等；甚至会导致社会性方面的人际交往不良、怕学、厌学，以及学习成绩不理想。资料显示，5岁幼儿词汇量有大幅度增加，而且质量上也有明显提高。他们不仅掌握了名词、动词、形容词、数量词，还开始掌握一些常用副词和连词，这个年龄段的幼儿已不是简单的数量扩大，而是词类的扩大，是幼儿从掌握代表具体意义的词向掌握具有抽象意义的词过渡的标志，是学习和掌握词汇过程中质的飞跃。从脑科学的角度来看，5～6岁年龄段的幼儿的自控能力、专注能力有一定的发展，这个年龄段是对孩子们言语学习、良好习惯培养、规则培养的最佳期。因此，要通过科学的办法，使幼儿园小朋友顺利地进入小学展开学习生活，为小朋友们做一个充分的学前准备。

知识链接：

幼儿园到小学的六大断层

1. 关系人的断层：孩子入学后，必须离开"第二母亲"角色的关系人——幼儿园老师，而去接受严格要求、学习期望高的小学老师，孩子感到压力和负担。

2. 学习方式的断层：幼儿园是自由游戏、探索学习和发现学习的学习方式,而小学则是正规科目学习方式,孩子必须适应集体学习的新形式。

3. 行为规范的断层：在幼儿园被认为是理所当然的个人需要,在小学不再被重视,孩子入小学后,必须学会正确认识自己,融入集体,他们以往的感性将渐渐被理性和规则所控制。

4. 社会结构的断层：孩子与幼儿园的伙伴分离,重新建立新的人际关系,结交新朋友,寻找自己在团体中的位置并为班级所认可,产生新的归属感。

5. 期望水平的断层：家长和老师都对小学生寄予很高的期望和压力,为了学习减少游戏,看电视的时间等。尤其是家长,希望每次考试要得 100 分,要当班干部等。

6. 学习环境的断层：幼儿园的自由,活泼的学习环境转换成分科学习,有作业,受教师支配的学习环境,孩子容易陷入不注意状态或学习障碍。

以上这些断层使 30% 小学生有不适应现象,导致学习兴趣低落,恐惧,焦虑以及攻击性强等行为发生。

幼小衔接教育,光靠幼儿园是难以实现的,必须实行家园联系,采取家园共育的措施,即幼儿园与家庭、教师与家长经常性地双向沟通,相互配合,共同促进幼儿发展。儿童的生活行为习惯、自理能力、身体素质、学习态度和能力以及社会适应力等都离不开家长态度的影响。《纲要》中明确指出："家庭是幼儿园重要的合作伙伴。应本着尊重、平等、合作的原则,争取家长的理解、支持和主动参与,并积极支持、帮助家长提高教育能力。"

幼儿在进入小学前,既有对小学生活的向往,为马上成为小学生而感到兴奋,同时也担心上了小学后老师要求严、受拘束、有作业任务而产生恐惧畏难心理,家长要注意细心体察幼儿的情绪和心态,和幼儿一道,以满腔热情来迎接他们的新生活。如用羡慕的口吻对幼儿说："宝贝长大了,真了不起,马上就要成为一名小学生了。"让幼儿产生当小学生的光荣感、自豪感。再如,利用节假日或散步的机会,带着幼儿到校园转一转,熟悉一下环境,培养幼儿对学校的向往之情和渴望获得知识的热情。在作息时间上,幼儿园和小学在作息时间上存在着很大的差异。如幼儿园的幼儿每天早上入园的时间是很宽松的,一般在 7:30~8:30 之间;但到了小学,学生必须在规定时间到校;在教学时间的安排上,大班一次活动是在 25~30 分钟左右,而到了小学每一节课的时间是 45 分钟;在幼儿园一般都能保证充足的午睡时间,而到了小学可能就没有午睡时间或只有短暂的午休。幼儿园应与家庭相互沟通,在作息时间上做出适当的调整,通过调整幼儿来园时间,逐步减少午睡时间等方式帮助幼儿进行幼小作息活动的衔接。家长还可以通过引导幼儿模拟完成各种小任务来培养其有意的观察力、注意力和记忆力。例如,让幼儿画一幅画,听一个故事后复述故事的内容,写几行数字。在完成小任务的过程中,幼儿慢慢地知道了一定要完成作业的道理和怎样快速完成作业的方法(抓紧时间,集中注意力,不能随便玩耍)。提高幼儿完成作业的兴趣和完成任务的意识。最后,离开幼儿园,走进小学,幼儿更多面对的是复杂的社会大环境,会遇到很多不安全因素。家长应该教幼儿很好地保护自己,例如告诉孩子,不随便与陌生人说话,遇到困难如何求助等。另外,还要教育他们懂得和遵守交通规则,注意自我安全。幼儿入学后,学习成了其主要活动,以读、写、算为主导,家长尤其要注意幼儿的学习兴趣、学习热情、学习专注性和持久性的培养。例如,让幼儿在限定时间内完成绘画、剪纸、书写等活动,主要是使幼儿集中精力做好一件事,并能够坚持一段时间,以利于幼儿以后能适应上课的时间要求。又如,多给幼儿讲一些故事、童话、诗歌等文学作品,养成静坐、倾听的习惯,为入学后进行正规系统的学习打好基础。其他学习适应也不容忽视,如教幼儿一些与他们的生活经验相关的知识内容,提高他们的口语表达能力。

要注意的是,让幼儿提前学习小学课程可能会适得其反。孩子读一年级前就学习了这一年的文化知识,容易形成骄傲自满的心理误区,上课的时候就会不专心听课,一旦知识储备用完了,以后的课程很难跟上。如果等到发现幼儿不能跟上课程进度时,再对其进行教育,幼儿不良的学习习惯已经形成,要花上数倍的时间才能纠正过来。由于幼儿认知局限和教师教学的不规范,他们在幼儿园提前学习的小学部分相关知识可能表面上会了,幼儿学的内容并不准确,这种错误更难纠正。事实上,培养幼儿良好的学习行为习惯,比提前学一些书本上的知识更重要,良好的行为习惯不仅关系到幼儿的学习成绩,还会影响其今后的成长和发展。

幼儿从幼儿园进入小学学习,是他们成长中的一件大事,生活中的一个重大转折。只有从生活、学习、身心等各方面全面落实到位,才能有效消除幼儿对小学的恐惧,增强幼儿对上小学的憧憬。家长要和老师积极配合,共同努力做好幼小衔接工作。帮助幼儿形成良好的习惯,掌握丰富的知识和技能,调整好心态。让幼儿既愿意上学、喜欢上学,又具有一定的克服困难的能力,顺利完成由幼儿园到小学的过渡,成为一名优秀的小学生。

操作技能训练

堂上练习:扫码观看视频,设计一份幼儿行为观察记录表并作记录。

1-2

课外拓展任务

1. 素质拓展

扫码阅读文章,谈谈这篇关于儿童心理健康问题的文章对你的启发意义。

2. 活动拓展

观察 1 名 3～6 岁儿童,分析其社会性发展(自我意识、情感情绪、人际交往等)的特点。

1-3

第 二 章

3～6岁儿童家庭教育概述

素质目标	1. 增强立德树人的意识,体会到3～6岁儿童家庭教育的社会价值。 2. 践行科学发展观,树立科学的3～6岁儿童家庭教育理念。
知识目标	1. 了解3～6岁儿童家庭教育的特点。 2. 掌握3～6岁儿童家庭教育的常见问题。
能力目标	1. 能够指导家长科学开展3～6岁儿童家庭教育。 2. 能够设计一份教师家访记录表。

情境分析导入

讨论分析:

扫码观看视频,谈谈视频中的亲子关系给你什么启示? 如何建立良好的亲子关系?

2-1

知识内容学习

第一节　3～6岁儿童家庭教育的特点

一、家庭教育的价值

(一) 家庭教育是造就社会建设人才的必要条件

福禄贝尔曾说过:"国家的命运与其说是掌握在当权者的手中,倒不如说是掌握在母亲的手中。"这句话深刻地说明了家长在教育子女中所起到的作用。今天的儿童就是明天社会建设的主人,儿童的健康成长关系到祖国的前途命运,家长们肩负着为国家造就人才的重任,能否把这一代孩子培养成为德智体美劳全面发展的人,关系到国家是否后继有人的百年大计。家长要明确教育的方向要与国家利益、人民要求相一致的原则,不能把幼儿视为私有财产,要树立为国教子的思想,端正教育目的,从幼儿小时候抓起。

(二) 家庭教育是优化幼儿心灵的催化剂

幼儿从婴儿期步入幼儿期,随着年龄的增长,由家庭这个小环境终将步入大社会,接触家庭外的人群、事物。社会中那些真善美假丑恶不时地进入幼儿的视野,大人采取隔离手法是行不通的。因为家庭中的电视、网络也会从不同角度不断地反映着当今社会的现实,有正面的,也有反面的。儿童特别是幼儿缺乏理性的辨别是非能力,但有着比成人敏锐的感受能力,他们对身边发生的亲切的或可怕的事物敏感性强,而这种敏感性正是培养理性辨别能力的良好基础。作为家长应利用这一特点帮助幼儿在这种感受能力的基础上,发展对社会生活的辨别能力和心理承受能力,过滤社会信息,优化幼儿幼小的心灵。如果家长在日常生活中能针对幼儿年幼接受能力不太强的特点,抓住具体的日常琐事,帮助幼儿认识辨别社会中发生的是是非非,让他们具体地感受到真善美光明的一面,也体会到丑恶的一面,可以帮助幼儿增强扬善除邪的正义感,从而抵制丑陋阴暗面对幼儿心灵的侵蚀。

(三) 家庭教育能促进幼儿身心的健康发展

家庭是幼儿的第一所学校,也是幼儿接触最早、最多的环境,家庭环境中等各种因素直接或间接地影响着幼儿身心的健康。良好的家风和科学的家教,能为幼儿创造一个与教育和发展相适应的良好环境,极大地影响着幼儿的活动以及活动时的心理状态,从而影响其身心的发展。因此,家长应当培养自己健全的性格和对生活对学习的热情,保持自己稳定的情绪,并讲究方式、方法、循循善诱、注重讲道理、疏导和启发幼儿的自觉性与积极性,幼儿就会在轻松、温暖的环境中耳濡目染,受到良好教育和影响,促进身心的健康发展。

(四) 家庭教育能促进幼儿养成良好的性格特征

家庭教育包括诸多因素,诸如家庭成员的个性、心理素质、思想观念、情感、信仰、风俗习惯等。幼儿家长的性格、兴趣、才能以及情绪状态等,时刻表现在家庭生活中,对每个家庭成员,特别是幼儿起着潜移默化的作用。在一定意义上说,有什么样的家庭,就可能塑造出什么样的个性。如果家长具有良好健康的性格,爽朗、乐观而又活泼,那么这个家庭会较多的充满欢声笑语;如果家长对生活充满热爱,兴趣广泛,勤于学习和钻研,那么这个家庭则会较多的充满学习的气氛;无疑,这些对塑造幼儿的个性是有重要作用的。

(五) 家庭教育能促进幼儿养成良好的行为习惯和高尚的道德情操

幼儿时期,幼儿对生活准则和社会规范以及其他知识一概不知,犹如一张白纸,但是此时幼儿的可塑性极大,模仿性极强,这样模仿不是通过理性去模仿,而是近乎像绘画中临摹一样,凭感性直观地去模仿,所以往往是良莠不辨,是非不分。幼儿首先模仿的就是与他们接触最多,心理上最接近的父母。家长的一言一行和优缺点幼儿都会模仿。因此,家长要有正确的教育态度,严格要求自己,以身示范,做好表率,要求幼儿做到的事,自己首先要做到;答应幼儿的事,一定不要落空。平时多做塑造工作,如玩完玩具一定要让幼儿放回原处,摆放整齐;脱了衣服要求幼儿叠好放在固定的位置上等等,经过日复一日的训练,幼儿自然也就养成了有条理的好习惯。

二、家庭教育的特点

(一) 家庭教育早期性

家庭是幼儿生命的摇篮,是人出生后接受教育的第一个场所,即人生的第一个课堂;家长是儿童的第一任教师,即启蒙之师。家长对幼儿所施的教育最具有早期性。幼儿阶段,是人的身心发展的重要时期。幼儿期是人生熏陶渐染化的开始,人的许多基本能力是这个年龄阶段形成的,如语言表达、基本动作以及某些生活习惯等,人的性格此时也在逐步形成。美国心理学家布鲁姆认为,一个人的智力发展如果把他本人 17 岁达到的水平算作 100%,那么 4 岁时就达到了 50%。4～8 岁又增加了 30%,8～17 岁又获得了 20%。可见,幼儿在 5 岁以前是智力发展最迅速的时期,也是进行早期智力开发的最佳时期。如果家长在这个时期所实施的家庭教育良好,将对幼儿早期智力的发展起关键作用。

古往今来,许多仁人志士,卓有成效的名人在幼年时期受到良好的家庭教育是他们日后成才的一个重要原因。例如,德国大诗人、剧作家歌德的成才,父亲在他小时就抱他到郊外野游,观察自然,培养他的观察能力;也教他唱歌、背歌谣、讲童话故事,让他在众人面前讲演,培养他的口语能力。这些有意识的教育,使歌德从小乐观向上,乐于思索,善于学习。8 岁时便能用法、德、英、意大利、拉丁、希腊语阅读各种书籍,14 岁写剧本,25 岁用一个多月的时间写成了闻名于欧洲的小说《少年维特之烦恼》。著名书法家王羲之、王献之,伟大发明家爱迪生,一代文学巨星郭沫若、茅盾等名人的成长过程,都充分表明了家庭教育对早期智力开发是十分重要的。

与此相反,人的幼年时期得不到良好的家庭教育而影响智力正常发展的事例也是不少的。印度"狼孩"卡玛拉,从小被狼叼去,8 岁时被人发现,但其生活习惯已与人两样,其生活习惯几乎与狼一样,四肢爬行,吃生肉,昼伏夜行,后来经过人为的训练,两年后才能站立,六年后可以像人一样行走,四年内学会了 6 个单词,在他 17 岁时,智力水平仅达到 3 岁幼儿的水平。我国南京市一姓马的工人因患有精神性心理疾病,生怕幼儿受人迫害,将自己的三个子女从小锁在家中,不让他们与外界接触长达十几年,致使这些幼儿智力低下,言语迟缓,与同龄人相比,智力及生活能力差异很大。可见,家庭教育早期性的价值作用不可忽视。

(二) 家庭教育连续性

幼儿出生后,从小到大,几乎 2/3 时间生活在家庭之中,朝朝暮暮都在接受着家长的教育。这种教育是在有意和无意、计划和无计划、自觉和不自觉之中进行的,不管是以什么方式、在什么时间进行教育,都是家长以其自身的言行随时随地地教育影响着子女。这种教育对幼儿的生活习惯、道德品行、谈吐举止等都在不停地给予影响和示范,其潜移默化的作用相当大,伴随着人的一生。家长是幼儿的终身教师,他对幼儿成长发展的影响是持续性和终身性的,这种终身性的教育往往反映了一个家庭的家风。家风的好坏往往要延续几代人,甚至于十几代、几十代,而且这种家风往往与家庭成员从事的职业有关,如"杏林世家""梨园之家""教育世家"等。同时家风又反映了一个家庭的学风,学风的好坏也往往延续几代人、十几代人、几十代人。如在中国近代,无锡人严功增补清末《国朝馆选录》,统计自清顺治三年丙戌科至光绪三十年甲辰科,状元共 114 人,其中父子兄弟叔侄累世科第不绝者,如苏州缪、吴、潘三姓,常熟翁、蒋两姓、浙江海宁陈、查两姓。看得出,家庭教育的连续性往往对人才群体的崛起有着重要影响。这种情况在古、近代比较突出,在当代,随着科学的发展、社会的需求、待业的增多,人们择业面宽,一个家庭中所有的成员不可能都从事同一种工作,但都不乏见到这种情况,即有些家庭成员工作中屡屡出现成绩、受表彰,而有的家庭中成员违法犯罪接二连三,这不能不说与家庭教育连续性有着很大的关系。

(三) 家庭教育权威性

家庭教育的权威性是指父母长辈在幼儿身上所体现出的权力和威力。家庭的存在,确定了父母子女间的血缘关系、抚养关系、情感关系,子女在伦理道德和物质生活的需求方面对家长长辈有很大的依赖性,家庭成员的根本利益的一致性,都决定了家长对子女有较大的制约作用。家长的教育易于被幼儿接受和服从,家长合理地使用这一特点,对幼儿良好品德和行为习惯形成是很有益处的,对于幼儿来说,尤其是这样。幼儿在与其他小朋友们玩耍游戏中,当出现争执情况时往往引用家长的话来证实自己的言语行为是对的,如他们喜欢说"我爸爸是这样说的"或"我妈妈是那样做的",等等。家长在幼儿心目中的权威性决定着幼儿如何看待接受幼儿园学校及社会的教育。幼儿与家长的关系,是幼儿最先面临的一种重要的社会关系。在这种关系中,几乎体现了社会人伦道德的各个方面,如果这种关系中形成裂痕和缺陷,幼儿以后走向社会,在各种人际关系中就会反映出来。因此,强调家长权威的重要,还因为家长在幼儿幼年时代始终扮演着双重角色,即既是幼儿安全生存的保护者,又是人生启蒙的向导。家长教育的效果如何,就看家长权威树立的程度,家长权威的树立必须建立在尊重幼儿人格的基础上,而不是封建的家长制上,明智的家长很懂得权威树立的重要性,更懂得权威的树立不是靠压制、强求、主观臆断,而是采用刚柔相济的方法。父母双方在教育子女的态度上首先协调一致,并相互配合,应宽则宽,应严则严,在幼儿面前树立起一个慈祥而威严的形象,使幼儿容易接受家长的教育。

（四）家庭教育感染性

家长与幼儿之间的血缘关系和亲缘关系的天然性和密切性,使家长的喜怒哀乐对幼儿有强烈的感染作用。幼儿对家长的言行举止往往能心领神会,以情通情。在处理发生在周围身边的人与事的关系和问题时,幼儿对家长所持的态度很容易引起共鸣。在家长高兴时,幼儿也会感受到欢乐,在家长表现出烦躁不安和闷闷不乐时,幼儿的情绪也容易受影响,即使是幼儿也是如此。如果家长缺乏理智而感情用事,脾气暴躁,都会使幼儿盲目地吸收其弱点。家长在处理一些突发事件时,表现出惊恐不安、措手不及,对子女的影响也不好;如果家长处变不惊、沉稳坚定,也会使子女遇事沉着冷静,这样对幼儿心理品质的培养起到积极的作用。

（五）家庭教育及时性

家庭教育的过程,是父母长辈在家庭中对幼儿进行的个别教育行为,比幼儿园、学校教育要及时。常言道:知子莫若父,知女莫若母。家长与幼儿朝夕相处,对他们的情况可以说是了如指掌,幼儿身上稍有什么变化,即使是一个眼神、一个微笑都能使父母心领神会,故此作为家长通过幼儿的一举一动、一言一行能及时掌握此时此刻他们的心理状态,发现幼儿身上存在的问题,及时教育,及时纠偏,不让问题过夜,使不良行为习惯消灭在萌芽状态之中。在幼儿园、学校之中,教师面对着几十个幼儿,只能针对这个年龄阶段的幼儿进行共性教育,也就是群体教育,因时间及精力所限,不可能照顾到每个幼儿的特点,容易出现顾此失彼的现象,甚至因此使幼儿对教师的照顾不周而产生不信任感,而家长可以及时引导幼儿端正认识。因此,家长对幼儿进行正确的家庭教育既可以使幼儿在进入幼儿园之前形成了良好的行为习惯,为接受集体教育奠定了很好的基础,又可以弥补集体教育的不足。

除以上特点外,幼儿家庭教育还表现出启蒙性、亲情性、生活性、随意性、复杂性、丰富性、渗透性等特点。家庭教育的特点,进一步说明家长对婴幼儿期和童年期的幼儿的影响是巨大的,并可能影响孩子一生。家长只有在正确的人生观、世界观和教育观的指导下,才可以显示出幼儿早教的威力和优势。如果一个家庭中,两个家长的思想道德、品质修养、文化水平、健康状况都处于不佳的状态,将会给幼儿造成不良的教育后果。帮助家长学会教育好自己的孩子,懂得家庭教育的运作规律,对促进幼儿健康成长是极为重要和必需的。

第二节　3～6岁儿童家庭教育的常见问题

在日常生活当中,我们经常遇到有家长向人们诉说自己的困惑和烦恼。比如,幼儿不爱去幼儿园,每天送幼儿园都又哭又闹;幼儿胆小,怕生,不爱跟同学玩,不爱说话,没自信;幼儿学什么东西都是三分钟热度,不能坚持,遇到困难就往回缩;幼儿被爷爷奶奶惯了一身坏毛病,说破了嘴就是不改;幼儿自制力差,光知道玩游戏,不爱学习,一提学习就讨价还价;幼儿总是拖拉疲沓、丢三落四,得要大人跟在屁股后头提醒;幼儿做事情没有计划性,没有目标,没有时间观念,磨磨蹭蹭,等等。这些都是家庭教育中幼儿成长发展过程中常见问题的一部分。实际上,幼儿在个性、行为发展上常见的不良现象还是比较多的,主要的有:任性、发脾气、毁东西、打人、骂人、抢别人东西、懒惰、没耐性、说谎、不爱运动、不合群、自卑、没记性、不守规则、自私、冷漠、好动、不喜欢与人沟通、注意力不集中、脾气暴躁、有暴力倾向、缺乏想象力和创造力、不爱学习等。

很多家长对此不能理解,也无法接受。回想几年前,当孩子刚出生时,自己内心是多么的喜悦和骄傲啊,可是,为什么仅仅几年之后,心头肉就变成了心头刺,无比开心变成了无尽闹心,无上骄傲变成了无地自容,甚至感觉生不如死? 实际上,幼儿身上的问题与家庭教育有直接联系,问题的根源还在于家长引导不正确。爱孩子是一种本能,连老母鸡都会做,但是如何去爱,却是一门伟大的学问。我们没有受过任何"职业训练",完全"无证上岗",我们理所当然认为凭着满腔爱和热情,就可以无师自通地当好父母,于是,许多家庭冲突、人生悲剧就不可避免地发生了……其实,我们要对这些做父母说的,就是"不懂得孩子,就培养不好孩子!"

那么,在3~6岁学前儿童家庭教育中,究竟存在怎样的问题和不足?概括起来说,主要有以下三个大的方面。

一、缺乏正确的家庭教育理念

(一)重智育、轻德育,忽视全面素质培养

当今,一些幼儿家庭教育表现为明显的"重智育、轻德育"的倾向,忽视对孩子全面发展的教育,这是一种错误的教育理念。市场经济的发展,体现了高度竞争性,知识经济的兴起,强调了知识的作用。家庭顺应时代的发展,可以适当地加大智力投入,但不能片面地强化智育,夸大智力的影响力。许多家庭恰恰在幼儿的家庭教育理念上步入重智轻德的误区,呈现出明显的功利色彩。他们望子成龙、望女成凤,一味关注幼儿的智力开发,不惜花费大量的精力、财力和时间,对幼儿进行识字、画画、声乐等方面的培养,而忽视幼儿的品德教育、劳动习惯的养成以及自立性格的塑造等。这样做,对幼儿的身心健康和成长十分不利,可能从小就埋下性格缺陷的种子。而且,有失偏颇的"重智育"的教育理念还可能因没法达到预期的结果而产生不良的影响。家长们本意是要对幼儿进行"智力开发",但事实上经常仅仅停留在"灌输知识"的层面,对幼儿智力开发并无实际益处。虽然智力经常是通过掌握知识而形成与发展的,但是,幼儿真正能够掌握的知识和能力由于其自身认知水平的限制,显然是十分有限的,而且一旦幼儿对"灌输的知识"产生烦厌,对其日后的智力发展更是适得其反。实际上,早期教育的含义包括感知、语言、动作、认知的训练,也包括生活习惯、自理能力、性格、品德的培养,不能顾此失彼,只在幼儿家庭教育中重视智力发展而忽略其他方面。

(二)认为孩子无需早期教育

有家长认为,早期教育千万不能实施,因为幼儿多学点东西就会骄傲自满,这会影响他入学后的学习,并且早期教育的结果可能还会出现更多的"仲永"式的孩子。其实,这种认识是很不正确的。事实上,早期教育的优劣现在已经毋庸争辩,早已有定论,因为太任对周文王实施胎教、颜徵在对孔子的早教、孟母三迁的实例都足以证明早教的存在与价值。现实生活中,早期教育的优势在学生身上越来越多地得到了体现,也越来越显示出它具有的价值。试想,如果一个幼儿在入园入学之前,没有一定的生活自理能力、学习基础、生活习惯、处世技巧,那么他必然就会落后于群体,幼儿因此还会产生自卑的心理。实践表明,早教放弃,贻误良机;早教适宜,终身受益;早教不当,则后患无穷。这方面的教训实在是太多了。其实,对于早教,不仅客观存在,而且效果显著,家长家教的关键,主要是把握好适宜的度。既不要对幼儿放任自流,缺乏早教,也不要一味地追求高、大、上,追求快速度、高难度,更不要与别人攀比。要针对幼儿的实际情况进行早教,与小学区别开来,做好幼小衔接。这样,幼儿学习轻松愉快,不会畏难,又为入学后的学习奠定了良好的基础。

(三)觉得孩子会"树大自然直"

在家庭教育中,还有一种"树大自然直"的观点。认为孩子的成长不要去规划,让他顺其自然,这样教育出来的孩子自我意识强,更富有个性。其实,持这种观点的家长,对大多数人而言,只能说是对自我失职失责的一种推脱。因为自己懒散,整天忙碌于麻将桌、舞池、茶社、酒馆,对孩子疏于管教,无暇管教孩子,于是,有了教育要"树大自然直"的说法也就不足为奇。不过,家长切莫忘记,"养不教,父之过。教不严,师之惰"乃古之道理。对于孩子发展而言受两个方面的影响。一方面,每个孩子的资质禀赋不同,优势潜能不同,发展的起点不同,发展的速度不同,发展的程度也不同;因此,要顺应孩子的天性与实际情况来进行施教,绝不是放任自流,任其自生自灭。另一方面,孩子的可塑性很强,他们对社会中的事物还不具备明辨是非的能力,需要家长去引导教育;如果家长对孩子不理不睬、不管不问,没有正确的引导,"顺其自然"的结果可能就会导致孩子不明事理,不辨是非,唯我独尊,自由散漫;要知道,孩子此种情况下很容易出偏差,等到各种坏习惯、坏思想形成了,再去进行纠正,岂不是如同"亡羊补牢"一样,到时

家长就会悔之晚矣。

(四) 将孩子的"玩"和"学"对立

经常听到有些家长说：孩子太小，不需要学习，让他们玩个够，大人不应该剥夺他们的快乐。这些家长看来，孩子的快乐就只能是来自玩，不让玩也就没有了所谓的快乐。这不免会让人产生疑问，难道说孩子学习知识，探求科学奥秘，了解未知的世界就没有快乐可言？孩子若是从事这些，他们就不感到快乐了？果真如这些家长所说，快乐仅只局限于玩，那么，学习、求知岂不成了一种苦差事？反过来，如果孩子真的把学习视为苦差事，那么他将来对学习还能有兴趣吗？孔子不是也曾说过"学而时习之，不亦乐乎"吗？显然，这种观点带有片面和极端。虽说爱玩是孩子的天性，游戏是孩子的主导性活动，但是，这绝不是说孩子只爱玩，不爱学，只能玩，不能学。要知道，玩和学实际上并不矛盾，也不会引发冲突，而且还可以将玩和学结合起来，达到事半功倍的效果。古希腊著名教育家柏拉图曾经强调了儿童游戏的重要性，要求慎选材料和不要经常变换玩具，就是要对孩子进行适宜的教育。美国著名的教育家杜威曾经说过："从做中学，教学做合一。"这些都说明，教育并非仅仅是语言灌输或死记硬背，而是可以借助材料和玩具来进行操作学习，从而将玩和学有机地结合起来了，让孩子从中总能感受到快乐。

(五) 对孩子发展的期望过高

家长的价值观念往往决定着他们对子女的态度和要求。数十年来，家长们在反对封闭观念方面有很大的进步，他们将期望的重心由原来较多地关心子女的行为规范转移到更多地关心子女的智力发展上，甚至有些家庭的父母"望子成龙"、"望女成凤"心切，过早地为孩子的将来设计出了各种美丽、壮观的蓝图。目前，在社会上还流传着这样一句话："绝不能让孩子输在起跑线上。"于是，就不惜一切地对幼儿进行智力投资，过早地将幼儿进行定向培养。甚至不考虑孩子的兴趣、需要，让幼儿参加各种兴趣班。由于家长过高的期望，导致家长过多地干预了孩子的生活和活动，造成保护过多、包办过多、控制过多的局面，而忽视了幼儿非智力因素的培养，终会压制幼儿的个性和创造能力以及心理的健康发展。

(六) 区别对待男女孩子的教育

民间有一句古训，就是"穷养儿子富养女"。这句话的大意是：生活的磨砺让穷养的儿子意志更坚强，男孩子以后要走上社会，承担社会责任与家庭责任，所以要穷养以励其志；富养的女儿见多识广，不贪小利，气质非凡，不易被各种浮华和虚荣所迷惑，经得起诱惑。也有人认为：男孩是泥土身，将来得成长为男人，所以得经得起风雨；女孩是莲藕身，磕不起，富是呵护，得娇贵着点养。虽然这两种说法不同，但是意思相仿：一是强调了男孩与女孩的性别差异，从而导致了教养男女孩方式的差异；二是强调了男孩要磨砺才能成龙，女孩要娇贵才能成凤。其实，这种观点适用于古代社会。因为现今社会发生了变化，尤其女孩长大后不再是大门不出，料理家务，相夫教子，而是走向社会，打拼自己的事业，展现自己的聪明才智，将家庭与事业一肩挑。可见，随着时代的变化，男孩也好，女孩也罢，都要见多识广，经得起诱惑，而且要意志坚强，独立自主。男孩与女孩的差异除了生理特征之外，其他差异还不如人与人之间的个性差异明显。在每一个领域里，杰出的人才既有男性，也有女性。因此，不要人为刻意地为男孩和女孩教养划分一条不可逾越的鸿沟，要因材施教。记得，适合孩子个性特点和优势潜能的教育就是最佳的教育。

二、缺乏良好的家庭教育方式

(一) 溺爱

计划生育是我国的基本国策，实行计划生育多年来，我国的家庭结构发生了巨大变化。众多的独生子女家庭结构呈倒"金字塔"式。虽然现已全面放开二孩政策，但独生子女家庭还是不少，这种家庭的家长容易把孩子视为"掌中宝"、"心头肉"，全家人全都宠爱着这一个宝贝儿，生怕有什么地方照顾不周让孩子受了委屈。甚至有一些基本的生活自理技能，如穿衣服、用筷子吃饭、系鞋带等小事家长也为孩子统统包办代替，这就使得幼儿没有机会掌握生活的常识，从而在今后的道路上成为"生活上的白痴"，很多3～6岁的幼儿甚至分不清鞋子的左右，不会剥鸡蛋皮，更不用提为家里做一些力所能及的家务活了。

有些家长认为,孩子还小,等孩子长大了再说。可殊不知,古谚有云:三岁看大,七岁看老。3～6岁的幼儿正是生理和心理发展的关键期,错过这一黄金时期,将来也只会是"亡羊补牢,为时过晚"了。家庭对幼儿百般溺爱,衣食住行,大小事务,一概包揽,这种溺爱只会直接造成幼儿"以自我为中心"的膨胀,或目空一切、胆大妄为,或性格孤僻、胆小退缩,缺乏应有的自理能力和自制能力,难以健康成长。

(二) 过分专制

与幼儿家长较为普遍的溺爱相反,是一些家长对幼儿的专制。这些家长认为,孩子只有一个,他们出于所谓的"不能从小把孩子惯坏",或"害怕孩子从小养成不良习气",以及要"好好管教"的用心,信奉"棍棒出孝子,严师出高徒"不打不成才的古训,从幼儿时就"严格"要求孩子,甚至于虐待孩子。这些年,通过报纸、电视、网络等媒体曝光的、形形色色、各种各样的家庭教育中虐待幼儿的现象比比皆是,比如绳子捆、烟头烫、针头扎,不给食物,恐吓、威胁、体罚等,孩子因此受到极大的心理伤害和人身伤害,有的甚至被虐待致残或致死,情形极为令人发指。南京虐童案就是其中影响较大的一起,也是最为典型的一起。尽管施暴者说是出于对孩子的爱和关心,也是为了严格教育和管理孩子,但其用绳子严厉抽打导致孩子遍体鳞伤却是不争的事实,在整个社会舆论的强烈关注下,肇事者最终因触犯刑律,被法院依法判处有期徒刑。在这样的家庭教育中,家长会认为幼儿无所谓独立人格、自尊心,总是高高在上,权威在手,说一不二,专制式地对孩子进行管教。孩子只能单纯服从,出现差错,非打即骂。这样的教育方式,置幼儿于完全被动的地位,家庭因缺乏宽松的环境,自然无法形成健康的心态,最终会导致孩子产生自卑等的不健康心理。

(三) 限制保护太多

对孩子限制保护太多,与之对应的,往往是忽视对孩子主动探求新事物能力的培养。实际生活中,我们不少家长大多不习惯于把孩子当成一个能动的、有独立意识的个体来看待。总觉得孩子小,或觉得不安全,对孩子本可以接受、自己能做的事情,也都样样包办代替,或这个不要,或那个别碰,完全让孩子失去了本该有的学习、锻炼和尝试的机会。正因为这样,使孩子逐渐变得没有了学习能力,样样事情都不会,不敢做,也不知道该怎么做。这就是家长对孩子过度保护的结果。所谓过度的保护,也就是说本该是孩子自己可以做的事情,完全由父母给包办代替,全部替他给做了。表面上看,这是家长出于对孩子的爱和呵护,觉得为孩子一切都准备好就是对幼儿最大的爱,其实,这是一种极大的错误,会害了孩子。常言说:"穷人家的孩子早当家","温室里培养不出可以抵御外界风雨的花朵"。只有让孩子及早学会独立,从小就做自己力所能及的事情,孩子才会从中学会经验,才能更好适应未来的生活。爱孩子,就放手让孩子做自己可以做的事情吧。

(四) 生硬说教

平时总会听到有些家长这样在老师面前诉苦:我们家的孩子啊,是谁的话都不听,就只听老师的。在家我们也没少教育孩子,可嘴巴说干了,嘴唇磨破了,也都没用。从这些话中,我们不难听出这些家长些许的惆怅和无奈。的确,家长说了多少遍了,都不起作用,并且孩子还会把家长的话当做耳旁风,依然我行我素,甚至不满意时,还会产生抵触情绪,撒泼、怄气或是对抗,这样的孩子确实够让家长伤脑筋的。不过,仔细想一想,为什么孩子在老师面前不会如此。是因为老师严厉吗?是因为老师惩罚孩子吗?所以,他们才不敢不听,不敢随意"放肆"吗?显然,这些都不是。与此相反的,恰恰是老师们可爱又可亲的言谈举止,那种出于对幼儿真挚的爱和关心,那种出于对幼儿的理解、友爱和尊重。正因如此,家长爱孩子,教育孩子,必须首先了解孩子。要知道,孩子毕竟还是孩子,教育孩子是要讲方法的,不能生硬地说教。如果运用方法生硬,幼儿就会产生抵触情绪,自然就会不听或不接受。"皮格马利翁效应"表明,积极心理暗示有重要的促进作用,家长对孩子进行积极的心理暗示,某种程度上能帮助孩子树立自信心,培养他各方面的良好习惯和品质,使孩子得到较好的发展,并朝所期望的方向发展。此外,"小孩生来就是好动的,是以游戏为生命的"。既然孩子天生好玩、好动、好模仿等,游戏对他来说不仅仅是娱乐,也是工作和学习,那么,我们何不尝试"亲子游戏"的教育方法,通过游戏,来潜移默化、寓教于乐、正面引导地教育和影响孩子呢?

（五）激励不够

评价激励不够,会挫伤孩子的自信心和创造力。普遍而言,中国家长有个特点,某种情况下也可说是缺点,就是对自己孩子的满意度是最差的,这一点比起国外的家长的满意度差多了。其实,孩子很需要表扬。孩子的心,就像那干渴的小苗一样,他们多么渴望被肯定! 渴望得到积极的评价! 实际上,一个孩子长大要经受人们无数次评价,但不管别人说什么,家长的评价永远是基石。如果家长对孩子期望很高,要求很高,总是用挑剔的眼光看待孩子,看不到孩子点滴的进步,或是不切实际地总拿别人家的孩子的优势与之对比,那么孩子怎么会产生自信心? 又怎能会激发出努力进取的动力呢? 所以,家长要多看到孩子的进步,不要苛求于孩子,更不能盲目地与别人家的孩子攀比,而要立足于孩子自己。作为家长,要对孩子鼓励,因为这会让孩子产生无穷的前进力量。要信任孩子的潜在力量,只有相信孩子行,孩子也才会更行。要相信只要能充分发挥孩子的这一力量,孩子就会成为了不起的孩子。对孩子要求不要太高。假如我们让孩子玩一个游戏,这个游戏的难度超出孩子现有的理解能力,但我们又不向他做任何讲解,结果孩子总是不知道该怎么玩,每次尝试都失败,那么孩子的感觉该是什么呢? 肯定是越来越糟糕,因为不用别人说,他也会觉得自己很笨。当然,我们也不能因此走上反面,如果不切实际地表扬孩子,总是无原则地夸大孩子的成绩和能力,赏识教育过了头,那么孩子就会变得虚荣,自尊心极强,甚至只能听表扬和好话,而听不得半点批评,容不得说半句不好,更受不得一丝挫折,那就又事与愿违了。

（六）忽略孩子的感受

许多专家学者都认为出,3～6岁的孩子应当享受无忧无虑的童年,这本可说是社会的一种共识。但在实际生活中,不少家长因为信奉"让孩子赢在起跑线上"的观点,给孩子施加过多的压力,使孩子被迫提前进入残酷的竞争中。一位家长就坦言,看到邻居家的小孩都会骑自行车了,儿子还只会骑四轮的摇摇车,心急的她逼迫孩子学骑自行车,甚至让他直接从小斜坡上骑下来。当孩子扶着自行车,慢悠悠地走下来时,竟真有点怒其不争。这其实是家长不切实际的急功近利,结果不仅得不偿失,更可能对长远的学习带来影响。因为孩子成长是一个循序渐进的过程,不同年龄段的孩子应具备不同的能力。《指南》早已对孩子在不同阶段所应具备的能力有着具体的说明。学龄前儿童的心智尚未发展成熟,过早的竞争可能会使他们的自信心受到打击,心理健康也随之受到一定的损害。要彻底摈弃"不要输在起跑线上"的错误观念,尊重科学、遵循规律、立足保护幼儿的自然天性,让孩子们健康快乐、生动活泼地成长。日常生活中,大人忽略孩子的心理感受也会时有发生,这些同样会无意中伤害了他们幼小的心灵。比如,有位家长的女儿一次被别人夸赞"又漂亮又能干,这么小就会帮妈妈的忙了",出于惯常的谦虚思想,她予以否认,"哪有啊,在家调皮着呢"。没想到随口说的一句话,女儿就问妈妈是不是不喜欢自己了。由此可见,家长要赢得孩子,教育好孩子,取得好的效果,就要注意观察孩子,了解孩子,解读孩子,试着站在孩子的立场上去理解孩子,切不可忽略孩子及其感受。

（七）缺少亲子交流

家长与孩子交流的时间越来越少,这是一种很普遍的现象。大家工作都很忙,下班本来就很疲劳,还要烧饭、洗衣、做家务、带孩子,哪还顾得上和孩子交流呢? 但是孩子需要交往,需要你们成为他们的朋友。现在的孩子大多都是独生子女,加上现在社会家庭结构特点都是三口之家,邻里又大多数互不交往。因此,许多孩子在家庭中缺少玩伴,他们非常孤单。科学实验表明,动物都需要交往,更何况人呢! 孩子是需要交往的,从婴儿期开始孩子就知道要与人交往,而现代人工作节奏加快,使家长们与孩子交往时间少了。现在的孩子在家庭中的活动主要以玩玩具、看电视为主,面对的只是冷冰冰毫无生命的物体,这也是大多孩子性格内向,语言表达能力差的原因所在。尤其亲子游戏,它是家庭内成人与幼儿交往的重要方式,也是衡量这种交往质量的重要指标。幼儿游戏的空间和时间的缺乏,会影响幼儿社会性交往能力的发展,而且还会大大降低幼儿的语言和动作的发展水平。现在的孩子没有兄弟姐妹,更需要朋友,更想与家长交往,很想要家长成为他们的朋友,我们家长应该满足孩子的心理需要,避免因工作和家务繁忙而冷落孩子。我们只有一个孩子,不能教育失败,我们要创造更多的时间和孩子交往、游戏、和

孩子进行交流,哪怕是茶余饭后、看电视时、走路之间、睡觉之前,都要尽可能听听孩子的心声,满足孩子的交往需求,以此来促进孩子心理健康的成长。

(八) 不能以身示范

幼儿对事物的是非、行为善恶的评价往往离不开具体的事物和人物。家长是幼儿最亲近的人,幼儿往往从模仿家长开始,以家长为榜样,把他们的行为规范和价值观内化成为自身的品质,并以此来指导自己的行为。有些家长一方面教育幼儿要诚实、有礼貌、待人要诚实等,另一方面却又往往做出与此不相符合的行为,使得幼儿的模仿角色发生混乱,不利于幼儿是非观念及良好品质的形成。现实生活中,的确如此,有些家长在实施家庭教育的过程中,常常是严格要求孩子,而对自己的要求则放宽了许多。这些家长并不是没有正确的教育方式,而是在教育过程中忽视了自身对幼儿的影响。例如,有些家长教育幼儿要使用文明礼貌用语,但是自己和同事、朋友交谈时却时不时蹦出几句粗俗不堪的污言秽语。又或者家长教育孩子要诚实,不能撒谎,而自己却常常有意无意地在孩子面前说出一些违心的谎言。某些家长可能认为孩子还小,什么也不懂;其实不然,3~6 岁儿童的模仿能力非常强,日常生活中的环境对幼儿的影响是潜移默化,"润物细无声"的,所以,家长们在日常生活中必须在严格要求自己的情况下,才能去教育孩子,不要自己还没有做到,就去要求孩子。正如平时所言"父母是孩子的第一任老师",孩子具有很强的"向师性",尤其是对于年幼的孩子,家长更应该以身作则,言谈举止文明,讲究诚信,身体力行,给孩子各方面的成长做出好的示范和表率。

三、缺乏健康的家庭教育环境

幼儿家庭教养环境主要包括硬环境与软环境。前者指家庭生活的环境、幼儿游戏环境、全家一起活动所需的条件,这方面随着生活水平的提高在不断地改善,一旦产生,较为固定;后者主要指家庭成员在日常生活中的言行举止等对幼儿的潜移默化的影响力,可操作性强。家庭教养环境对幼儿的成长产生深持久影响的主要是指后者。

(一) 家庭环境恶劣

当前一些家庭存在着"环境污染":电视、音响、录像等,让幼儿耳濡目染了暴力;有些家长沉溺于赌博,洗牌声、吆喝声、笑骂声夹杂,乌烟瘴气,幼儿处于自由放任当中;家长忙着做生意赚钱,疏于管教,经常用钱应对幼儿的要求;有的家长经常争吵,甚至大打出手……这种恶劣的家庭环境,幼儿在言行举止中会直接模仿,而且"看在眼里、记在心里",对幼儿健康成长产生不良影响。现在的家庭大部分是独生子女,几个大人围着一个孩子转,家庭及其教育的作用日益显得重要。特别是在一些社会弱势群体中,家庭教育的重要更是必不可少。一些家庭,特别是弱势群体的家庭,如农民、农民工、未就业人员和经济贫困的家庭,孩子生活水平低下,有的孩子缺乏必要的学习条件,留守儿童、流浪儿童已经成为社会问题。有的父母婚姻异常,单亲、重组、隔代抚养和旁亲监护抚养孩子的数量加大;还有的父母因个性、收入等原因,吵架打闹不止,缺乏互敬互爱。家庭的不和谐和生活的动荡,让未成年人连起码的安全感都没有,有的孩子对父母失去归属感,对家庭失去信心。一般来说,得不到家庭温暖和关爱的孩子,其人格特点表现出攻击性和反叛性,极易走入歧途。现实生活中这方面的例子非常的多,面对这些问题,需要家庭、社会等共同努力,争取为孩子创造一个健康、安全、和谐、有益的良好成长发展环境。

(二) 教育缺乏一致性

随着社会的不断进步,双职工家庭在社会上所占的比例越来越高,这就为孩子的家庭教育和照顾带来了新问题。许多年轻的父母为了让祖辈们便于照顾孩子,通常是与老人住在一起。同时,随着独生子女的增长和人口老龄化的比例逐日升高,越来越多的家庭呈现一种"倒三角"式的家庭模式,即 4 个老人、2 个成年人、1 个孩子的"421"结构。这种家庭中的三代同堂,是与我国实现经济基础相适应的。主干家庭人口多,人际关系比较复杂,孩子在家庭中可能和几代人打交道,扮演多种角色,在这种家庭环境中,使孩子的适应能力得到了培养。然而,几代人之间由于年龄差异、代际差异,使家庭中不同代别的人,在教养孩子的问题上往往持有不同的态度和价值观,代际之间在子女问题上的矛盾冲突是不可避免的。年轻的父母在新的教育观念的影响下,开始注重幼儿各方面能力的培养,希望自己未实现的愿望将来能在子女身上得到实现和补偿,往往对幼儿期望过高,要求过高。祖辈们则往往受所谓"传宗接代"的传统观念的影响,对家中的独苗苗关爱有加,百般溺爱,生怕孩子受什么委屈,对孩子事事包办代替,一味迁就顺从;甚至父母对孩子进行教育时,祖辈们也会出面进行干涉。因此,就形成了代际之间在幼儿教育问题上的矛盾。

这种矛盾是由于三代人生活成长背景的不同,受教育程度的差异,以及在对待家庭教育的态度方面存在着不同程度的分歧而造成的。隔代教育及父母教养在态度上存在着的差异,家长教育方式的不一致,已成为影响家庭生活和谐的一个关键问题。确实如此,现在很多家庭都是以孩子为中心,奶奶亲、爷爷疼、姥姥抱、姥爷背。有时爸爸妈妈说几句,爷爷奶奶就不高兴,孩子不愿做的事可以找"代言人",有了困难爷爷帮着去"克服",有了错误奶奶帮着去"认错",就是年轻的爸爸妈妈在教育孩子的问题上也存在看法不一致、方法不一致、做法不一致的现象。家庭环境中的亲人们将这些不一致,用不同的情绪、不同的态度、不同的做法暴露在孩子的面前。这太多太多的不一致,对孩子最大的危害就是造成了他们是非不清,甚至是非颠倒,久而久之使孩子形成了盛气凌人、不懂礼貌、撒谎等不良行为和性格。由此可见,家庭教育一致性该是何等的重要。果真要做到如此,一是在教育孩子的时候要做到正确意见大家都支持,错误做法大家都制止,并给孩子讲清道理,同时要讲究教育的艺术性,全家人紧密配合,形成统一的教育力量,以此使孩子始终得到正确行为和思想的引导,逐步形成良好的行为习惯和道德品质;二是要掌握科学、正确的教育方法,根据孩子身心发展的规律和实际情况来开展教育;三是要使家庭教育目标与幼儿园教育目标保持一致。

(三)家园教育脱节

在幼儿园教育中,家园联系是一个很重要的环节,可是,当今幼儿园与家庭的沟通与配合工作却并不尽如人意,有的家长想了解孩子却苦于没有渠道,有的教师想与家长配合却苦于没有恰当的方式,最后导致了家长与幼儿教师之间出现了彼此不了解的问题。当幼儿出现一些问题后,家长埋怨教师没有尽到责任,而教师则是也有一肚子委屈说不出,从而出现一种恶性循环,导致家园联系成了幼儿园管理中的一个困难问题。究其原因如下。

一是家园沟通配合不足。目前我国教育资源分配仍存在不均衡的问题,在学前教育的范围内,幼儿园良好的硬件设施及优秀的师资队伍建设仍不十分完善。在一些地区,幼儿班及容纳量往往大大超过国家规定数量,这就导致幼儿教师的工作量成倍剧增,在庞大的工作量下,教师与家长的沟通时间势必也会缩短。而且,有些家长把幼儿送进幼儿园后就认为教育是老师的责任,自己对孩子的教育问题则是不闻不问,即使有机会向教师询问,也大多是关于幼儿的饮食起居,问及幼儿心理发展及精神状态的是少之又少。而疲于照顾大量幼儿的教师也没有太多精力去关注幼儿的内心世界。家长与幼儿园之间就没有一条沟通的途径,不交流,自然就会产生很多误会。

二是家长对幼儿园教育抱有怀疑心态。如今的幼儿园学生家长,基本都是"80后"。他们关爱孩子,但缺乏教育方法;他们热爱学习,但追求快餐文化;他们乐于合作,但潜藏怀疑心态。其中最突出的矛盾,当属家长对幼儿园抱有既积极配合又有点怀疑的态度。教育部下发的《指南》明确提出,要重视家园共育。只有家长和幼儿园共同努力,才能有效地促进幼儿身心健康成长,否则就会事倍功半。事实上,家长与幼儿园之间仍存在一定程度上的不信任。有家长就坦露心声说:"看到幼儿园布置给孩子那么多超出能力范围的任务时,我会觉得这是不是幼儿园往家长身上转嫁教育压力。当幼儿园老师向我们推荐育儿书籍时,我也会怀疑幼儿园是否与该出版社存在利益关系。"这种不信任不仅影响家园关系,也会影响到孩子的教育。如何解决这一难题,让家长走进课堂深入了解教师的工作就是一种比较好的办法。因为当家长真正走进教室后,他们就会对老师有更深刻的理解,他们会发现老师根本没有时间去特别关注个别的孩子。同时也会明白,要求老师去特别关注某个孩子是不实际,也是不公平的。家园双方应当相互理解,密切配合,共同教育,因为大家的目标是一致的。

第三节　3～6岁儿童家庭教育的科学开展

一、提升家长自身的教育素质

家庭教育是人接受时间最早最长、影响最深的教育。家长给孩子的教育是养成道德习惯、生活习惯、学习习惯、陶冶气质,是人生最重要的教育环节。教育专家成墨初认为,良好的家庭教育使人终身受益。让儿童健康成长,关键在于提高家长的素质和他们实施积极家庭教育的能力,"孩子有问题,父母来'吃药'"应成为全社会的共识。教育家长,应该从家长自学和对家长开展社会教育两个方面来努力。前者强调,每位父母应抱着培养孩子也是一种事业的理念,加强学习,与孩子一起成长。向生活实践学习,不断认识自我、认识孩子、掌握科学的教育、心理知识,寻求符合自己孩子成长规律的教育方式和方法,解决孩子成长中的问题。后者则主要是政府及有关部门动员社会力量,弘扬先进的教育理念,普及科学的教育规律;积极开办各类讲座、培训班,普及现代家庭教育知识。

家长在教育孩子的同时,应从以下五个方面提升自身的教育素质。

（一）思想道德素质

人们常说,教育孩子要言传身教。言传,即教给孩子以知识;身教,即以自身的道德思想及言谈举止给孩子树立学习、模仿的榜样。因此,家长要想教育子女,首先要身正,如家长不能身正,言行不一,说一套做一套,教育起孩子也就很难有说服力。因此,要求家长在思想上,要实事求是,遵纪守法,尊老爱幼,敢于同一切不良行为、社会风气作斗争;在工作上,要认真负责,干一行爱一行,廉洁奉公、开拓进取;在与人交往中,要以诚相待,友好相处,有爱心和同情心;在生活上,要积极乐观,节俭朴实。只有这样,才能让孩子从自己身上学到许多优良的品质。

（二）科学文化素质

苏联现实主义文学奠基人高尔基曾经说过:"爱孩子,这是母鸡也会的事,可是,要善于教育他们,却是一件伟大的公共事业。从事于这种事业,必须具有相当的才能,必须具备广博的生活知识。"因此,作为家长,无论现有知识水平的高低,都要树立终身学习的观念,主动、积极地学习一些天文、地理、历史、法律、文学、军事等方面的知识,这样既提高了自身的科学文化素质,又能满足子女成长中对知识的渴求,成为孩子爱科学、学科学、用科学的引路人。

（三）心理素质

人的心理素质包括多个方面,合格的家长应具备以下心理素质:要有健康的情感,家长在孩子面前,或教育孩子的时候,一定要保持稳定、含蓄、深沉的情感,切忌情绪大起大落,喜怒无常,如家长不会用理智驾驭情感,或对孩子表现出无限度的爱,对孩子教育以及性格的养成都是非常不利的;要有良好的意志品质,教孩子不是一朝一夕的事情,作为家长一定要有恒心,有耐心,做到坚持不懈,持之以恒;要有敏锐的观察分析能力,家长要善于在日常生活中观察子女的一言一行,捕捉各种信息,并作出正确的判断,以便对孩子的教育有的放矢,因材施教。

（四）教育能力素质

美国当代著名的心理学家、教育学家布卢姆曾对杰出的数学家和作曲家进行研究,结果发现他们的父母从他们幼年时就开始对孩子的天资进行开发,一方面给孩子以热情的鼓励,另一方面自己积极参与这些领域的活动,成为孩子的榜样,激发出了孩子更加强烈的学习热情。孩子的教育是一门科学、一项艺术,具有其自身的规律性,这就要求每位父母积极主动地学习一些心理学、教育学、生理卫生学等方面的知识和家庭教育的艺术,用现代家庭教育知识武装自我,成为家庭教育的内行。

（五）法治观念

现代社会是法治社会,法治观念是每一个公民必须具备的一项素质。但当下不少孩子法治观念淡薄,甚至不知法为何物,以致青少年犯罪成为一个社会问题。因此,在家庭教育中,对孩子进行法治教育任重道远。"欲传道,先明道",要想做好孩子的法治教育,使他们懂法、守法,作为家长就应该先知法、守法,树立良好的法治观念。

二、关注儿童学习与发展的整体性

儿童的发展是一个整体,要注重领域之间、目标之间的相互渗透和整合,促进幼儿身心全面协调发展,而不应片面追求某一方面或几方面的发展。具体可以做好如下十三个方面的工作。

(一) 新入园幼儿的生活适应

新入园幼儿多数会出现入园哭闹、拒绝活动和情绪不稳定,不少幼儿会进餐困难或难以午睡,有的还出现排泄失禁等现象;在家时往往表现出拒绝来园、食宿反常和情绪波动。许多家长出现分离焦虑和紧张心态;有的在补偿心理支配下,无原则地满足和纵容孩子;有的甚至间隔送孩子进幼儿园。孩子年龄的大小,自理能力与习惯,家庭作息时间与幼儿园的差别,学习适应能力和性格特征等因素影响入园适应的速度;幼儿入园适应期大约需要 1 个月时间,家长的影响贯穿始终;幼儿的入园适应需要家长的入园前准备和入园后配合;家长应该表现出对幼儿园环境和教育的认同、对教师的信任和送孩子入园的坚定态度。

(二) 幼儿体质与家庭体育活动开展

幼儿活动空间越来越小,交往范围越来越窄;空气、水和食物的污染增加。家长观念上重能力轻体质,重营养轻运动;让孩子关门独自活动多,户外活动和锻炼少;外出活动坐车多,步行少;饮食结构不合理;包办、保护过多,身体得不到充分锻炼。幼儿的活动量不足,运动密度不够;对适应气候变化和抗御疾病的能力较差;"豆芽型"和肥胖儿童比率增长。幼儿的体质是幼儿生活、学习和发展的基础;家长对体质的理解与处理直接影响着幼儿的体质状况;幼儿身体器官未发育成熟、组织比较柔弱,但生长发育迅速、新陈代谢旺盛,需要预防疾病、保证营养、净化环境、参加体育活动和锻炼身体;户外活动和体育运动是增强幼儿体质的有效途径;幼儿体育活动应该根据幼儿身心发展特性及社会的需要,以运动为主体,以游戏为方法,以培养幼儿身心发展的基础能力为目标。

(三) 幼儿的自理能力和习惯养成

许多家长在观念上,"重智轻德"、"重能力轻习惯";在态度上,对孩子溺爱、怕添乱;在行为上,对孩子的事替代、包揽;剥夺了孩子动手自理和形成习惯的机会,造成许多孩子生活自理的独立性、坚持性和自我控制能力差,生活习惯的依赖性很强。幼儿阶段是养成良好习惯的关键期,又是沾染不良习惯的危险期。幼儿家庭自理能力和习惯的培养应具有幼儿期的特点,培养内容应有增加,培养要求应有提高;随着理解能力的提高,在继续坚持提供条件创造机会和以身作则提供榜样之外,需要进行说理教育;随着幼儿入园,必定要家园合作,一致要求,教育同步;习惯是经过不断重复和反复练习形成的,对幼儿行为习惯的形成更需要有决心、有耐心、有信心。

(四) 幼儿的卫生习惯与近视、龋齿的预防

农村儿童龋患率和城市儿童近视率居高不下。幼儿在形成良好的饮食卫生习惯和用眼卫生习惯,保持个人整洁和口腔卫生方面存在许多问题。家长"重智轻德",不重视卫生习惯的培养;对龋齿和近视的危害缺乏了解,认为"乳牙不好还可以换牙","近视可以配隐形眼镜";对孩子的用眼、口腔和其他不良卫生习惯持无所谓态度。良好的卫生习惯是现代人必备的基本素质,良好卫生习惯的培养是幼儿健康教育的重要内容。幼儿期的卫生习惯主要包括生活卫生习惯、清洁卫生习惯、环境卫生习惯和器官保护卫生习惯。家长对卫生习惯培养重视的程度,掌握知识的多少,采取的方法是否妥当和自身卫生习惯是否良好,对幼儿具有重要的影响。

(五) 幼儿家庭的早期智力开发

有的家长认为"树大自会直",不重视智力的早期开发;有的认为智力开发越早越好,对孩子期望过高,急于求成。许多家长重视早期开发,但做法不妥当,有的重视知识技能传授,忽视能力智力培养;有

的重视间接知识的获得,忽视实践经验和生活体验的积累;有的过早进行专业定向训练,影响了基本素质培养。许多家长根据个人的理念、经验和意愿来安排孩子的活动。学前期是幼儿身体、智能、情感和社会性发展的关键时期,智力的早期开发对幼儿成长具有重要意义;儿童智力的发展与身体发育、情感发展、社会性形成是相互影响的;儿童智力的发展具有自己的规律;幼儿智力的发展和参与智力活动的需要、兴趣、意愿和感受具有年龄、性别和个体的特点;儿童的智力是在活动中发展的,游戏活动是幼儿智力发展的主要方法;家庭是儿童智力发展的重要途径。

(六) 幼儿情绪情感的培养

许多家长把早期教育误解为就是早期智力开发,忽视幼儿社会性和情感发展;单一的知识、技能训练,无视兴趣的强制行事,压抑着幼儿健康情感的发展。幼儿的情绪调控能力较差,往往表现出容易激动、容易受感染和内心体验容易表露;情感表达能力较差,不善于表达内心的情绪体验;同情心、责任感和集体感等高级情感的发展水平较差。进入幼儿期后孩子的情绪稳定性有所增强,情绪色彩更为丰富,高级情感开始发展,情绪反应的社会性动因有所增加。气质上的差异,生理需要的满足,与家长、同伴和老师的交往和关系影响着幼儿的情绪状态和情感发展。幼儿的哭泣、焦虑等消极的情绪反应有时具有自我保护的作用;但是,情绪长期处于消极状态将对身体健康、活动效率、认知发展和人格构建产生不利影响。情感与理智是相互制约的,建议家长要善于处理自己的情绪,营造宽松和谐的氛围,同时要提出明确而合理的要求,坚持理智地爱孩子。情感是一种双向的过程,要让孩子在接受他人爱的同时,懂得珍惜他人的爱,学习与他人真实地分享,进而学会去关爱他人。冷静观察、耐心听取、客观分析孩子的情绪冲动,抚慰而不堵塞情绪的宣泄,帮助孩子在正确处理中提高情绪、情感的表达和控制能力。

(七) 幼儿社会交往的发展

家长对幼儿生活有意或无意地控制,家庭居住环境的封闭性限制了孩子的同伴交往;幼儿园外同伴交往缺失现象突出,主要表现为时间不足、空间狭窄、频率低下和人数短缺;不少幼儿缺乏交往热情,没掌握交往技能,不善于处理同伴关系,待人冷漠、没有同情心,有的还会出现攻击性和退缩性的偏差行为。幼儿的社会交往是在与家长、教师和同伴等交往对象的共同活动中产生和发展的;家庭和谐氛围,家长与邻里、亲友的亲切交往,家长对子女的教养方式,家长对孩子社会交往重要性的认识、支持的态度和适度指导的行为具有重要影响;幼儿社会交往的家庭培养内容包括热情、积极和主动的交往态度礼貌、诚实、分享、合作和遵守规则等交往品质,沟通、协商、应对变化和解决冲突等交往能力;幼儿的社会交往不仅影响幼儿社会性的发展,而且对智能发展和今后的社会生活具有重大影响。

(八) 幼儿家庭环境的创设

许多家长重物质环境创设和物质条件提供,轻家庭氛围和和谐关系的创设;重衣、食、住、行等物质需要的满足,轻游戏、学习等活动环境的创设;家庭环境的布置幼儿特点不显著,成人化倾向依然存在;过高的期望、不切实际的要求、控制孩子的传统习惯对孩子产生无形的压力,家庭处于紧张的氛围之中。幼儿的主要生活环境是家庭,家庭环境是影响幼儿身心发展最基本的环境因素;良好家庭环境应该包括幼儿生活、游戏、学习活动必需的物质条件的提供和物质环境的创设,包括平等、和谐的家庭关系和宽松、民主的心理氛围的形成;家庭环境对幼儿活动的质量、发展的速度和人格特征的形成起着潜移默化的作用,并带来终身影响。

(九) 幼儿家庭安全教育与意外伤害预防

意外伤害已经成为儿童致伤、致残、致亡的第一"杀手";车祸、跌落、烧伤、溺水、中毒等是幼儿意外死亡的主要类型;跌落撞伤、烫伤烧伤、硬物夹伤和宠物咬伤在幼儿日常意外伤害事故中所占比率较高。幼儿的自我保护意识缺乏;自我保护的能力很弱。家长的家庭安全知识缺乏;安全防范意识薄弱;监护措施不到位;对幼儿的家庭安全教育不重视。年龄特点决定了幼儿容易出现意外伤害事故;意外伤害虽属突发事件,但有它发生的规律,并非不可预测和不可避免;意外伤害存在城乡差异、年龄差异和性别差异,在防范重点和措施上应该有所区别;消除造成意外伤害的家庭内隐患,提高幼儿自我保护意识和能力是家长的职责；家庭安全教育应该在幼儿日常生活中进行，采用随机教育的方法。

（十）幼儿的营养与膳食安排

许多家长尽管重视幼儿的营养和膳食，但由于缺乏有关的科学知识，在喂养行为上存在误区；家庭一日能量摄入量的提供呈现早餐低、晚餐高、零食多的现象；幼儿偏食现象比较普遍，用餐时喜食肉类、油炸食品和洋快餐，不吃蔬菜；平时喜食甜食、甜饮料和零食；农村贫困地区幼儿仍存在营养不良，城市儿童体重过重、超重的比率增高。营养、膳食是幼儿身体器官的正常发育和体、脑活动的物质基础；合理的饮食结构应该是金字塔形的，它的底端是谷物类，第二层是蔬菜、水果类，第三层是鸡、鸭、鱼、肉、蛋、奶制品及豆类食品，第四层是油盐糖类；幼儿一日三餐应遵循早餐吃得饱、中餐吃得好、晚餐吃得少的原则；幼儿家庭膳食应根据幼儿的年龄特点、个体差异和季节变化而不同。

（十一）幼儿的亲子游戏与亲子关系的建立

一部分家长对子女的困惑不了解、需求不尊重、行为不理解，影响着良好亲子关系的建立；有的家长对子女溺爱和过度保护，严厉和过多干预，冷漠和忽视等对亲子关系带来负面影响。有的家长疏于与孩子的沟通，缺少亲子交流的方法。许多家长不认为游戏也是学习；在亲子游戏中表现消极、被动；对参与亲子游戏认识不足，对指导亲子游戏缺少方法，有的出现过多干预和指挥。亲子关系是父母与子女间的双向互动的人际关系；亲子关系直接影响幼儿的身心发展，并影响其他层次的人际关系；良好的亲子关系对家庭的和谐具有重要意义。父母在亲子关系的建立过程中居于主导地位。游戏是幼儿的主要活动，游戏的过程是幼儿主动学习和建构经验的过程，有父母参与的亲子游戏能提高游戏的教育价值。亲子游戏本身是一种无言的沟通，是建立良好亲子关系的重要途径。

（十二）幼儿的学习方式和学习品质的培养

幼儿的学习是以直接经验为基础，在游戏和日常生活中进行的。要珍视游戏和生活的独特价值，创设丰富的教育环境，合理安排一日生活，最大限度地支持和满足幼儿通过直接感知、实际操作和亲身体验获取经验的需要，严禁"拔苗助长"式的超前教育和强化训练。

幼儿在活动过程中表现出的积极态度和良好行为倾向是终身学习与发展所必需的宝贵品质。要充分尊重和保护幼儿的好奇心和学习兴趣，帮助幼儿逐步养成积极主动、认真专注、不怕困难、敢于探究和尝试、乐于想象和创造等良好学习品质。忽视幼儿学习品质培养，单纯追求知识技能学习的做法是短视而有害的。

（十三）幼儿幼小衔接工作的准备

有的家长将"入学准备"片面地理解为"学习准备"，只关注学习能力和学习习惯的培养；有的家长把"准备入学"错误地当做"提前入学"，对幼儿辅导小学文化课内容；有的家长将入学准备这一整个学前期的长期任务当做是幼儿入学前的突击性任务，进行智能和非智力因素的强化训练。这些做法不仅无助于入学适应性，反而让其身心受到伤害，有的甚至产生怕学厌学倾向。入学准备是一个全面的概念，除学习准备外，家长还应该创造条件让孩子做好心理准备、物质准备和生活准备，家长也应该为孩子入学后自身职责的变化做好心理准备；幼儿入学前的学习准备，既包括智能发展上的准备，也包括与学习有关的非智力因素的准备。入学准备是整个学前期的长期任务。

三、处理儿童学习与发展中的问题

（一）性别问题

孩子的性别角色意识从3岁以后就开始建立了，而真正形成性别角色意识是在孩子进入青春期之后。家长和幼儿园应该对3～6岁的孩子进行适当的性别教育，传授给他们一些基本的生理知识和自我保护意识，让孩子对自己有一个最基本的认知。对孩子进行正确的性别角色教育是非常必要的，这非但关系到孩子日后正常的社会交往、恋爱、婚姻、家庭生活，还会影响其心理发展。性别教育最终的目的就是帮助孩子养成健全的人格。

一是不要混淆孩子的性别打扮。随意改变孩子的性别装扮：给男孩系蝴蝶结、穿裙子，把女孩弄成

"假小子"。这些都属于父母的不恰当行为。孩子常会受到小朋友的歧视和捉弄,或受到老师和邻居的压力,产生痛苦、孤独、胆小、忧郁的性格特点。二是父母是最好的榜样。孩子对于自己性别的认知完全来自父母的引导。爸爸妈妈的装扮和形象,会直接影响到孩子对性别的认知。爸爸妈妈无意的差错,可能会形成孩子的误解。三是正面解答孩子的性别问题。对于孩子对于性别和身体方面孩子的好奇和疑问,应该大方正常地进行解释说明,没有必要遮遮掩掩。有时候爸爸妈妈上厕所或洗澡时,孩子会偷偷溜进来看几眼。不要大惊小怪、急于遮掩,甚至责骂孩子是"流氓"。孩子只是好奇,想观察爸爸妈妈的身体,大人坦然的态度和冷处理会让孩子淡然此事,大人反应过激恰恰会强化孩子的好奇心。

(二) 情绪问题

3～6 岁幼儿的情绪体验非常丰富,成人能体验到的情绪,他们基本上已能体验到,如高兴、悲伤、愤怒、恐惧紧张、害怕等,而且很容易表现在行为上,不像成人那样可以控制自己的情绪。焦虑和恐惧是3～6 岁幼儿的主要不良情绪体验,与家人分离、受到批评和伤害后,或对想象的事物如黑暗、魔鬼、声音、幽静等,都会出现明显的焦虑反应。3～6 岁幼儿高级情绪活动如同情心、孤独感、荣誉感、审美感、道德感、合作精神进一步发展。

一要培养孩子自我控制力。3～6 岁幼儿的情绪体验丰富,但容易喜怒哀乐表露无遗,不能自我控制情绪。因此,家长要培养孩子自我控制力。在日常生活中,家长不能过于满足孩子的需求,不能对孩子有求必应,要让孩子适应"延迟满足",增强孩子的抗挫能力。二要让孩子体验积极情感。3～6 岁幼儿容易产生焦虑和恐惧心理,体验到消极情绪。家长要保证孩子的安全,教给孩子必要的安全常识,增强对环境的掌控能力,克服焦虑和恐惧心理,让孩子体验积极情绪,保证身心健康。三要促进孩子社会化发展。3～6 岁幼儿自我意识增强,同情心、荣誉感、道德感、合作精神发展,家长应教育孩子遵守社会规则,如交通规则、安全礼仪常识、家庭美德、社会公德等,促进孩子社会化发展。

(三) 任性问题

2～3 岁的幼儿正好处在性格的萌芽期,也是孩子的"第一反抗期"。这时期的孩子不像以往那么听话了,会经常和大人"闹独立",力图摆脱大人的约束,不要大人帮忙。他们对一切事物都想亲力亲为、弄个明白。但是,由于幼儿还不具备自我约束的能力,因此这种亲力亲为的心理通常会在不合适的情况下表露出来,家长如果断然拒绝,反而会刺激孩子的任性行为。造成孩子任性行为的原因主要有:父母过分娇宠、纵容;隔代喂养;父母缺乏耐心;幼儿自制能力差,易冲动,思维带有片面性及刻板性。

孩子的任性是一种不良的性格倾向,是常见的一种心理异常现象或者心理疾病。在任性者的心目中只有他自己,没有别人,只管满足自己的需要,情绪的愉快,而不顾他人的需要和情绪如何。对孩子任性的后果不可低估。同时,也要谨慎对待孩子的任性,切不可凭自己的主观猜测和情感用事,不分青红皂白地去处理孩子的任性问题。如果把孩子的独立性、自主性的发展当成任性问题加以处理,就会严重地影响孩子的智力和人格的健康发展。

一是明确告诉孩子该做什么。不要问他"行不行",这样有利于提高孩子的是非辨别能力,减少任性行为的发生。二是转移注意力。幼儿的注意力一般比较分散,对同一事物的兴趣持续的时间不长,很快会被其他的新鲜事物所吸引,如果能抓住孩子的这一心理特点,转移其注意力,就能够救自己脱离困境。三是冷处理。当孩子因自己的要求得不到满足而使性子时,家长可以采取不予理睬的态度,让孩子自讨没趣;此时如果横加指责和打骂,孩子虽然可能暂时听话,但其自尊心和自信心会大大受挫;当孩子做出让步之后,家长就可以向孩子解释为什么不能这么做的原因,让孩子明白他的不合理要求是不会被爸爸妈妈接受的。

(四) 淘气问题

我国的传统教育十分强调孩子要服从、听话。往往把顺从、听话作为一个好孩子、好学生的唯一或主要标志。而对于那些比较调皮、淘气的孩子往往是另眼看待。这是一种落后的、片面的、不理智的看法和态度。许多事实说明,"淘气鬼"一般都比较聪明,富于创造想象,喜欢动脑筋想办法去对待一些新环境、解决一些新问题。在他们的一些恶作剧的行为中,也往往闪烁着勇敢顽强、独立自主等良好的心理品质。对于"淘气鬼"既要看到其消极方面,又要看到积极因素;在教育时既不能放任自流,必须放而有度,又不能严而无度,以情感代替理智去对待他们。

一般说来,淘气的孩子多属外向型性格。他们行动较敏捷、思维灵敏、反应快、创造能力较强,自尊心、好胜心特别强,观察细致、模仿能力和理解能力较强,喜欢学反面角色和冒险行为。他们比较聪明,点子多,号召力较强,往往能得到同龄伙伴的拥护,成为"孩子王"。家长要看到其积极因素并用科学的方法进行因势利导的教育。一是孩子精力充沛、闲暇时间多,如果没有正当的娱乐或游戏活动,孩子也会感到寂寞无聊,要善于安排好孩子的闲暇时间,在不危及孩子生命和人身安全的情况下,可以让孩子进行一些冒险性活动。二是要充分利用孩子恶作剧的"闪光点"去发展优点,克服缺点。善于把孩子的好奇、求切、探索精神引导到正确轨道上来,培养其某种兴趣和特长。三是要注意通过恶作剧及其后果的讨论分析,提高孩子辨别是非的道德认知能力和行为的自觉性、目的性水平,防患于未然。

(五) 不合群问题

3～6岁的孩子仍然以自我为中心。在人际交往上,他们还不理解友谊真正的含义。"好朋友"也仅是建立在玩具、零食等物件上的。但是,家长却仍然可以看到,有些孩子在一起玩得很融洽,似乎天生就是"社交高手"。在这些孩子身上,大都能发现这样的特质:愿意分享、有爱心、愿意帮助他人、遵守规则、主动。而另一些则是"另类人物"。有的孩子很容易与他人发生冲突;有的孩子不断地"故意"捣鼓别人,让同伴反感;还有的孩子游离在人群之外,很难参与游戏。这个阶段的孩子已经开始学习成为一个"社会人",如果他们在人际方面有困难,是一定需要大人帮助和支持的。通常孩子不合群有以下原因:最常见的是,这个孩子的行为常常触怒他人。跟大人一样,幼儿也不喜欢霸道、自我中心或者破坏性的行为,他们不喜欢跟不遵守游戏规则的人玩。有注意力问题的孩子通常也会有人际交往的问题,因为他们理解游戏规则有困难,也容易在游戏中稍有不如意时发脾气。此外害羞的孩子也会存在不合群的问题,他们很容易被别人嘲笑。

操作技能训练

堂上练习:扫码观看视频并概括整理出应对相关问题的家长工作指南。

2-2

课外拓展任务

1. 素质拓展

扫码学习《中华人民共和国家庭教育促进法》并谈谈对你开展家庭教育工作的启发意义。

2. 活动拓展

设计一份教师家访记录表并在见习实习中应用。

2-3

《3～6岁儿童学习与发展指南》的家庭教育解读

素质目标	1. 感受中华民族家庭美德,树立正确的家庭教育观。 2. 以幼儿为本,热爱幼儿、尊重幼儿。
知识目标	1. 了解3～6岁儿童学习与发展的家庭教育目标。 2. 掌握3～6岁儿童学习与发展的家庭教育内容。
能力目标	1. 能根据3～6岁儿童学习与发展的家庭原则和方法开展指导。 2. 能够设计一份家庭教育调查问卷。

情境分析导入

讨论分析:

扫码观看视频并从孩子的成长需求的角度谈谈父母陪伴的价值。

3－1

知识内容学习

第一节　3～6岁儿童学习与发展的家庭教育目标

一、家庭教育目标的含义与作用

(一) 家庭教育目标

家庭教育目标是指家长培养子女成长的目标。做任何事情都要有一个目标,目标是一个方向,它可以分为最低目标和最高目标。最低目标一定要能实现,最高目标经过努力有可能实现。家庭教育也是一样,需要设定教育孩子的最低目标和最高目标,用这些目标去指导家长开展家庭教育,才不至于使家长在教育孩子时出现偏离或者漫无目的。事实上,不管家长自己是否意识到,也不管家长是否正视这个问题,任何一个家庭对子女的教育,都是具有一定目标的,都是自觉或不自觉地在某种目标的指引下进行的。

家庭教育和学校教育、社会教育并称为教育的三大支柱。在转型期的当代中国,随着社会价值观变化,过去以道德为核心的价值观遭到破坏,重智轻德成为家庭教育的普遍趋向,导致家长教育缺失或者失位,使得我国家庭教育存在种种问题,因此,确立新型的家庭教育目标尤为重要。

知识链接:
世界各国教育目标的发展趋势

1. 个性化和社会化的统一。由于社会的发展、文化的交流,世界许多国家已认识到教育不仅满足国家一体化的要求,又要满足多元化群体及公民个体的教育权利的需要。

2. 德育和智育的统一。古代重德,近代重智,现代两者结合。

3. 知识和能力的统一。古代重知识,为了知识而学习,现在重能力。

4. 当代与未来的统一。这种目标必须反映出当前社会的价值取向和社会的需要。同时必须考虑未来社会的发展趋势,将当代与未来统一起来。

(二) 我国的家庭教育目标

我国的家庭教育目标必须以国家的教育方针和培养目标为根本出发点,遵循儿童身心发展规律,实施德智体美劳诸育全面发展的教育。家长必须明确家庭教育是人生教育的基础,明确家庭教育的出发点和最终归宿是为国家和社会培养所需合格人才。在具体实施家庭教育时,将德智体美劳诸育有机结合,不能偏废。也就是说,在开发早期智力的同时,必须重视儿童思想品德的早期培养和行为习惯的早期训练,保证儿童身体的健康发育和各器官机能的充分发展,早期培养儿童的感受美的能力和审美能力,并通过早期的自我服务劳动、家务劳动、社会公益劳动,培养儿童的劳动态度和习惯等。

家庭是社会的基本细胞,是人生的第一所学校。不论时代发生多大变化,不论生活格局发生多大变化,我们都要重视家庭建设,注重家庭、注重家教、注重家风,弘扬中华民族传统家庭美德,促进家庭和睦,促进亲人相亲相爱,促进下一代健康成长,促进老年人老有所养,使千千万万个家庭成为国家发展、民族进步、社会和谐的重要基点。

总之,家庭教育目标是实施家庭教育的出发点和最终归宿。家长有了具体而清晰、明确而正确的家庭教育目标之后,就会使自己的教育活动朝确定的目标努力,教育活动就会更加自觉,成效自然地会更好;反之,家庭教育活动就会有极大的盲目性,教育效果就会事倍功半。

二、3～6岁儿童学习与发展的家庭教育目标

根据《指南》,学习与发展目标部分分别对3～4岁、4～5岁、5～6岁三个年龄段末期幼儿应该知道什么、能做什么,大致可以达到什么发展水平提出了合理期望。教育建议部分针对幼儿学习与发展目标,列举了一些能够有效帮助和促进幼儿学习与发展的教育途径与方法。由于家庭环境条件与幼儿园环境条件的不同,3～6岁儿童学习与发展的家庭教育目标与幼儿园教育目标应该具有共同性和差异性。

学前儿童家庭贯彻《指南》,确立3～6岁儿童学习与发展的家庭教育目标也可以从健康、语言、社会、科学、艺术五大领域着手。

(一) 健康领域的家庭教育目标

健康是指人在身体、心理和社会适应方面的良好状态。幼儿阶段是儿童身体发育和机能发展极为迅速的时期,也是形成安全感和乐观态度的重要阶段。发育良好的身体、愉快的情绪、强健的体质、协调的动作、良好的生活习惯和基本生活能力是幼儿身心健康的重要标志,也是其他领域学习与发展的

基础。

为有效促进幼儿身心健康发展,家长应为幼儿提供合理均衡的营养,保证充足的睡眠和适宜的锻炼,满足幼儿生长发育的需要;创设温馨的人际环境,让幼儿充分感受到亲情和关爱,形成积极稳定的情绪情感;帮助幼儿养成良好的生活与卫生习惯,提高自我保护能力,形成使其终身受益的生活能力和文明生活方式。

幼儿身心发育尚未成熟,需要家长的精心呵护和照顾,但不宜过度保护和包办代替,以免剥夺幼儿自主学习的机会,养成过于依赖的不良习惯,影响其主动性、独立性的发展。

1. 健康领域的总目标

(1) 身体健康,在集体生活中情绪安定、愉快。

(2) 生活、卫生习惯良好,有基本的生活自理能力。

(3) 知道必要的安全保健常识,学习保护自己。

(4) 喜欢参加体育活动,动作协调、灵活。

(5) 发展幼儿体能,提高幼儿身体素质和适应环境的能力。

2. 健康领域的具体目标

(1) 身心状况

目标1:具有健康的体态。

目标2:情绪安定愉快。

目标3:具有一定的适应能力。

(2) 动作发展

目标1:具有一定的平衡能力,动作协调、灵敏。

目标2:具有一定的力量和耐力。

目标3:手的动作灵活协调。

(3) 生活习惯与生活能力

目标1:具有良好的生活与卫生习惯。

目标2:具有基本的生活自理能力。

(二) 语言领域的家庭教育目标

语言是交流和思维的工具。幼儿期是语言发展,特别是口语发展的重要时期。幼儿语言的发展贯穿于各个领域,也对其他领域的学习与发展有着重要的影响:幼儿在运用语言进行交流的同时,也在发展着人际交往能力、理解他人和判断交往情境的能力、组织自己思想的能力。通过语言获取信息,幼儿的学习逐步超越个体的直接感知。

幼儿的语言能力是在交流和运用的过程中发展起来的。应为幼儿创设自由、宽松的语言交往环境,鼓励和支持幼儿与成人、同伴交流,让幼儿想说、敢说、喜欢说并能得到积极回应。为幼儿提供丰富、适宜的幼儿读物,经常和幼儿一起看图书、讲故事,丰富其语言表达能力,培养阅读兴趣和良好的阅读习惯,进一步拓展学习经验。

幼儿的语言学习需要相应的社会经验支持,应通过多种活动扩展幼儿的生活经验,丰富语言的内容,增强理解和表达能力。应在生活情境和阅读活动中引导幼儿自然而然地产生对文字的兴趣,用机械记忆和强化训练的方式让幼儿过早识字不符合其学习特点和接受能力。

1. 语言领域的总目标

(1) 注意倾听对方讲话,能理解日常用语,会说普通话。

① 会安静地倾听别人说话,知道认真倾听是一种尊重人的表现。

② 能够有意识地、集中注意地倾听,迅速、准确地掌握别人说话的内容,从而正确理解。

③ 能听懂普通话,会说普通话,能识别普通话的正确发音。

(2) 乐于与人交谈,讲话礼貌,能清楚地说出自己想说的事。

① 有与人交谈的愿望或动机,乐于在集体面前表达自己的想法,体验用语言表达自己的想法或情感的快乐。

② 能围绕主题,突出重点,运用自己的有关经验,连贯地表述。

③ 会用多种方式清楚地提出问题。

（3）喜欢听故事等文学作品,对早期阅读活动感兴趣。

① 喜欢故事、儿歌等文学作品,感受文学作品中的艺术语言美。

② 能理解文学作品中的主要内容,并乐意用自己喜欢的方式创造性地表现文学作品。

③ 喜欢阅读图书,建立口头语言与书面语言之间的联系。

④ 知道阅读和前书写的基本方法,有良好的阅读、前书写习惯。

2. 语言领域的具体目标

（1）倾听与表达

目标1：认真听并能听懂常用语言。

目标2：愿意讲话并能清楚地表达。

目标3：具有文明的语言习惯。

（2）阅读与书写准备

目标1：喜欢听故事,看图书。

目标2：具有初步的阅读理解能力。

目标3：具有书面表达的愿望和初步技能。

（三）社会领域的家庭教育目标

幼儿社会领域的学习与发展过程是其社会性不断完善并奠定健全人格基础的过程。人际交往和社会适应是幼儿社会学习的主要内容,也是其社会性发展的基本途径。幼儿在与成人和同伴交往的过程中,不仅学习如何与人友好相处,也在学习如何看待自己、对待他人,不断发展适应社会生活的能力。良好的社会性发展对幼儿身心健康和其他各方面的发展都具有重要影响。

家庭、幼儿园和社会应共同努力,为幼儿创设温暖、关爱、平等的家庭和集体生活氛围,建立良好的亲子关系、师生关系和同伴关系,让幼儿在积极健康的人际关系中获得安全感和信任感,发展自信和自尊,在良好的社会环境及文化的熏陶中学会遵守规则,形成基本的认同感和归属感。

幼儿的社会性主要是在日常生活和游戏中通过观察和模仿潜移默化地发展起来的。成人应注重自己言行的榜样作用,避免简单生硬的说教。

1. 社会领域的总目标

（1）主动地参与各项活动,有自信心。

① 会用一定的方式表达自己的需求、爱好、情绪、情感。

② 学习正确地评价自己与他人,能正确地对待他人的评价。

③ 主动积极参加各种活动,有好奇心和探究解决问题的能力,能积极发表自己的见解。

④ 爱动脑,愿意按自己的意愿选择活动、参与活动,尝试成功。

（2）乐意与人交往,学习互助、合作和分享,有同情心。

① 愿意与他人共同游戏、活动并友好相处。

② 善于与人交往,懂得问候、交谈、与人合作及参与活动的技巧,掌握几种交往策略。

③ 能主动帮助弱小同伴,乐于帮助有困难的小朋友、老人和残疾人,经常自愿地与他人分享玩具、食物等物品。

（3）理解并遵守日常生活中基本的社会行为规则。

① 了解一些日常生活的常规要求,培养一定的规则意识,养成按规则进行活动的习惯。

② 感受生活中规则的重要,能围绕自己的生活、学习、游戏制定简单的规则。

（4）认真倾听并理解任务性的语言,能做好力所能及的事,不怕困难,有初步的责任感。

① 有困难或需求帮助时会用适当的方式向成人表达自己的需要、想法。

② 遇到困难和挫折时，尽可能自己解决。

③ 做事有信心，能有始有终地做完一件事。

④ 了解自己周围环境的关系，能较快地适应变化的环境，学会自己照顾自己。

（5）爱父母长辈、爱集体、爱家乡、爱祖国。

① 知道自己的成长与家人的关系，感激父母长辈的辛勤养育之恩。

② 了解周围不同职业人们的劳动及与自己生活的关系，尊重他们的劳动。

③ 了解祖国传统的民俗节日，对祖国的传统文化感兴趣。

④ 萌发爱周围环境、爱家乡、爱祖国的情感。

⑤ 愿意接触或了解不同国家、不同种族的外国人，感受他们的风俗习惯。

2. 社会领域的具体目标

（1）人际交往

目标1：愿意与人交往。

目标2：能与同伴友好相处。

目标3：具有自尊、自信、自主的表现。

目标4：关心尊重他人。

（2）社会适应

目标1：喜欢并适应群体生活。

目标2：遵守基本的行为规范。

目标3：具有初步的归属感。

（四）科学领域的家庭教育目标

幼儿的科学学习是在探究具体事物和解决实际问题中，尝试发现事物间的异同和联系的过程。幼儿在对自然事物的探究和运用数学解决实际生活问题的过程中，不仅获得丰富的感性经验，充分发展形象思维，而且初步尝试归类、排序、判断、推理，逐步发展逻辑思维能力，为其他领域的深入学习奠定基础。

幼儿科学学习的核心是激发探究兴趣，体验探究过程，发展初步的探究能力。家长要善于发现和保护幼儿的好奇心，充分利用自然和实际生活机会，引导幼儿通过观察、比较、操作、实验等方法，学习发现问题、分析问题和解决问题；帮助幼儿不断积累经验，并运用于新的学习活动，形成受益终身的学习态度和能力。

幼儿的思维特点是以具体形象思维为主，应注重引导幼儿通过直接感知、亲身体验和实际操作进行科学学习，不应为追求知识和技能的掌握，对幼儿进行灌输和强化训练。

1. 科学领域的总目标

（1）激发幼儿对周围事物、现象的好奇心及探索周围世界和学习科学的兴趣，培养幼儿关心、爱护自然的积极情感和态度。

（2）能运用各种感官，动手动脑，探究问题。能发现周围事物的典型特征，并探索事物间的关系。

（3）能用适当的方法表达、交流探索的过程和结果。能概括自己的经验和处理简单信息，并与他人交流和分享。

（4）爱护动植物，关心周围环境，亲近大自然，珍惜自然资源，有初步的环保意识。

（5）引导幼儿对周围环境中的数、量、形、时间和空间等现象产生兴趣，建构初步的数概念。

（6）能从生活和游戏中感受事物的数量关系并体验到数学的重要和有趣，学习用简单的数学方法解决生活和游戏中某些简单问题。

（7）培养幼儿对数学活动的兴趣，使他们愿意并喜欢参与数学活动。

（8）发展幼儿的智力，尤其是思维能力。

2. 科学领域的具体目标

（1）科学探究

目标1：亲近自然，喜欢探究。

目标2：具有初步的探究能力。

目标3：在探究中认识周围事物和现象。

（2）数学认知

目标1：初步感知生活中数学的有用和有趣。

目标2：感知和理解数、量及数量关系。

目标3：感知形状与空间关系。

（五）艺术领域的家庭教育目标

艺术是人类感受美、表现美和创造美的重要形式，也是表达自己对周围世界的认识和情绪态度的独特方式。

每个幼儿心里都有一颗美的种子。幼儿艺术领域学习的关键在于充分创造条件和机会，在大自然和社会文化生活中萌发幼儿对美的感受和体验，丰富其想象力和创造力，引导幼儿学会用心灵去感受和发现美，用自己的方式去表现和创造美。

幼儿对事物的感受和理解不同于成人，他们表达自己认识和情感的方式也有别于成人。幼儿独特的笔触、动作和语言往往蕴含着丰富的想象和情感，成人应对幼儿的艺术表现给予充分的理解和尊重，不能用自己的审美标准去评判幼儿，更不能为追求结果的"完美"而对幼儿进行千篇一律的训练，以免扼杀其想象与创造的萌芽。

1. 艺术领域的总目标

（1）初步感受、欣赏并喜爱环境、生活和艺术中的美。

（2）喜欢参加美术活动，能感受到活动带来的快乐，培养幼儿对艺术的敏感性。

（3）掌握一些简单的美术技能，能用自己喜欢的方式进行美术表现活动，促进幼儿富有个性的发展。

（4）能用不同的艺术形式大胆地创造性地表现自己的情感和体验，激发幼儿的想象力和创造力。

（5）在美术活动中能理解、接纳、欣赏、尊重他人的创作与表现，喜欢欣赏不同风格的艺术作品，发展幼儿的审美情趣。

2. 艺术领域的具体目标

（1）感受与欣赏

目标1：喜欢自然界与生活中美的事物。

目标2：喜欢欣赏多种多样的艺术形式和作品。

（2）表现与创造

目标1：喜欢进行艺术活动并大胆表现。

目标2：具有初步的艺术表现与创造能力。

第二节　3～6岁儿童学习与发展的家庭教育理念

一、家庭教育理念及其重要性

教育理念是指人们在理性思考和亲身体验的基础上，形成的关于教育事物本身及其价值和价值实现途径的根本性判断与看法，是教育主体在教育教学实践及教育思维活动中形成的对"教育应然"的理性认识和主观要求。

家庭教育是家长有意识地通过自己的言传身教和家庭生活实践，对子女施以一定教育影响的社会活动。家庭教育理念是家长在理性思考和亲身体验的基础上,形成的关于家庭教育本身及其价值和价值实现途径的根本性判断与看法。家庭教育理念直接影响家长的家庭教育方式和教育效果,是培养孩子成功的基础和关键。家庭教育理念是家庭教育的核心内容和灵魂,决定着整个家庭教育工作的方向、内容、方法、手段和结果。

家庭教育理念的作用主要表现在以下三个方面。

首先,具有反思与概括作用。在寻求、形成教育理念的过程中,家长会有意无意地总结、反思以往的教育经验,对优秀教育经验特别是自己的成功经验进行概括和系统化。这种反思与概括,能够促进自身对教育问题和教育规律的理解与把握,增强自己的教育思维能力。

其次,具有导向与激励作用。家庭教育理念是对家庭教育实践的反映,同时又对自己孩子的教育目标和培养方向有所设定,约束并引导着家长的教育行为方向,体现出对孩子未来发展状态的期待,是家长教育行动的思想先导,对家长的实践有激励作用。

再次,具有创新作用。家庭教育理念的形成过程就是一种教育创新的过程。不论是教育理念的寻求,还是教育理念的确立,都能引导家长破旧立新,追求更高的价值和更有效的手段。

二、3~6岁儿童学习与发展的家庭教育理念

随着时代的发展变迁,人们的教育理念也在不断地更新发展,家庭教育理念也随之受到影响。作为家长,了解现代教育理念,适应时代潮流,不断更新自己的家庭教育理念,改进家庭教育方式,对于子女的成才,具有非常重要的意义。

(一) 现代家庭教育理念

家长的家庭教育理念是受现代教育理念影响在家庭教育中的具体体现,在孩子成长的各个阶段里,家长的家庭教育理念具有普遍性。通常认为,现代家庭教育理念最突出的主要体现在以下六个方面。

1. 以人为本理念

21世纪的今天,社会已经由重视科学技术为主发展到以人为本的时代,家庭教育作为培养和造就社会所需要的合格人才的崇高事业,自然应当全面体现以人为本的时代精神。因此,现代家庭教育强调以人为本,把重视幼儿,理解幼儿,尊重幼儿,爱护幼儿,提升和发展幼儿的精神贯注于教育教学的全过程、全方位,它更贯注人的现实需要和未来发展,更注重开发和挖掘幼儿自身的禀赋和潜能,更重视幼儿自身的价值及其实现,并致力于培养幼儿的自尊、自信、自爱、自立、自强意识,不断提升幼儿的精神文化品位和生活质量,从而不断提高幼儿的生存和发展能力,促进幼儿自身的发展与完善。

2. 素质教育理念

现代家庭教育以促进幼儿的自由全面发展为宗旨,因此它更关注幼儿发展的完整性、全面性,它以促进每一个幼儿在德、智、体、美、劳等方面的全面发展与完善,造就全面发展的人才为己任,采取德、智、体、美、劳等几育并举、整体育人的教育方略,促进幼儿的全面发展。针对传统家庭教育重知识传递、轻实践能力,重考试分数、轻综合素质等弊端,现代家庭教育更加强调幼儿实践能力的锻造,全面素质的培养和训练,主张能力与素质是比知识更重要、更稳定、更持久的要素,把幼儿综合素质的培养与提高作为教育教学的中心工作来抓,以帮助幼儿学会学习和强化素质为基本教育目标,旨在全面开发幼儿的诸种素质潜能,使知识、能力、素质和谐发展,提高幼儿的整体发展水准。

3. 创造性理念

知识经济的飞速发展彰显了人的创造性作用,人的创造力潜能成为最具有价值的不竭资源。现代家庭教育把幼儿的教育过程也看作是一个创造性的过程,重视以点拨、启发、引导、开发和训练幼儿的创造力才能为基本目标,主张以创造性的教育手段和优美的教育艺术来营造幼儿良好的教育环境,以充分挖掘和培养幼儿的创造性,培养创造性人才。幼儿阶段的创造力教育主要是由培养幼儿的创新精神、创新能力与创新人格。

4. 主体性理念

现代家庭教育是一种主体性教育,它充分肯定并尊重幼儿的主体价值,充分调动并发挥教育主体的能动性,使外在的、客体实施的教育转换成幼儿自身的能动活动。主体性理念的核心是充分尊重幼儿的主体地位,家庭教育始终围绕幼儿来开展,以最大限度地开启幼儿的内在潜力与学习动力,使幼儿由被动地接受性客体变成积极的、主动的主体和中心,使教育过程真正成为幼儿自主自觉的活动和自我建构的过程,倡导自主教育、快乐教育、成功教育和研究性学习等新颖活泼的主体性教育模式,以点燃幼儿的学习热情,培养幼儿的学习兴趣和习惯,提高幼儿的学习能力,使幼儿积极主动地、生动活泼地学习和发展。

5. 个性化理念

现代家庭教育强调尊重个性,正视个性差异,张扬个性,鼓励个性发展,它承认幼儿发展的差异,主张针对不同的个性特点采用不同的教育方法和评估标准为每一个幼儿的个性充分发展创造条件。它把培养完善个性的理念渗透到教育教学的各个要素与环节之中,从而对幼儿的身心素质特别是人格素质产生深刻而持久的影响力。个性化理念在教育实践中首先要求创设和营造个性化的家庭教育环境和氛围,搭筑个性化教育大平台;其次在教育观念上它提倡平等观点、宽容精神与亲子互动,承认并尊重幼儿的个性差异,为每一位幼儿个性的展示与发展提供平等机会和条件;再次在教育方法上,注意采取不同的教育措施施行个性化教育,注重因材施教,实现从共性化教育模式向个性化教育模式转变,给幼儿个性的健康发展提供宽松的生长空间。

6. 生态和谐理念

自然物的生长需要良好的自然生态环境,幼儿的健康成长同样也需要宽松和谐的社会生态环境的滋润。现代家庭教育主张把教育活动看作是一个有机的生态整体,这一整体既包括教育活动内部的家长、教师、幼儿、教育内容与方法诸要素的亲和、融洽与和谐统一,也包括教育活动与整个育人环境设施和文化氛围的协同互动、和谐统一,把融洽、和谐的精神贯注于教育的每一个有机的要素和环节之中,最终形成统一的教育生态链整体,使幼儿健康成长所需的土壤、阳光、营养、水分、空气等各种因素产生和谐共振,达到生态和谐地育人。所以,家庭教育倡导和谐教育,追求整体有机的"生态性"教育环境建构,力求营造出人才成长的最佳生态区,促进人才的健康和谐发展。

(二) 3~6岁儿童学习与发展的家庭教育理念

对于3~6岁儿童学习与发展这一特殊阶段,其家庭教育理念也具有一定的特殊性。根据《指南》要求,家长的家庭教育理念主要体现在如下五个方面。

1. 幼儿是积极主动的学习者

促进幼儿学习与发展最重要的是要为幼儿创造机会和条件,注重激发和保护幼儿的求知欲和学习兴趣,调动幼儿学习的积极性和主动性,鼓励、支持和引导幼儿去主动探究和学习。

2. 珍惜童年生活的独特价值

家长要充分认识生活和游戏对幼儿成长的教育价值,把握蕴含其中的教育契机,让幼儿在家庭生活中,在与同伴和成人的交往中感知体验、分享合作、享受快乐。

3. 尊重幼儿的学习方式和学习特点

家长要最大限度地满足和支持幼儿通过直接感知、实际操作和亲身体验获取经验的需要,避免"拔苗助长"式的超前教育和强化训练。

4. 尊重幼儿发展的个体差异

幼儿的学习方式和发展速度各有不同,在不同学习与发展领域的表现也存在明显差异。孩子年龄越小,个体差异就越明显。家长不应要求孩子在统一的时间达到相同的水平,应允许幼儿按照自身的速度和方式到达《指南》所呈现的发展"阶梯",悦纳幼儿的个别差异。

5. 重视家园共育

家长要重视家庭教育对幼儿终身学习和发展的重要影响,积极建立良好的亲子关系,创设平等、温馨的家庭环境,注重家长对幼儿言传身教和潜移默化的影响。家长要积极支持和配合幼儿园教育工作,只有家长和幼儿园共同努力,才能有效地促进幼儿身心健康成长。

第三节　3～6岁儿童学习与发展的家庭教育内容、原则和方法

一、3～6岁儿童学习与发展的家庭教育的基本内容

(一) 内容概述

根据《指南》要求,3～6岁儿童学习与发展的家庭教育内容也可以从五个领域十一个子领域进行。它们分别是:

五个领域:健康、语言、社会、科学、艺术

十一个子领域:

  健康:身心状况、动作发展、生活习惯与生活能力

  语言:听与说、阅读与书写准备

  社会:人际交往、社会适应

  科学:科学探究、数学认知

  艺术:感受与欣赏、表现与创造

(二) 基本内容

按照《指南》要求,3～6岁儿童学习与发展的家庭教育内容,主要有以下五个方面。

1. 健康领域内容

健康领域从幼儿身心状况、动作发展、生活习惯与生活能力三个方面,着重强调了三点:一是幼儿积极、健康的身心状况不仅是身体健康,也包括心理健康;二是身体动作和手的精细动作发展;三是具有良好的生活与卫生习惯、基本的生活自理能力和自我保护能力。家长要为幼儿提供合理均衡的营养、充足的睡眠、适宜的锻炼和有规律的生活,让幼儿充分感受到亲情和关爱,保持愉快的情绪,形成安全感和信赖感。家长切勿过度保护和包办代替,养成幼儿过于依赖的不良习惯。

2. 语言领域内容

语言领域从倾听与表达、阅读与书写准备两个方面,提出六个目标。强调语言领域重点在于培养幼儿的口语交流能力,培养幼儿的阅读兴趣、习惯以及初步的阅读理解能力。在家庭教育方面,家长要积极为幼儿提供与同伴和成人交流的机会,提供丰富、适宜的低幼读物,经常和幼儿一起看图书、讲故事。要在日常家庭生活情境和阅读活动中萌发幼儿对文字的兴趣,切勿通过机械记忆和强化训练过早识字。

3. 社会领域内容

社会领域从人际交往和社会适应两个方面,着重强调三点,一是培养幼儿的交往愿望与交往能力,二是学习自尊、自主和自信,三是关心和尊重他人,逐步适应群体生活,遵守基本的行为规范。家长要为幼儿创设温暖、关爱和平等的家庭生活氛围,建立良好的亲子关系、同伴关系。强调幼儿的社会性在日常生活和游戏中通过观察和模仿潜移默化地发展起来的,家长的榜样作用至关重要。

4. 科学领域内容

科学领域从科学探究和数学认知两个方面,强调幼儿的科学学习应注重激发幼儿的探究兴趣,体验探究过程,培养初步的探究能力;幼儿的数学学习应注重在生活和游戏中感知数学的有用和有趣,初步理解数量关系、形状与空间关系,培养初步的逻辑思维能力。在家庭教育方面,家长要善于发现和保护幼儿的好奇心、求知欲,注重探究过程,引导幼儿通过观察、比较、操作、实验等方法,学习发现问题、分析问题和解决问题。反对家长提前让幼儿学习小学教育内容,反对强化训练某些知识和技能。

5. 艺术领域内容

艺术领域从感受与欣赏、表现与创造两个方面,强调让幼儿学会发现和感受自然界与生活中美的事物,让幼儿欣赏多种艺术形式和作品,萌发对美的感受和体验;鼓励和支持幼儿自发的艺术表现和创造,培养初步的艺术表现能力与创造能力。在家庭教育方面,着重强调要在日常生活中萌发幼儿对美的感受和体验;要充分理解和尊重幼儿的艺术想象、表现和创造,不用成人的审美标准去评判幼儿,不追求技能训练。

二、3～6岁儿童学习与发展的家庭教育的基本原则和方法

(一)基本原则

家庭教育原则是指家庭教育过程中应遵循的基本要求,是家长对幼儿开展教育时必须遵循的普遍性行为准则。家庭教育原则对家庭教育具有重要的指导意义。

1. 个性化原则

个性化原则是指在家庭教育中要根据幼儿的年龄特征、个性特点和实际状况,开展有针对性、个性化的管理。不同的幼儿由于生理、心理发展的水平不同,他们的思维、自我意识、情感、意志、行为,以及个性的发展具有不同的特征,家庭教育必须依据幼儿的个性化特点因材施教,才能收到更好的管理效果。家长要研究、掌握这些特点,从而使家庭教育要求、内容更有针对性。

2. 一致性原则

一致性原则是指家庭成员的配合的一致性,是家庭成员之间精诚合作的体现。在对幼儿提出教育要求之前,家庭成员要共同探讨教育方法,统一教育思想是关键。只有在家庭成员达成共识之后,幼儿才能按照家长提出的统一目标去做。如果家庭成员的意见存在分歧和差异,那么幼儿就会无所适从,这样的教育不利于幼儿的成长。因此,家庭成员应当紧密配合与沟通,达成共识,家庭成员对幼儿的影响必须同方向、同步调才能达到成倍的效果。

3. 主体性原则

主体性原则是指家庭教育中要充分尊重幼儿作为学习者的主体地位。幼儿是活动的主人,一切教育和游戏活动都要以幼儿为主体。家长在教育游戏活动中应设想得更全面,尊重孩子的想法,不扼杀孩子的想法。在活动中,家长应尊重个别差异,尊重幼儿提出的问题和答案,在活动中创设自由轻松的氛围,以引导作用为主,引导幼儿自己说,培养幼儿开放性的思维,应通过让幼儿自由地想象、探索、思考、回答,帮助幼儿理清思路,与幼儿共同总结,让幼儿的主体性得以充分发挥。

4. 参与性原则

参与性原则是指家长在家庭教育中不以家长身份高高在上,而是以多种形式参与到幼儿的活动之中,在活动中民主、平等地对待幼儿,与幼儿共同开展有益的活动,同时,引导幼儿参与到各种活动中,让幼儿在参与中获得成长。家长是孩子一起成长的伙伴,家长要细心观察孩子的情绪变化,了解孩子的喜怒哀乐,并与其交流思想,和幼儿共同玩耍,共同学习,这样才能促进亲子的感情。让孩子参与家庭活动和家务劳动,家长也可以观察了解到孩子在每个成长的过程中,有不同的发展需求和表现。幼儿的思维活跃,自我表现欲也是非常的强烈,家长要听取并采纳孩子的合理化建议,孩子犯下错误时,不要一味地批评,要帮其分析原因,引导其改正不良习惯,平等、和蔼地对待孩子,使孩子在参与中获得更大的进步。

(二)基本方法

家庭教育方法是指家长为实现家庭教育目标而运用的手段、方式、途径。随着家庭教育水平的不断提高,家庭教育方法也处于不断地更新和完善中,我们将家庭教育的基本方法概括为以下六种。

1. 说服教育法

说服法教育是指家长在家庭教育中通过讲解、谈话、讨论等方式向幼儿讲清一些简单的道理,帮助幼儿分清是非,辨别好坏,使幼儿具有正确的道德观念,并能用这些道德观念来指导自己的行动的一种方法。说服教育预先必须了解幼儿情况,从幼儿的实际出发,注意个性特点,针对要解决的问题,有的放

矢启发教育幼儿。

2. 奖惩结合法

奖惩结合法是指家长对幼儿行为表现给予奖励或惩罚的一种方法,主要有表扬与奖励、批评与惩罚。家长应以表扬、奖励为主,特别是年龄小的幼儿要更多地用表扬、奖励,少用批评、惩罚,而且批评和惩罚必须做到公正合理,实事求是,恰如其分。在表扬、奖励时,要指出不足之处和今后的努力方向,在批评惩罚孩子时又不能全盘否定,应该为幼儿创设克服缺点的条件,并相信他能够改正。

3. 家规约束法

家规约束法是指用家庭成员达成共识的规范和条例约束幼儿行为,使其与家庭教育要求保持一致的一种家庭教育方法。必要的合适的规则能更好地规范幼儿的行为,促进幼儿健康成长,而不必要的,甚至是不合理的规则就像绑在幼儿身上的绳子,会给幼儿带来不合理的约束,阻碍他们的发展。在幼儿一日活动中,家长应及时在具体的情景中引出规则,让其在活动中明白规则的具体要求,并懂得规则执行的意义。同时,家规对每个家庭成员也必须一视同仁,不能出现不公或偏颇,只有做到家规的一致性,幼儿才会认真遵守规则。

4. 榜样示范法

榜样示范法是指给幼儿提供具有教育意义的典型事例,以别人为榜样来影响幼儿的一种教育方法。榜样对幼儿自我认知和品德行为的影响与支配作用要比语言指示来得更加直接。家长需要为幼儿选择充满正能量的阅读材料,触动幼儿的情感,并能引导他们的行为。同时,家长要做好孩子的榜样,注意自身的一言一行,为幼儿提供模仿的最好范例,让幼儿学习模仿,不断地提高幼儿的认识和自觉性,养成良好的行为习惯。

5. 行为训练法

行为训练法是指家长在家庭教育中按照一定要求,有计划、有目的地训练幼儿的行为,使之形成符合要求的良好行为习惯的方法。家长对孩子的训练要求既要严格,又要适当、合理。要充分考虑幼儿原有的水平,尊重他们正当的意愿和需要,要长期坚持,持之以恒,要抓住每一个训练时机,敦促幼儿反复练习、不断提高,一抓到底,只有经常反复地进行,才能取得应有的效果。

操作技能训练

堂上练习:扫码观看亲子活动视频,设计一份班级亲子活动方案。

3-2

课外拓展任务

1. 素质拓展

扫码学习《3~6岁儿童学习与发展指南》并谈谈对你开展家庭教育工作的启示。

2. 活动拓展

设计一份了解家长对孩子的教育方式的调查问卷并在见习实习中应用。

3-3

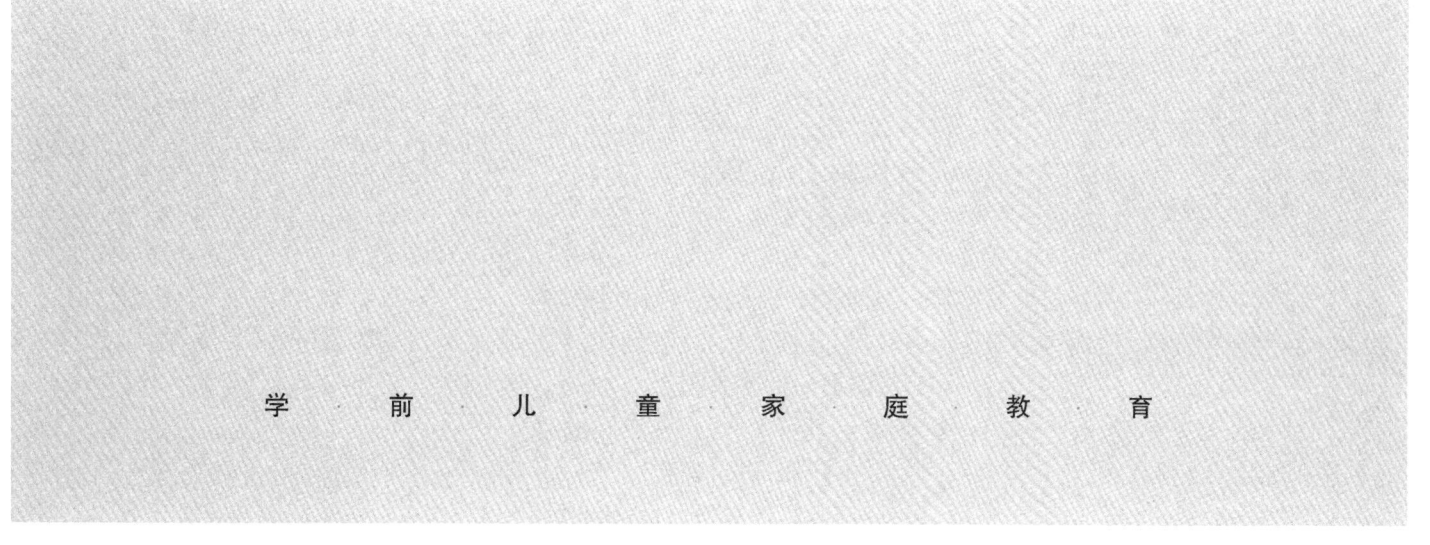

学 · 前 · 儿 · 童 · 家 · 庭 · 教 · 育

实 践 篇

第 四 章

学前儿童健康领域的家庭指导策略

★ 学习目标

素质目标	1. 增强立德树人意识,健全幼儿人格,弘扬体育精神。 2. 尊重幼儿身心发展规律和特点,形成全面发展的儿童观。
知识目标	1. 掌握《指南》中健康领域的三大教育目标及其子目标。 2. 知道《指南》中健康领域各年龄段的典型表现。
能力目标	1. 能够根据《指南》中健康领域的三大教育目标开展相应家庭教育指导。 2. 能够设计并组织一个亲子体育游戏活动。

情境分析导入

讨论分析:

扫码观看视频,谈谈你对儿童健康成长行动计划的重要性的认识。

4-1

知识内容学习

关键经验

1. 知道食物均衡搭配有益于身体健康,不挑食、不偏食。

2. 能保持良好的情绪状态。

3. 能有一定身体平衡和协调能力,动作协调、灵活。

4. 有参加体育活动的兴趣和锻炼的习惯。

5. 能做力所能及的事情、具有基本的生活自理能力。

6. 能具备基本的安全知识和一定的自我保护能力。

家长聚焦

1. 幼儿是否有良好的饮食习惯和均衡的营养。

2. 幼儿的情绪是否健康。

3. 幼儿是否具有良好的环境适应能力。

4. 幼儿的身体生长发育是否正常。

5. 幼儿的户外活动与身体锻炼是否足够。

6. 幼儿是否具备安全与自我保护意识。

7. 幼儿是否具备必要的生活自理能力。

8. 幼儿是否具备良好作息习惯。

9. 幼儿是否具备良好卫生习惯。

10. 幼儿的心理安全是否得到保护。

《指南》建议

1. 为幼儿提供营养丰富、健康的饮食和充足的睡眠时间。

2. 注意幼儿的体态，帮助他们形成正确的姿势。

3. 每年为幼儿进行健康检查。

4. 营造温暖、轻松、安全的心理环境，帮助幼儿学会恰当表达和调控情绪。

5. 保证幼儿的户外活动时间，经常与幼儿玩拉手转圈、秋千、转椅等游戏活动。

6. 锻炼幼儿适应生活环境变化的能力。

7. 利用多种活动发展身体平衡和协调能力，发展幼儿动作的协调性和灵活性。

8. 对幼儿进行安全教育，培养幼儿的自我保护能力，教给幼儿简单的自救和求救的方法。

9. 帮助幼儿养成良好的作息习惯、饮食习惯、个人卫生习惯和体育锻炼习惯。

10. 鼓励幼儿做力所能及的事情，指导幼儿学习和掌握生活自理的基本方法。

第一节 关注幼儿的身心状况

一、如何给幼儿提供营养均衡的饮食

健康的身体是孩子一生的财富，为了孩子的健康成长，不少家长买了一大堆的营养书，浏览了各种各样的健康饮食网站，参加了一个又一个健康讲座，目的只有一个，就是让孩子吃出健康身体。家长普遍认识到，营养不均衡直接影响幼儿自身身体健康，还会在日常生活中，引发许多常见的多发病。幼儿生长发育中的营养问题已成为当今社会发展中的重要隐患，幼儿营养不足、超重和肥胖率越来越严重。事实上，家长们不必担心，只要掌握基本的营养常识，再加上对孩子的关心，每一位父母都能成为自己孩子的专属营养师。

 策略探究

（一）多渠道学习和了解营养知识，对常见食物的营养成分有科学的认知

随着经济条件和生活环境的不断改善，越来越多的家长已经开始意识到营养在幼儿成长中的重要性。幼儿的营养和生长发育水平也得到显著提高，但是调查发现，在幼儿中仍然存在着营养不足和营养过剩，其重要原因之一在于家长缺乏必要的营养知识，以至于无法满足儿童合理营养、平衡膳食的需要，导致幼儿存在挑食、偏食、乱吃零食、喝饮料代替正常饮水等现象，同时还发现幼儿在选择食物时偏向于高能量、高脂肪的食物，如巧克力、碳酸饮料等纯能量食物或西方快餐食品，而对杂粮、新鲜蔬菜和水果等有益于健康的食物选择较少。幼儿的饮食行为习惯和食物消费结构受家长营养知识水平的影响，家长营养知识水平越高，子女不良饮食行为习惯发生率越低，因此，家长要多了解营养知识，对营养知识有科学的认知，重视幼儿的合理膳食。

家长要加强对营养知识的学习和了解，建议通过阅读营养书籍、浏览营养网站、观看饮食电视节目、请教家中老人、参加社区健康知识宣传、参与幼儿园健康教育活动等多种途径来学习营养知识。通过学

习全面端正自己对营养的认知态度。要树立积极的态度,不断完善自己对营养知识的了解,同时学习营养知识不能有局限性、片面性,应科学全面地看问题。有的家长认为,在自己小时候没有任何的营养配餐,但现在的身体也很健康,这样的思想就会把家长带进思想误区,认为营养配餐不会影响幼儿的生长发育。事实上,营养不均衡直接影响幼儿自身身体健康,还会在日常生活中,引发许多常见的多发病,影响幼儿的健康成长。家长应不断提高营养知识水平,树立正确的营养理念,以培养儿童健康饮食行为,改善儿童营养状况。

知识链接:

学龄前儿童膳食指南

1. 食物多样,谷类为主;
2. 多吃新鲜蔬菜和水果;
3. 经常吃适量的鱼、禽、蛋、瘦肉;
4. 每天饮奶,常吃大豆及其制品;
5. 膳食清淡少盐,正确选择零食,少喝含糖高的饮料;
6. 食量与体力活动要平衡,保证正常体重增长;
7. 不挑食、不偏食,培养良好的饮食习惯;
8. 吃清洁卫生、未变质的食物。

附表　3~6岁儿童一日各类食物供应参考量(克/(人·日))

年龄	粮食	奶	蔬菜	豆制品	鱼肉禽蛋	水果	油	糖
2岁~	125~150	450	125~150	30~40	100~120	100	20~25	20
3岁~	150~175	400	150~175	40~50	120~130	150	20~25	20
4岁~	175~200	400	175~200	40~50	130~150	200	20~25	20
5~6岁	200~225	400	200~225	40~50	150~160	225	20~25	20

(《中国居民膳食指南》)

(二) 注重日常饮食的营养均衡,满足幼儿健康成长需要

日常膳食的均衡化,就是将蛋白质、脂类、糖类、矿物质以及维生素按照一定的营养比例进行有效的整合。均衡的营养是指膳食营养物质能充分满足儿童对各种营养素的要求。从结构上可理解为两大类:大营养与小营养。大营养是指蛋白质、脂肪、碳水化合物三大营养物质;小营养是指维生素、矿物质、微量元素和纤维素。

蛋白质:蛋白质是保证儿童在各个阶段生长发育的基本物质基础,但不意味着蛋白质供应越多越好。过量提供会增加肝肾负担,引起便秘、口臭、舌苔增厚。

脂肪:人体适量的脂肪储备在热能供给上有重要意义,提供的必需脂肪酸(亚油酸、亚麻酸、花生四烯酸),对维持大脑、神经系统、视网膜的功能发育以及预防过敏症有重要作用。

碳水化合物:提供热量,是最经济、最主要的食物来源,包括谷类等食物。

维生素和矿物质:包括维生素和微量元素,是生命与代谢的调节剂,对促进儿童视觉发育、增进机体的免疫功能、预防慢性营养缺乏性疾病有积极意义。

纤维素：能刺激消化道运动和消化腺分泌，提高食欲，缩短粪便在肠道的滞留时间。

知识链接：

幼 儿 食 补

1. 增加牛奶和豆制品的摄入量，补充儿童所需的钙。

2. 贝壳类食物、动物眼睛、坚果中富含锌，可帮助幼儿补锌。

3. 维生素 C 和动物性食品可以帮助幼儿对铁的吸收。

4. 孩子的膳食每天必须包括 6 个营养组：粮食组；蔬菜组；水果组；动物性食品组；奶和奶制品组；大豆和豆制品组。

5. 父母每天要提供 15～20 种用各种烹调方式做成的食品。

6. 按适当比例吃各食品组的食品。

7. 要选择适合孩子体质的食物，比如孩子内热较重，就不要给孩子提供太多的热性食品。

8. 幼儿不适合吃太油腻的食物。

9. 细粮容易消化，口感好；粗粮含维生素 B_1 丰富，耐嚼。粗细粮搭配着吃，兼顾儿童的食欲和营养需要。

10. 动物性食品多属酸性食物，蔬菜为碱性食物，荤素搭配可使幼儿体内酸碱平衡。

11. 豆类与谷类混合食用，可起到"蛋白质互补作用"。

12. 绿色、红色、黄色的蔬菜，所含的胡萝卜素、铁、钙等优于浅色蔬菜。

 **案例分析**

情景案例：

4 岁幼儿明明一天食谱列举：

早餐：鲜牛奶 400 克(有时换成豆浆)、面包 2 片、鸡蛋一个。

午餐：土鸡煲、西红柿汤、米饭一碗。

点心：蛋糕一块，碳酸饮料 250 毫升。

晚餐：菜肉馄饨 20 只。

妈妈的体会：

入园后，明明饮食有规律，饭量也不小。但他不爱吃蔬菜水果(偏爱西红柿)，我常给他做带蔬菜馅的食物，这样他就不会把菜挑出来不吃了。

案例分析：

4 岁的幼儿每天需要足够丰富的营养：如奶 400 克、粮食 175～200 克、鱼肉禽蛋 130～150 克，豆制品 40～50 克、水果 200 克、蔬菜 175～200 克等。

从明明的食谱上看，他从奶和主食中摄取了足够的碳水化合物和热量，但水果和蔬菜很少，这样不能保证他生长所需的维生素、矿物质，会影响发育，所以父母应多鼓励他吃水果和蔬菜。另外，碳酸饮料不能出现在幼儿的食谱里，若明明爱喝饮料，就给他榨鲜果汁。

如果总是迁就明明的饮食习惯，只给他吃带蔬菜馅的食物，很容易造成偏食。父母要调整饭菜口味，耐心寻找明明爱吃的味道。孩子以前积累的营养问题会体现在这个阶段，所以这个年龄营养不均衡的孩子会多起来，请父母注意及时帮他们调整饮食习惯，做到平衡膳食。

二、如何帮助幼儿形成正确的站坐走姿势

学前阶段是幼儿骨骼系统发育的旺盛时期,儿童的生长发育速度很快,此期保持良好的坐姿站姿对以后的体型定性很重要。所有的家长都希望自己的孩子站有站相、坐有坐相、体态优美、气质高雅,一个人坐姿端正、身形挺拔、会给别人留下好印象,展现出良好的精神面貌。相反,如果一个人坐那里歪歪扭扭、萎靡不振、低头缩颈,就会给人一种不自信、没精打采的感觉,并且由于幼儿正处于身体发育最迅速的时期,长期坐姿、站姿不良,就会容易导致弯腰驼背、脊椎歪斜等状况,会对他们以后的生活产生很大影响,因此家长及幼儿教育工作者,应对此引起足够重视,及时纠正幼儿不良体态,提早预防、提早矫治。在实际工作中发现,幼儿有的养成含胸弓背,走路一高一低,身体左右摇摆的坏习惯,这种不良体态不是一朝一夕养成的,很多都是平时不注意,父母也未予及时纠正,才慢慢形成的。所以,家长对孩子日常生活中的蹲、跑、走、坐、姿势加以注意,发现不正确姿势赶紧纠正,养成站时抬头挺胸,坐时腰背挺直,走路时收腹挺胸的好习惯。

 **策略探究**

(一) 教会幼儿正确的站姿

家长要教会幼儿正确的站姿。正确的站姿应当是"站如松"。昂首挺胸,表情自然,胸稍前挺,微收腹,两眼平视前方,不耸肩,两臂自然下垂,足跟靠拢,足间夹角为45度。身体的重心处于两足间的前端,像松树一样端正稳健。当家长发现幼儿有不良的站姿时,要及时纠正,家长可以每天让孩子靠墙站立,站立时脚跟、小腿肚和臀部紧贴墙面,但背部要离墙5~8厘米。这样每天坚持做15分钟,大约一个月就会见效。建议家长和孩子一起做,这样可以增强孩子的兴趣和坚持做下去的毅力。

知识链接:

孩子爱弯腰驼背该如何纠正

驼背矫正练习:

1. 手扶墙压胸腰练习。距墙一步距离站立,两臂上举,扶墙,上体尽量向前压,挺胸、凹腰,脚不能前移,胸贴住墙,保持4拍再还原。这个练习应经常性练习,以使少年儿童逐渐形成挺胸拔背的姿势。

2. 两臂翻握挺胸腰练习。背对墙一步距离站立,两臂内旋后举翻握杠,然后抬头,挺胸至最高,两臂尽量内收夹拢,两腿直立。保持4拍再还原。做6~8次,注意呼吸自然。

3. 背手挺胸练习。两腿开立,两手体后十指交叉握紧,然后两肩胛骨后锁,两臂后上举至最高,挺胸立腰,再还原。2拍1动,做16次。

4. 坐位挺腰背。椅背上绑一物(不要太硬),如小皮球等,人正坐于椅子上,臀部尽量靠里边,后背顶住物体,两手向后扶住椅子后背,然后尽量内夹两臂,抬头挺胸。4拍完成1次,做6~8次。

5. 扩胸运动

两腿开立,两臂前平举,然后两臂向侧打开扩胸,再还原,如此反复练习16~20次。要求向后扩胸速度要快,有一定力度,扩胸时抬头、挺胸、收腹。

6．贴墙站立法。两脚跟靠拢并齐,两腿夹紧膝盖稍用力后挺,臀部肌肉收紧,小腹微收,自然挺胸,两肩要平并稍向后张,两臂自然下垂轻贴身体两侧,脖颈挺直紧贴衣领,下颌微收,头向上顶。练习时使两脚跟、小腿肚、臀部、两肩及头部后侧均紧贴墙壁。每日可贴墙站 1～2 次,每次不少于 30 分钟。

　　7．后仰振臂法。身体正坐于椅子上,两臂伸直从前方向上向后举起,同时头向后仰。或两臂伸直从身体两侧平举由前向后运动,同时头部后仰。每次 10～20 分钟。

　　8．睡觉的时候可以尝试睡硬床不枕枕头躺着休息每次 10～20 分钟。

（二）教会幼儿正确的坐姿

　　家长要教会幼儿正确的坐姿。正确的坐姿应当是"坐如钟",坐椅子上时胸部和腹部挺直,臀部稳重地落于椅子的正中或稍后,大腿保持水平,两脚自然平放,不耸肩、不歪头,头部、脖颈与身体尽量保持直线,双肩微微向后舒张。当家长发现幼儿有不良的坐姿时,要及时纠正,家长在家每天与孩子一起看电视、聊天包括写作业时,要依正确坐姿时时提醒孩子注意,这样坚持一个月,一定能收到可喜的效果。

知识链接：

幼儿的正确坐姿

　　从生理学角度来分析以下几种不正确的坐姿,其危害如下：背手在后、弓腰凹肚,脖子自然往前伸,因幼儿的骨骼柔韧硬度小,弹性大,虽不易骨折,但骨骼容易变形,造成驼背、脊椎向一侧弯曲等,而且易使其内脏受到压迫,抱胸在前的坐姿,容易引起幼儿消化不良,因幼儿在饭后,胃的体积比空胃时大数倍,双手相抱,会增加胃的负担,使消化功能受到影响,若幼儿双手合抱放置桌上,会使胸骨与尺骨上顶,造成锁骨上翘,影响身体的正常发育,甚至导致骨架发育畸形。由此看来,坐姿正确与否,不但和外形的健美有关,而且和幼儿身体发育有密切联系。

　　正确的幼儿坐姿应为：双手自然垂放膝上的端正坐姿,此坐姿不仅可避免以上几种坐姿的弊病而且会感到舒适、省力,促进幼儿身体发育和形成健美体型,对预防近视也有一定益处。

（三）教会幼儿正确的走姿

　　教师要教会幼儿正确的走姿。正确的走姿应当是"行如风",正确的走路姿态先是要求上身能保持正确的站立姿势：眼睛直视前方,抬起头、眼睛直视前方,抬起头、挺起胸,双手自然而均匀地前后摆动,落落大方地走向目的地。其次是把握好如何迈步,先抬起一条腿,带动脚向前迈,脚掌落地后,另一条腿再抬起,要把握好步位和步幅。正确的走路姿势应该从幼儿园时就开始培养,如果家长在家里或与孩子外出时发现孩子有内、外八字脚、晃臂、扭臀、驼背等现象,家长就要及时提醒孩子纠正。帮孩子纠正内、外八字的方法可采取：在地上画两条平行的直线,其间距为 8～10 厘米,然后教孩子沿着直线走,步伐由小到大,步速由慢到快;还可在地上拉一条布带,让孩子踩着布带跑,并要求孩子在跑动的时候挺胸、收腹。

知识链接：

站姿和走姿可以揭示孩子的心理

美国教育心理学家格里芬经过统计和分析发现了以下规律：

站立时习惯把双手插入裤袋的孩子。少年老成，不轻易向人表露内心的情绪。性格偏于保守、内向。凡事步步为营，警觉性极高，不肯轻信别人。

站立时常把双手置于臀部的孩子。自主心强，处事认真而绝不轻率，具有驾驭一切的野心。他们最大的缺点是主观，性格表现固执、顽固。

站立时将双手握置于背后的孩子。性格特点是守规矩并且习惯于按规矩办事，尊重权威，极富责任感，适合当班级或年级领袖。不过有时情绪不稳定，往往让人摸不透；最大的优点是富于耐性，而且能够接受新思想和新观点。

站立时习惯把一只手插入裤袋，另一只手放在身旁的孩子。性格复杂多变，有时会极易与人相处，推心置腹。有时则冷若冰霜，对人处处提防，为自己筑起一道防护网。

站立时双脚合并，双手垂至身旁的孩子。性格特点诚实可靠，循规蹈矩而且生性坚毅，不会向任何困难屈服低头。

站立时不能静立，不断改变站立姿态的孩子性格急躁，身心经常处于紧张的状态，而且不断改变自己的思想观念。在生活方面喜欢接受新的挑战，是一个典型的行动主义者。

 **案例分析**

情境案例：

5岁的曼曼是幼儿园大班的孩子，平时活泼好动的她，非常喜欢模仿一些电视上的节目，尤其对舞蹈情有独钟。新学年，曼曼所在的幼儿园新来了一位姓杨的舞蹈老师，杨老师是学习体育舞蹈出身的，擅长跳拉丁舞。杨老师带来的拉丁舞也深深地吸引了曼曼，争强好胜的曼曼一心想在小朋友面前露一手，投入了很大的精力学习拉丁舞，可是没过多久，家长发现，曼曼走路时有点瘸，曼曼也说自己的髋关节很疼。这一现象引起了曼曼爸爸的重视，于是带着曼曼去医院拍片，发现曼曼的髋关节错位了。

案例分析：

作为体育运动的一个项目，体育舞蹈既是一种健身运动，也是一个娱乐项目。跳拉丁舞时腿脚的运动、腰胯的扭拉、手臂的摆动，可让人全身得到锻炼。而优美的音乐，激昂的节奏又能让人抛却烦恼，投入到欢快的艺术天地里，全身心得到放松。因此，越来越多的孩子从小就开始学习拉丁舞了。

但是，人们往往只看到拉丁舞好的一面，而忽略了其对孩子成长的负面影响。专家指出，拉丁舞有很多过度的扭腰、扭臀等动作，对低龄孩子尤其是3～6岁的幼儿会造成一定的伤害，不利于其骨骼的发育，长期或过度的训练还会造成运动伤害。曼曼就是由于训练不当和过度训练，直接导致了运动损伤。"因为大幅度、剧烈的扭腰、扭臀等动作，会使孩子的颈椎、脊椎、腰椎和关节等因受力过度集中而受伤、变形，甚至发生提前蜕变。"专家建议，最好在孩子运动系统发育成熟后再练习这些动作，一般应在8岁以后。

三、如何帮助幼儿学会恰当表达和调控情绪

恰当表达和调控情绪是学前儿童社会性发展的核心成分，对幼儿未来情绪、个性和社会性的发展都有极其显著的影响。情绪调节是个体适应能力的重要体现，尤其幼儿阶段是情绪调节的萌芽期，将奠定个体发展情绪调节历程的基础。日常生活中不难看到，有的孩子善于交朋友，很受同伴欢迎；有的孩

却表现出较多的攻击行为,显得很不合群;还有的孩子在遇到困难时很容易退缩。研究表明,以上这些行为表现和能力发展都是以情绪为基础的,尤其是与个体的情绪调节能力的水平相关。

随着年龄的增长,幼儿产生了各种各样的需求,有些需求是家长认为合理可以满足的,有些需求是父母认为不合理不愿给予满足的。幼儿与家长之间发生矛盾冲突的机会日益增多。当幼儿的目的性行动受到阻挠或威胁时,便会激发幼儿的情绪,其表现往往是不高兴、哭闹、手足舞动、遍地打滚、摔东西、掀桌椅等。许多家长对此往往无可奈何,拗不过孩子的三招两式,最后不得不向孩子妥协。但他们会发现,孩子的脾气越来越大,越来越容易发怒,越发不可收拾。打骂不但不起作用,反而加深了亲子之间的矛盾,陷入恶性循环。因此,怎样认识孩子情绪,如何科学地处理幼儿的情绪,成为许多家长十分关心的话题。

 **策略探究**

(一) 帮助幼儿正确认识自己和他人的情绪

家长在日常生活中要帮助幼儿正确认识自己的情绪感受,对于幼儿正在表露的情绪,家长可以告诉幼儿常见情绪的表现,帮助幼儿明白这种感受;对于幼儿未曾体验过的情绪,家长则可以通过阅读或者观察的方式帮助幼儿预先认知,如通过童话故事帮助幼儿认知高兴、难过、无聊、害羞、嫉妒、害怕、生气、兴奋等多种情绪发生的具体情境。幼儿只有在认识自我情绪的基础上,才可能认识他人的情绪,其中移情能力的发展至关重要。所谓移情,就是设身处地地站在别人的位置,从别人的角度去体验别人的感情。家长应多利用生活中的情境进行随机教育,帮助幼儿通过角色扮演、换位思考、站在他人的角度进行思考、想象等方式培养孩子的移情能力。

知识链接:

引导孩子学会识别自己的情绪

1. 帮助孩子积累表达感受的词语。父母是孩子的情感导师,我们可以抓住日常生活中的机会教孩子掌握一些表达感受的词语,让孩子懂得如何描述自己的感受。比如,当孩子被作业难住时,可以对孩子说"你现在很郁闷吧! 这道题好像很难";当孩子被别人欺负时,可以对孩子说"你现在很伤心吧";当孩子被误解时,可以对孩子说"你是不是很委屈啊"等等。

2. 告诉孩子一些关于感受的身体反应。我们可以教给孩子一些基本常识,让孩子了解当遭遇某种情绪的时候,身体会有什么样的反应。比如,当人们害羞时,脸会变红;当人们愤怒时,会咬牙切齿;当人们沮丧时,会垂头丧气;当人们高兴时,会手舞足蹈等等。

3. 利用可视化材料来帮助孩子描述自己的感受。通过绘本、视频、照片或图片等可视化材料,声情并茂地告诉孩子别人经历的不同感受。比如,"这张图片中的阿姨正在为丢了手机伤心不已,眼泪快要掉下来了";"电视里的小朋友找不到爸爸妈妈,害怕得大声哭了";跟孩子一起读绘本的时候,可以讨论故事中的人物的感受,"艾玛奶奶走了,思达是不是很难过啊"等等。

4. 教孩子通过观察别人的面部表情或身体语言来识别他人的感受。我们经常会带孩子出去玩或去超市购物等,在这个过程中可以让孩子多留意一些场景,观察和识别他人的情绪。比如,很多人一起排队时突然看见有人插队,让孩子观察被挤到后面的人的反应,了解他人生气的感受。

5. 利用机会让孩子描述自己的感受。我们既可以利用真实场景,也可以通过玩游戏的方式,来为孩子创造机会描述自己的情绪。比如,"你是不是还在为弟弟搞乱了你的抽屉难过呢? 你生气了吗?""如果你的金鱼死了,会很伤心吗?"等等。

(二) 引导幼儿大胆表达自己的消极情绪

幼儿先天具有情绪反应的能力,在出生后2~12小时就会产生反射性微笑,1周内对高频语言有微笑反应,1~1.5岁情绪迅速分化,开始出现高兴、愤怒、失望、恐惧等多种情绪。幼儿的情绪需要表达,但成人似乎更欢迎孩子表达快乐、兴奋等积极的情感,而不太愿意看到他们表达不开心、嫉妒、愤怒等消极情绪。既然幼儿的消极情绪真实存在,我们就应该接受和理解,但接受和理解不是赞成,而是接受引导孩子把这些情绪表达出来,这样家长就能及时疏导,帮助孩子克服这些情绪情感。

知识链接:

教给幼儿处理消极情绪的办法

宣泄法:比如打沙发打枕头(当然对于爱打人的小男孩慎用)、撕纸(其实这些宣泄法背后的道理就是,要以破坏性最小,不影响别人的方式发泄情绪)。

倾诉法:找人聊天、写日记、随意画画。

镇静法:数数、深呼吸。

转移法:看景色、听歌、运动、做自己的爱好。

还有就是前面写过的那些能引起积极情绪的方法,如想好事、品味美好回忆等。

(三) 关注幼儿的情绪变化,满足幼儿合理的情感需求

孩子的情绪转变很快,可能一会儿在哭,马上就开始笑了。孩子情绪的变化就是这样的无常和微妙。父母对于孩子的情绪变化要足够敏感,细微察觉并采取适宜的回应方式。比如,孩子在电视中看到恐惧的画面,这时妈妈应当马上放下手中的活,抱抱孩子以示安慰。有的时候,家长要判断孩子的情感需求是否合理,如孩子摔了一跤,哭了,家长在确认问题不严重时也可以鼓励孩子:"没事的,宝宝最勇敢了,自己爬起来。"如果孩子紧缩的眉头和朦胧的泪眼表明他真的很疼,确实需要帮扶一把,家长还是需要关注和安慰一下。只有关注孩子的情绪变化,才能有效地帮助孩子。

(四) 与幼儿保持经常性的情感沟通

家长与幼儿关于情绪问题的沟通有利于幼儿的情绪调节能力和情绪调节水平的提高。在情绪沟通中,家长通过告诉幼儿他们对情绪事件的评价和处理结果,使孩子能够恰当地掌握情绪表达的规则和调节策略。比如,当妈妈在做晚餐时,女儿抱怨说:"我不想吃蔬菜!"妈妈说:"蔬菜有营养,你要吃。"女儿继续哭闹着说最讨厌吃蔬菜。这时,妈妈不能因为孩子的哭闹而让步妥协,也不应忽略孩子的情绪不管不问,她可以先停下手中的工作,和孩子进行对话:"你刚才用抱怨的语气说话,妈妈听着很不舒服,如果你不信,妈妈也用这样的语气跟你说话(模仿女儿的语气说话)……"妈妈接着认真地告诉女儿:"如果你那样说话我就会关起我的耳朵装作没听见。如果你这样说(妈妈示范正确的表达方法),妈妈才会听到。"通过类似的亲子对话,家长告知孩子他们对情绪事件的感受和评价,能帮助孩子针对不同的情绪体验使用恰当的情绪标签、运用适宜的情绪表达规则并演示具体的情绪调节策略,从而促进幼儿情绪调节能力的发展。

 **案例分析**

情景案例:

萱萱是个5岁的女孩,她在家里十分讨爸爸、妈妈开心。她会经常对爸爸说:"我很想念你哟,你能不能早些回来呀?"早晚她都会亲吻爸爸;她会把在幼儿园里发生的事对妈妈说,哪怕是些很细微的事。

她会为下班的爸爸放鞋子,会拿着与妈妈一同去买回来的大包小包物品上楼梯。会和爸爸、妈妈玩在幼儿园玩过的游戏,表演节目给爸爸妈妈看,自觉地练琴和照老师吩咐的去做练习。

当父母带萱萱外出时,萱萱却和在家里的表现截然不同,任父母怎样哄她,她都不爱说话,她也不愿意向叔叔阿姨问好。因而,妈妈下了个结论:萱萱很害羞。虽然萱萱在家里也经常提起某某叔叔阿姨,但在和叔叔阿姨一起用餐时,她却一脸不高兴的样子,见了叔叔、阿姨也不主动打招呼。

妈妈去打听萱萱在幼儿园的情况,老师说萱萱每天都第一个到幼儿园,很乐意当老师的小助手,为小朋友做这做那,也喜欢画画、弹钢琴、跳舞,几乎是班里数一数二的能干孩子,老师经常让她表现自己,让她锻炼胆量。

案例分析:

从萱萱种种表现来看,可以考虑她并不是害羞,而是在耍脾气,希望叔叔、阿姨更关注自己。萱萱的自我意识特别强,尤其在与家人以外的人在一起时,她内心是想表现自己的,却感到父母与其他人在一起时不再关注她,于是把这个不满的情绪发泄出来,实际上,她在耍脾气。

家长应正视孩子情商发展过程可能存在的问题,让幼儿正视自己内心感受,学会正确地表达自己的情绪情感,而不是抵制,采取"发脾气"的形式。要让孩子意识到,变相地表达情感,没有人能猜到,也不利于交往和成长。在日常相处的时候,用评价别的孩子的方法,引导她懂得,能控制自己情绪的孩子是更让人喜欢的,激发她在外人面前展现自我的愿望。

四、如何提高幼儿适应幼儿园新环境的能力

每年的九月入学季都是幼儿园最热闹和最忙碌的日子,新入园的孩子不适应集体生活,哭闹声此起彼伏的现象屡见不鲜,教师、保育员,甚至园长都加入到忙碌的行列,抱完了这个又抱那个,哄了这个又哄那个,常常忙得不亦乐乎。

家长同样也不轻松,幼儿的分离焦虑在家里也表现等非常明显:哭闹,不肯去幼儿园,回家后闷闷不乐或烦躁;没有朋友,不合群;因为吃饭和午睡的不适应,影响了健康,出现了消瘦、感冒、发烧等现象。这些不适应表现中,家长最担心的往往是孩子社会性方面的问题,例如,担心孩子抵触集体生活,担忧孩子在幼儿园可能被别的小朋友欺负,怕孩子不合群等等。

家长对幼儿入园适应的态度、教育对策直接影响幼儿的入园适应,如果幼儿园的教育理念和措施得不到家长的支持,或家长对幼儿的入园过程抱有错误的观念,那么幼儿的适应势必会受到阻碍。因此,家长与幼儿园和教师深入沟通和合作,是做好幼儿入园准备、促进幼儿入园适应的第一步。

 **策略探究**

(一)激发孩子上幼儿园的愿望

经常用羡慕的口气和眼神引导幼儿观察左邻右舍上幼儿园的孩子,"瞧,小哥哥多神气,上幼儿园去了","小姐姐真乖,每天都去幼儿园",空闲时间领着孩子到幼儿园参观、玩耍,一边看,一边玩,一边说"哇,幼儿园这么多好玩的玩具,幼儿园真漂亮,幼儿园小朋友真多,我真想住这儿",用自己的神情和语气去影响孩子,在家里如果孩子缠着你画画、折纸、做游戏,在即将结束的时候,就用很遗憾和神秘的语气说:"我就会做这些,幼儿园的老师会的可多了,以后让老师教你好吗"。

(二)培养孩子的生活自理能力

家长在培养幼儿的自理能力的时候,应该尽量让幼儿自己做力所能及的事情,例如,在日常生活中,家长可以让幼儿自己用勺子吃饭,保证幼儿在吃饭的过程中,不泼饭、不挑食;家长还可以在早上起床的时候,教会幼儿自己穿衣服和鞋子,让幼儿学习自己刷牙和洗脸;在玩玩具之后,要自己动手整理玩具,摆放整齐等。幼儿具有了良好的生活自理能力和生活习惯,有利于在入园之后,更好、更快地适应新的集体生活。

(三) 提前带孩子熟悉环境

在孩子正式入园前,家长先带孩子参观幼儿园,根据老师安排和孩子一起在活动室,像在家里一样自然地和同伴玩耍,激发孩子对幼儿园生活的兴趣和向往。让孩子看到幼儿园里有自己喜欢的玩具,带领孩子观察每个教室和活动室,看其他的孩子唱歌、跳舞和玩游戏,感受幼儿园的吸引力。向家长介绍孩子将要进入的班级和老师,让家长孩子与老师进行沟通,讲解幼儿园的一些规定和活动,帮助孩子熟悉环境。

(四) 向老师详细介绍幼儿的生活习惯

家长要主动向老师介绍幼儿在家的饮食、起居及一些生活习惯非常重要,幼儿在家每天的饮水量、喜欢吃什么、讨厌吃什么、饭量的大小、有没有午睡习惯、在家是好动还是好静、有没有一些特殊的病史,都要向老师介绍清楚,以便老师根据这些情况来判定幼儿在园是否正常,如发现异常情况及时和家长联系,保证幼儿的健康成长。

(五) 帮助幼儿缩短不适应期

孩子到一个陌生的环境中,会时时想家、想妈妈,这是很正常的,有的孩子表现得更为强烈,哭、闹、饭量明显减少,家长要帮助他们把对家长的依恋慢慢地转移到老师身上来,家长在幼儿的"移情期"内要尽可能晚送早接,缩短在园时间,别让幼儿感到在园时间特别漫长,好像家长不要他们似的,等到孩子适应后再延长在园时间。在回家的路上或在家里的时候,家长要兴致勃勃地和孩子讨论幼儿园发生的事情和孩子特别感兴趣的话题,不妨加上夸张的语气和表情,让他知道您在为他感到高兴、自豪,从而萌发幼儿爱上幼儿园的情感。

知识链接:

丹麦幼儿园的"5天适应计划"

入园那天,幼儿园园长就站在学校门口迎接新生家长和孩子。园长不仅和父母握手,还和每个小朋友握手,并很认真地做自我介绍。接着,就带家长去认识小班的其他两位老师,并介绍了幼儿园的活动设施和活动教室。

第一天,家长和孩子只在园里待1个小时。可时间到了,所有的孩子都不想走,他们还没玩够玩具呢! 这时,园长悄悄地告诉家长,说他们的目的达到了:这几个孩子,第二天准保惦记着到幼儿园来继续玩玩具。

第二天,儿子果然高高兴兴地来了幼儿园。按要求孩子们要单独在园里待两个小时,我离开时,儿子也没掉眼泪,只顾着玩儿,其他孩子也没见有哭的。

第三天,孩子们要在幼儿园待两个半小时,可以参加活动,儿子还学会了一首歌。

第四天,儿子在园里吃午餐,午餐后接走。

第五天,儿子就正常入园了。

(六) 及时发现和解决幼儿的在园问题

性格开朗的幼儿在园遇到什么不开心或是和小朋友闹别扭,他会很快告诉家长,但是,内向的孩子则不然。如果发现孩子受了委屈,家长首先要冷静,不要让您的情绪影响到孩子,告诉孩子不要害怕,不要难过,老师和家长一定不会让好孩子受委屈的,如果在幼儿园做了错事,挨了批评,家长不要袒护孩子,也不要再批评孩子,要告诉他,妈妈知道你不是故意的,相信下次你一定能做好,而且要让孩子打消顾虑,别因为受到批评而不敢再上幼儿园。孩子年龄小,承受问题的能力就小,所以及时发现和解决幼儿的在园问题,可以让他们每天高高兴兴,轻轻松松地上幼儿园。

情景案例：

早上八点半，孩子们已经在老师的带领下开始户外活动了，昊昊妈妈带着昊昊才刚刚进幼儿园，老师接过昊昊，引导孩子与同伴们一起游戏，可是昊昊妈妈却并没有马上离开，她反复地嘱咐着老师：活动时要看好孩子、什么时候给孩子喝水、尽量不要给孩子脱衣服、午睡时……妈妈的言行引发了孩子的焦虑，昊昊拉着妈妈的手不让妈妈离开，面对孩子的哭闹，昊昊妈妈又一再向孩子保证第一个来接他，而后又站在幼儿园大门外一直朝里张望着。

案例分析：

以上的一幕在幼儿园是经常可以见到的，特别是新生刚入园时更突出。家长在送孩子入园时的焦虑主要表现有：对是否送孩子入园态度不坚定，幼儿如果哭闹就不坚持送了；害怕孩子在幼儿园发生安全问题；对老师不放心，担心老师照顾不周、关心不够。

分析其原因，家长们的这种表现，主要还是来自对孩子的过度保护和过分紧张。由于孩子在 3 岁以前主要生活在家庭环境中，而且现在孩子绝大部分是独生子女，家长们对孩子倾注了更多的关爱，亲子之间的关系更为密切。一旦孩子离开家庭进入幼儿园，相对孩子和家长来说，都是进入一个陌生的环境，家长对幼儿园、老师不了解、不放心，因此在情感和心理上容易产生不安全感。同时，家长的焦虑和担心直接受到孩子情绪的影响，如果孩子入园时哭闹、情绪不快乐，那么就会加剧家长的心理焦虑和担忧。

家长的心理素质和言行举止在一定程度上影响着孩子，孩子会根据家长的某些行为来判断幼儿园和老师，如果家长对幼儿园和老师存在着心理上的忧虑，那么孩子对入幼儿园也会感到缺乏安全感，因此作为家长一定要做好自身的心理调整。首先，家长对孩子入园不适应、哭闹等现象要有心理准备。其次，家长的心态要平静，要充分信任幼儿园和老师，在观念上理解教师之爱与母爱的差异。在孩子入园前，可以预先对幼儿园的环境、幼儿园的教育理念、幼儿一日生活作息、教师的情况等进行了解。在孩子入园后，要经常与老师沟通联系、互相信任、配合，增进家园之间的相互理解，使自己正确认识幼儿园教育，就会减少不必要的担心和忧虑。另外，作为家长要帮助孩子一起共同克服入园焦虑的情绪，和孩子一起说说幼儿园和老师，告诉孩子幼儿园是个有趣的地方，老师喜欢每一个孩子，并能及时了解孩子的想法，对孩子遇到的问题要给予及时的帮助和引导，让孩子尽快适应幼儿园生活。

五、如何陪伴幼儿开展户外活动

户外活动有益于幼儿的身心成长，尤其是在大自然环境里进行的户外活动应成为幼儿日常生活的一部分，这将十分有利于孩子们的健康和快乐。当孩子参与户外活动时，他们会更开心、更健康，也会更加自律和专注，因为孩子对一切事物都很好奇，他们会提问，会有很大的兴趣，也会记住很多事情，这就使得孩子的观察力得到提高；他们还会更加自信、富于创造性和具有协作精神，如果孩子经常进行户外运动，他们的性情会比较活泼，更加善于社交，也会很有礼貌地见人就打招呼；他们会成为优秀、乐观的问题解决者，因为孩子对外面不熟悉，所以他们会好奇很多的事物，也会不停提问，父母耐心地解答会让孩子学会很多的知识，也会锻炼孩子主动学习的能力。同时，户外活动让家庭纽带得以巩固，集体感得到滋养，家乡认同感得以形成。总之，户外活动对孩子，对家庭都非常有益。

 策略探究

（一）帮助幼儿学会自主户外活动

户外活动玩什么、怎么玩，最好不是由家长硬性安排的，而是由孩子们自主选择的。家长也应该与幼儿一起玩,与孩子一起挖沙池、做泥饽饽,尽情享受欢乐。家长在积极参与中能以自己饱满的情绪去感染孩子,激发幼儿的活动兴趣。在活动中,家长就像是幼儿的伙伴或大朋友,这种亲子关系有助于幼儿在活动中学会自己做主、自创玩法,减少对家长的依赖行为。在户外活动中,家长也可适当协助开展一些音乐游戏活动,比如放一段有鸟鸣声的律动音乐,幼儿就会很自然地模仿小鸟翩翩起舞。这种配乐游戏活动,孩子是很喜欢的。对4～5岁的幼儿,可增加一些锻炼体能的游戏,因其能活跃幼儿的身心,增进幼儿体质,提高幼儿运动兴趣、能力,如跳皮筋、玩竹马、跳房子、弹球、老鹰捉小鸡等游戏。

知识链接:

英国一机构列出50项12岁前须做的户外活动

英国机构"国民信托"为儿童列出了一个12岁前必须完成的50项户外活动单。

冒险类

1. 爬树;2. 从大山坡上滚下来;3. 野外露营;4. 筑巢;5. 用石头打水漂;6. 雨中跑步;7. 放风筝;8. 用渔网抓鱼;9. 从树上摘苹果吃;10. 玩板栗游戏。

发现类

11. 长途骑行;12. 用棍子探出一条小径;13. 做泥馅饼;14. 筑水坝;15. 打雪仗;16. 用小雏菊做项链;17. 赛蜗牛;18. 野外艺术;19. 玩木棍游戏;20. 踏浪。

游侠类

21. 采野生黑莓;22. 探索空树洞;23. 参观农场;24. 光脚走路;25. 做草喇叭;26. 寻找化石和骨骼;27. 看星星;28. 登山;29. 山洞探险;30. 用手抓吓人的动物。

寻踪类

31. 抓昆虫;32. 找蛙卵;33. 接落叶;34. 跟踪野生动物;35. 探寻河塘生物;36. 为野生动物搭房子;37. 从石滩中找生物;38. 养蝴蝶;39. 抓螃蟹;40. 野外夜行。

探索类

41. 自种、自收、自吃;42. 在大海里游泳;43. 做木筏;44. 观鸟;45. 野外定位;46. 攀岩;47. 野炊;48. 骑马;49. 寻宝;50. 泛舟而下。

(二) 多带孩子到大自然中走走

大自然的一草一木,一花一石都对孩子有着莫大的吸引力。特别是学龄前的孩子,他们更有着天生和自然亲近的本能,能够和大自然亲密对话,因此父母应尽可能给他们提供一些亲近自然的机会。在他们的眼里小草是他们的朋友,蚂蚁是他们淘气的伙伴。家长可以带孩子们去公园春游,还可利用散步和户外活动的时间,带他们到公园里去走一走、看一看、摸一摸、说一说,使孩子们不但感到自由轻松,还沉浸在优美的自然环境之中。家长应多带孩子去爬山,放风筝,到绿油油的草地上找昆虫、做游戏等,让孩子们充分感受到春风拂面的和煦,太阳照在身上暖洋洋的感受。孩子们通过外出的种种感知与活动,确实感觉到春天来了,这比看几幅图片讲述要生动得多,形象得多。孩子们通过动手、动脑、动口、动眼,不仅领略了春天的美好景色,还在轻松愉悦的氛围中,不知不觉地学会了一些如"百花争艳"等描绘春天美景的词语。有条件的话,父母还应带他们去农村,参观农民种地的劳动,有时还可以主动参与到他们当中。

其实,户外活动不仅可以在郊区或荒野等环境中进行,也可以在那些我们可能从没想过却触手可及的地方,如邻家后院、城市社区、屋顶花园、城郊公园和林中步道等地方开展。家长应让孩子有更多的途径去接触大自然并开启新的生活方式,让户外活动和自然世界成为孩子们日常生活里非常重要的一个部分。在选择户外活动时,家长一定要注意:所有的户外活动,都必须在安全得以保证的前提下才能进行,要充分考虑到孩子的身心承受能力。

(三)为孩子选择合适的体育活动

体育活动对孩子的成长是非常重要的,要让孩子从小热爱体育活动,必须让他掌握更多的体育技能。身体状况、体育特长的确与遗传因素有关,但如果不进行训练,这种遗传的潜能也是开发不出来的;相反,不具备遗传优势的孩子,如果在幼儿期得到适当的训练,往往会展示出超水准的技能。因此,家长为孩子选择合适的体育活动。例如,骑自行车可提高反应的灵敏度。经常骑自行车,可以发展孩子腿部和足部肌肉的力量,提高孩子运动的速度、反应的灵敏度和平衡能力等。家长可以给三岁的孩子准备三轮自行车,这种车的重心较低,不容易倒,幼儿很快就会掌握骑车的要点。幼儿发现自己能很快掌握一门新技术,会增加自信心。此外,游泳、爬山也是很好的体育项目。游泳可以增加肺活量,提高身体对外界环境的适应能力,增进对疾病的抵抗力。爬山可以锻炼孩子的毅力,开阔孩子的视野,使孩子形成心胸开阔,乐观向上的性格。

 **案例分析**

情景案例:

家委会经过了近一个月的酝酿和筹备,在一个秋高气爽,艳阳高照的周末,到远离市区、具有农耕文化特色的农家乐开展野外活动,活动首先由"家庭自我介绍"开始,接着是亲子游戏"找妈妈"、包饺子、亲子午餐会以及签名活动,下午小朋友们参观了百草园、植物博物馆,了解一个个植物的故事,家长带着孩子到田间地头抓蟋蟀,挖野菜、胡萝卜、种蔬菜。孩子们在阳光的沐浴下感受到了泥土的芬芳以及劳动带来的乐趣,家长在闲适的郊外互相交流孩子学习、成长的话题,增进了情感。最后全体合影留念,活动安全、顺利结束,共同度过了一个有趣的周末。

案例分析:

户外亲子活动可促进孩子与父母的关系,让孩子结识更多的好朋友,通过户外活动锻炼,让孩子更深入地体验户外生活,享受户外生活,快乐地成长。

亲子活动中应帮助家长建立主人翁意识,激发家长积极合作的态度,可以增进孩子与家长之间的感情,可以帮助爸爸妈妈和孩子拉近距离,可以更好地帮助孩子成长。同时,为幼儿与家长、教师与家长、家长与家长之间搭起一座沟通的桥梁。现代家庭就是要多沟通多交流,不仅限于语言交流,还要培养一家人的默契。

亲子户外活动要开顺利开展,关键在于有精心的组织和筹备。家委会成员应重视户外活动的开展,拟订方案及时准确,准备工作充分。内容包括与家长及时沟通,争取在最短的时间内确定活动的主题,制定活动计划、组织实施计划、公布活动方案,积极组织报名,并进行具体工作分工,明确岗位职责,确保活动的有序进行,提高活动效率。努力使活动开展得很有意义,整场活动有组织、有计划、有纪律地进行。在活动过程中,要特别注意活动时间的控制,避免拖延时间现象,并多组织家长之间的互动。家委会定期组织活动,争取每学期组织两次活动。

第二节　关注幼儿的动作发展

一、如何训练幼儿的动作协调能力

《指南》指出,幼儿应具有一定的平衡能力,动作协调、灵敏,3~4岁的幼儿能沿地面直线或在较窄的低矮物体上走一段距离;能双脚灵活交替上下楼梯;能身体平稳地双脚连续向前跳;分散跑时能躲避他人的碰撞；能双手向上抛球。4～5岁的幼儿能在较窄的低矮物体上平稳地走一段距离；能以匍匐、膝盖悬空等多种方式钻爬；能助跑跨跳过一定距离，或助跑跨跳过一定高度的物体；能与他人玩追逐、躲闪跑的游戏；能连续自抛自接球。5～6岁幼儿能在斜坡、荡桥和有一定间隔的物体上较平稳地行走；能以手脚并用的方式安全地爬攀登架、网等；能连续跳绳；能躲避他人滚过来的球或扔过来的沙包；能连续拍球。

现在的孩子运动能力普遍发展得不够好，这与家长对孩子的呵护式培养有很大关系，在温室里长大的孩子，没有经过风雨，没有更多自己运动锻炼的机会，导致身体的协调性、动作的协调性都有所欠缺，非常令人担忧。因此，家长需要掌握一些能够锻炼孩子动作协调性的方法，让孩子健康成长。

 **策略探究**

(一) 为孩子的动作协调性发展提供良好的支持和环境

家长要重视给孩子提供良好的支持和环境。首先，宽松的家庭氛围利于幼儿协调性的发展。当幼儿对某一技能或技巧无所适从，感到焦虑、甚至恐惧时，宽松和谐的心理环境能让幼儿放松心情，全身心地投入活动，愿意与家长亲近，而且也在不知不觉中发展了动作。其次，轻松自由的活动机会，可帮助幼儿消除紧张感，让幼儿在自然的状态下玩耍，如拍球、荡秋千、滑滑梯等等，促进神经系统对动作调节能力的提高。再次，及时、恰当的肯定，能促进幼儿协调性的发展。当幼儿出现不协调状况，家长不能让他们产生"我不行""我一做大家会笑话我"的思想，而应该信任他、鼓励他。特别是当幼儿取得点滴进步时，要及时给予肯定和表扬，让他们信心倍增，更加主动积极地投入活动中。

(二) 通过各种手段训练孩子的动作协调性

家长训练孩子的动作协调性的手段有很多。家长在每次活动都需要有目的指导幼儿动作发展，鼓励幼儿积极参与活动，通过活动逐步使幼儿动作协调，逐步能自己独立完成一些动作如单脚跳、拍皮球等等。家长也可以在家中指导幼儿进行一些平衡能力的练习、游戏，让幼儿自己走马路牙、走窄路、转圈圈等等，训练大肌肉运动技能和平衡感，提高幼儿动作协调性和灵活性。幼儿也可以在家长的帮助和鼓励下参与一些大动作的练习，增强孩子两腿的肌肉力量、身体的平衡能力和身体活动的协调能力。家长要多带孩子参与一些户外活动，让孩子从在家长的帮助下能完成一些大动作的运动，到逐步能独立完成一些大动作的运动，动作的协调性就会逐步提高的。同时，家长也要了解自己孩子的运动能力、发展水平和运动兴趣特点，设计相应的活动内容，家长和孩子一起参与游戏，激发和鼓励幼儿的运动兴趣，在反复活动过程中促进幼儿动作协调性的发展和运动能力的提高。

知识链接：

常见活动与幼儿动作协调性的发展

拍皮球

拍皮球时，球会上下运动，必须要拍到一定的位置，并且要在适当的时机和固定的频率，才能把皮球拍好。这种运动不仅能培养孩子的手部控制力，还能培养孩子的专注力。

夹豆子

用筷子夹豆子，可以锻炼孩子的手眼协调能力，眼睛看到的东西，用手来完成，因为豆子比较小，夹起来很困难，所以，必须非常专注、动手能力强的孩子才能夹起来。

弹钢琴

钢琴是需要两只手配合才能完成好的乐曲，而且对两只手的要求都很高，因此，让孩子弹钢琴会提高孩子两手的协调能力。

跳绳

跳绳需要手和脚来配合,手的频率和脚跳起的频率必须是一致的,这就需要大脑有很强的协调性才能完成,但对低幼的孩子,跳绳是不适合的,容易被绳子绊倒受伤。

打篮球

打篮球是非常好的运动,投篮可以锻炼孩子的手眼协调能力,同时,还可以让孩子自抛自接篮球,或者家长与孩子互相抛球接球,锻炼孩子的运动能力,提高神经系统功能。

走平衡木形状的路

孩子的平衡性不好,可以让孩子多走一些平衡木形状的路、马路牙、矮桥等,或者在路面上画上一条直线,让孩子按照直线行走,这样,可以大大提高孩子的平衡能力。

踢毽子

比较小的小朋友是不能完成踢毽子的动作的,因为,踢毽子对脚部的协调性要求很高,脚部离大脑更远,控制起来不如手部,因此,多练习踢毽子,最好是左右键都能踢,对协调性锻炼比较好。

打架子鼓

打架子鼓需要双手、双脚都运动,而且要协调运动,很难有一项运动对四肢要求这么高,因此,对于协调性不好的孩子,练习架子鼓无疑是很好的锻炼和运动的方式。

舞蹈或者健美操

舞蹈和健美操等,需要孩子跟着大人的动作模仿出一模一样的动作,而且很多舞蹈动作包括步伐、身段都比较难,这就对孩子的协调性提出了更高的要求。

踢足球

双脚相互协调的能力是身体协调能力里最难训练的,而踢足球的带球动作是需要双脚去配合的,只有双脚配合好了,才能把足球踢好。还有一种桌上足球的游戏,就是用双手踢足球,这个游戏也是非常锻炼孩子的动作协调性的,通过手柄控制运动员,完成踢球、射门的动作,而且要快速做出反应。

 案例分析

情景案例:

在亲子游戏"钻山洞"中,家长和幼儿玩得可高兴了。第一步,家长变成各种各样的洞,幼儿变换姿势钻。第二步,幼儿再次探索用身体变洞、钻洞的方法,进一步感受亲子合作的乐趣。第三步,家长站在圆圈上,摆成不同的山洞造型,幼儿循环钻山洞。第四步,家长排成一列长队,摆成统一的山洞造型,幼儿集体钻山洞。最后,幼儿排成一排,做山洞造型让家长钻,增加活动的趣味性。

案例分析:

亲子体育活动能培养家长与家长、家长与幼儿的合作意识,可有效训练孩子的动作协调性。亲子游戏"钻山洞"设计巧妙,可操作性强。从幼儿的兴趣与需要出发进行活动,充分利用家长资源,用身体做出各种造型,没有用到任何的器械,有很强的可操作性,能巧妙地将休闲活动和动作练习结合在一起,激发了家长与幼儿的活动兴趣,形成了有效的亲子互动。家长对活动的目标以及自己在活动中的角色的准确了解,为活动的顺利开展作了良好的铺垫,较好地体现了幼儿的动作协调性可以在"玩中学、学中玩"实现的道理。

二、如何培养幼儿锻炼身体的好习惯

身体健康的幼儿,精力充沛,求知欲强,愉快活泼,能主动积极地参加各种活动,这就使他们能广泛

接触周围环境,认识事物,从而促进智力的发展。许多家长都知道运动给孩子带来的好处,但由于种种原因,能做到坚持培养孩子体育锻炼习惯的家庭并不多,重视培养孩子终身锻炼观念的家长也还不多。

身体锻炼应该是幼儿生活的一个部分,但孩子的自觉性和毅力不够,若没有家长的督促鼓励,就可能出现"三天打鱼,两天晒网"的情况,不利于保持体育锻炼的效果。因此,家长最好以身作则,带动和感染孩子积极参加身体锻炼锻炼,帮他们养成爱运动、爱锻炼的好习惯。

 策略探究

(一) 培养幼儿热爱锻炼的兴趣

家长要多带孩子去公园和体育场观看别人运动,平时多看体育节目。另外,父母还要观察孩子对什么运动感兴趣,积极引导他去参加,并根据孩子不同年龄阶段选择合适的体育运动。体育运动项目丰富多彩,各种活动对孩子的影响也不尽相同,因此作为父母,首先要了解各种运动的意义,针对不同情况加以引导,例如可以告诉孩子足球这项运动讲究的是团体合作,如果孩子缺乏这种意识,可以引导孩子尽量朝这方面发展,这样不仅锻炼了身体,也完善了孩子的性情。通过细致地了解各种运动的益处,有选择、有目的地引导孩子朝这方面发展,会收到意想不到的好效果。

知识链接:

孩子的性格与运动方式选择

孩子有些胆小,做事怕风险,容易害羞。你可以建议孩子选择一些具有挑战性的项目进行锻炼,如游泳、溜冰、滑雪、摔跤等活动。这些活动能帮助孩子克服害羞、胆小等心理障碍,战胜困难。

孩子经常犹豫不决、优柔寡断。你可以经常带孩子参加一些乒乓球、羽毛球、网球、跳远等体育活动。这些项目的活动对锻炼人的果断性具有很大帮助。

孩子的自信心不够强。你可以带孩子参加一些如跳绳、俯卧撑、做广播体操等活动。这些体育活动比较容易出成绩,坚持锻炼一个时期以后,你会发现,孩子变得越来越自信。

孩子心理素质差,做事易紧张。你可以多带孩子参加一些公开的、激烈的体育比赛,锻炼孩子冷静沉着应对比赛的能力。

孩子好逞强,自负。你可以选择一些难度较大、动作较复杂的跳水、体操、长跑等项目进行锻炼,也可以给孩子找几个对手,让孩子懂得"人外有人"的道理。

(二) 为孩子提供充足的体育锻炼的资源

家长要充分利用社区的体育器械。一般来说,每个小区都配备了一套基本的锻炼身体的体育器材,家长每天上班前或下班后来这里锻炼锻炼,孩子可能因为从众心理,看到很多人在锻炼就不由自主地就跟着家长一起来锻炼了。不仅如此,一般小区的孩子都愿意在这里玩耍,孩子们可以一边玩一边锻炼身体,既锻炼了身体,又沟通了孩子之间的感情。双休日时,家长不要把大把的时间放在睡懒觉、逛街、看电视上,应该有计划地和孩子进行爬山、郊游等活动,让孩子选择喜欢的地点一起去游玩,这样不仅可以调动孩子游玩的积极性,还锻炼了身体。在亲近大自然的过程中,孩子的性情会得到很好的陶冶、熏陶。爬山需要付出体力,既增强体质,又磨炼意志,这对孩子良好素质的浸染作用不可低估。孩子们通过电视、网络等媒介,可能对某些体育项目非常感兴趣,比如男孩子受武打片的影响可能喜欢武术、跆拳道,受体育比赛的影响,喜欢游泳、射击等活动;女孩可能喜欢婀娜多姿的芭蕾舞,喜欢优雅的瑜伽等。这时,父母应该积极鼓励孩子发展这些爱好,给孩子报培训班学习,让孩子在兴趣中达到强身增智的效果。

（三）教给孩子锻炼的方法和习惯

3～6岁是人形成良好习惯的关键期,此时孩子在生理上处于生长发育和素质发展的敏感期,人的可塑性大,最容易接受成人的引导与训练,正是养成自觉锻炼身体习惯的好时机。可参加多种体育项目,如篮球、羽毛球、乒乓球、跳绳、跑步、游泳等。幼儿年纪小,如果不懂得锻炼的方法反而达不到锻炼的目的,家长要让孩子注意锻炼前做准备活动,剧烈运动之后让孩子做整理运动,不要着急休息等等。对于不同性别的孩子,锻炼的方法要有所不同,如男孩可以选择球类等运动量稍大的运动,女孩则侧重技巧。重要的是,体育锻炼要持之以恒,不可三天打鱼两天晒网,不要因为家长忙,或者天气太冷太热就放弃。家长在对待那些有浓厚兴趣但意志力不够坚强的孩子时,应多鼓励,制订锻炼计划,并适当地创造奖励条件,进一步巩固强化孩子的兴趣。甚至可以采用一些惩罚的措施,从而纠正孩子不爱锻炼的坏习惯。

知识链接:

幼儿不宜的运动

为让孩子有个强健的体魄,很多父母希望他们从小就接受各种锻炼。但有些运动或游戏过早进行,反而不利于孩子的成长发育。

1. 长跑。长跑过程中,耗氧量较大,跑步时,人心率加快,静脉血液多流向心脏,脑部供血相对不足。这对未上初中的孩子脑部发育不利,另外,长跑运动消耗量大,会使营养入不敷出,妨碍儿童正常的生长发育。

2. 掰手腕。孩子四肢各关节的关节腔、关节囊都比较松弛,过分用力容易造成扭伤。掰手腕时,力量集中在手腕,这对该部位的肌肉、韧带会造成很大损伤。

3. 倒立。倒立时血流向下,脑压增加,眼压也相应变化,长时间倒立会损害眼睛对眼压的调节。另外,有些孩子有先天性脑血管畸形,如果进行倒立,容易造成颅内出血。

4. 拔河。拔河过程中,往往需要屏气用力,儿童心脏处于发育状态,很难承受这种憋气状态;另外,长时间的抻拉会给发育期儿童的关节、腰部等带来巨大的局部压力,极易引起关节脱臼和软组织损伤,甚至肢体变形。

5. 滑板车。当下,很多两三岁的孩子把滑板车当成了必不可少的娱乐工具,但无论是单板还是双板的滑板车,都需要腰部、膝盖、脚踝用力支撑,因此这些部位非常容易受伤。

6. 碰碰车。碰碰车是游乐场最常见的项目,但这类冲撞游戏中,快速的撞击有可能导致孩子颈部、腰部等处关节、肌肉、韧带的错位或扭伤。因此,一般建议学龄前的儿童不要乘坐,尤其不要进行快速大力冲撞。

6. 兔子跳。做兔子跳时,人体重心所承受的重量相当于自身体重的3倍,容易造成孩子膝关节受力过大,甚至发生关节半月板损伤。因此,兔子跳游戏的距离一般应该控制在10～20米,最多不要超过30米。

7. 成人健身器材。成人健身器材旋转幅度、双脚间宽度都是按照成人的身材设定,孩子玩很容易引发各种危险。类似于荡秋千这样的儿童器材,家长也一定要在旁边看护,注意不要荡得太高,玩的时候让孩子抓紧绳子。

 **案例分析**

情景案例:

微微爱好广泛,善于交际,喜欢体育运动,会打太极拳、书法、钢琴。每个爱好都小有成就,学习成绩也是名列前茅,应该是父母所期望中品学兼优的学生。

微微从小体弱多病,所以爸爸、妈妈对孩子的培养付出了很大的辛苦。孩子从来没有离开过父母,没有因为工作忙或者其他原因让亲属帮助照顾孩子,他们觉得教育孩子是父母的事,别人替代不了。

微微从五岁的时候在父亲的陪伴下,天天坚持晨练,风雨无阻,三年从来没有间断过,一直坚持到孩子上了小学,孩子随着锻炼时间的推移体质越来越好。在锻炼的三年里和孩子愉快地沟通,解答孩子的提问,共同学习各门的知识。

微微是个很出色的孩子,微微的出色不是偶然的,而是与她的父母培养教育分不开的。应该说,她的爸妈为她创造的家庭教育氛围适应了孩子成长的需求,促进了孩子的健康发展。

案例分析:

微微的父母掌握了家庭教育方法。知道家庭教育对孩子成长的重要性,有意识地对孩子进行家庭教育,努力积极创造适应孩子家庭氛围。他们对孩子不宠、不溺爱孩子。在她的成长过程中,父母没有去溺爱她,相反家庭成员关系融洽,相互尊重,孩子喜欢和父母沟通交流。微微的业余生活丰富,特别是父母从小带薇薇坚持锻炼,锻炼增强了身体素质,让孩子的生活起居十分有规律,有了坚忍不拔的毅力。这些都对孩子的性格和学业都起到了积极的作用。因此,父母要有家庭教育的意识,要给孩子创造一个成长的沃土,家庭教育要持之以恒,父母应该拥有教育孩子的恒力的毅力,不能急于求成,"只问耕耘,不问收获",突然有一天,您会发现枝头已经硕果累累。

三、如何培养幼儿运动中的自我保护能力

自我保护是一个人在社会中保存个体生命的最基本能力。幼儿时期是建立健全人格发展和身体素质发展的关键时期,除了要有强健的体魄之外,还要有一定的自我保护意识,形成健康的行为方式,能够进行良好的自我保护,《3～6岁儿童学习与发展指南》中的健康领域有三个子领域,其中在"生活习惯与生活能力"子领域中设有目标"具有基本的安全知识和自我保护能力",并明确要求成人"应该帮助幼儿养成良好的生活与卫生习惯,提高自我保护能力,形成使其终身受益的生活能力和文明生活方式"。也就是说,提高幼儿自我保护能力是为了让幼儿更好、更安全地成长,这对幼儿一生的发展都极为有益;然而,现在的幼儿却因为处处受到大人的保护而逐渐丧失了自我保护的能力,在脱离了家人的庇佑时不能正确地进行自我保护。因此,家长作为幼儿的第一监护人,更应树立起正确的幼儿保护意识,不仅要对幼儿进行保护,还要正确地培养幼儿的自我保护能力,让幼儿学会生存,学会自我保护。

 **策略探究**

(一) 教会幼儿掌握基本动作及自我保护的技能

幼儿期发展的基本动作有走、跑、跳、投掷、钻、爬、攀登。由于生理关系,孩子头重脚轻,难于掌握好身体的平衡。因此,要教会孩子掌握基本动作及自我保护的技能。例如:跨步时脚要抬高;走路时眼睛要朝前看;高跳下时膝盖要弯曲;跑步转变时要放慢速度;跑步时不要低头向前猛冲,眼睛要学会注意观察周围的情况,避免因相互推撞而跌倒。而且,还应让孩子懂得,如果不慎跌倒,要尽可能用双手支撑身体,防止头部着地。将自我保护意识潜移默化地渗进于体育活动中。

(二) 教会幼儿正确使用各种运动器械

幼儿运动的开展往往需要运动器械。使用色彩鲜艳、造型活泼的具有各种功能的运动器械,不仅能吸引幼儿参加运动的兴趣和积极性,而且能促进幼儿动作协调、身心发展和增强体质。正确使用运动器械是确保体育活动安全的基础。在向幼儿讲解运动器材的使用方法时,家长应首先以自身动作示范,示范要做到层次规范、要点清楚。例如,爬攀登架是幼儿在游乐场最喜欢的运动之一,是培养幼儿动作协调、锻炼臂力的运动,家长要特别注意自身示范动作的规范,让幼儿掌握爬攀登架的要领:手脚交替移动,手握紧了再移动脚,脚站稳了再挪动手。在幼儿进行具体练习时,家长要及时予以辅导,纠正错误动

作,帮助幼儿有意识地培养自我保护意识,这样才能有效地防止因动作错误而可能发生的事故。

(三) 选择有一点危险性的活动让幼儿尝试

家长要选择一些幼儿较有兴趣,但又带有一点危险性的活动内容来增强幼儿的自我保护意识,如儿童自行车对不会骑两轮自行车的幼儿来讲就有了一点危险性,那么越是不会的东西,孩子们就越要去尝试。如果家长对幼儿的安全教育一直不放松,孩子们在玩较有危险的项目时特别地注意了自我保护。"千般爱护,莫过自护"。幼儿学会自护,就等于在生存中学会向前迈进了一大步,而生存是发展的重要保障。但我们不鼓励孩子随意冒险,而适当地让孩子学会在一些活动中掌握自我保护的意识是十分必要。

(四) 遵循幼儿运动规律,及时调控运动量

家长要尽可能理解和把握幼儿的运动规律,如动作形成规律、身体机能适应性规律、生理机能变化规律等。合理运用这些规律组织幼儿体育活动,指导掌握动作时不要急于求成,而是要根据幼儿的具体情况,灵活掌握。在安排运动量和练习间隔时间时,要按运动量"上升——平稳——下降"的趋势安排活动结构,每次练习间隔的时间要适宜。因为幼儿软骨生长活跃,适当的负荷能改善血液循环、增强骨细胞的营养物质供应,有助于骨的生长、增加身高,但如果超负荷运动就会损伤幼儿的身体。因此,家长要随时注意观察,及时调节幼儿运动量。提醒幼儿如果感到身体不适,要主动告诉家长。例如,跳绳练习时,允许幼儿量力而行,跳累了可自由休息;通过及时调控,帮助幼儿在实践中逐步培养良好的运动习惯,使幼儿在运动中学会自我保护。

(五) 加强孩子的身体锻炼,增强体格素质

身体素质决定了孩子是否能很好地进行自我保护,相比身体弱小的孩子,身体强健的孩子在日常生活中发生危险的几率要相对低一些。这是因为孩子在日常的锻炼中增强了平衡力和协调力,在遇到突发情况时也可以灵活地采取应急措施,从而减少意外伤害。所以,家长要在平时适当地引导孩子在安全的前提下参加体育活动,以增强孩子的体制,还可以参与到其中,增进家长和孩子的情感关系。只有合理适当地给孩子提供充足的机会,让孩子参加适量的体育活动,才能不断加强幼儿的体制,以培养幼儿的自我保护能力。

 **案例分析**

情景案例:

光光是比较内向、胆小的孩子。在平时的户外活动中,家长总是帮他挑好运动器械在旁边看着他玩。在其他的运动中,他不是在一旁看着就是选择一些相对简单安全的活动,带有冒险性的游戏或者是没有尝试过的器械他都不会去玩。

在幼儿园安排的"救小鸟"的主题活动中,设置了一系列的障碍,例如:爬竹梯,过小河(走梅花桩),爬山坡(平衡板),过山洞(钻爬)等最后救得小鸟完成任务。孩子们看到这个场景个个异常兴奋,跃跃欲试。胆大的孩子冲在前面,胆小的跟在后面。光光在竹梯面前停了下来,他看了看,用脚踩了一下竹梯试了试,感觉有些犹豫。后面的小朋友不停地催促他:"你快一点呀。"光光在同伴的催促下只得鼓足勇气前进。在竹梯上的他战战兢兢,每走一步都要回头看一下。别的孩子都是手脚一起前进,可他几乎是横着前进的。也许是因为后面同伴的催促也许是太紧张,光光在爬到竹梯一半的时候一脚踩空从梯子上滑了下来。

案例分析:

对于内向、胆小的孩子,这类挑战性活动不管是心理上还是行动上对他来说都是一个巨大的压力,虽然光光终于敢尝试,但由于缺乏活动经验,不知道如何攀爬竹梯,也缺乏活动中的自我保护意识,最终没有成功。因此,家长应多提供幼儿感兴趣的活动材料,激发幼儿对运动的兴趣,帮助幼儿养成基本的运动能力,走,跑,跳,平衡等,发展其动作的协调性。鼓励幼儿参与冒险性活动,培养其大胆自信的品

质。同时,对于提高他们的自我保护意识和能力我们要更加重视。并做好家园沟通,和幼儿教师多沟通,取得家园教育的一致性。让老师在冒险运动中,多关注和鼓励一些在活动中并不显眼的、胆子比较小的孩子让他们获得发展的机会。

四、如何培养幼儿的生活自理能力

幼儿生活自理能力是指幼儿在日常生活中照料自己生活的自我服务劳动能力,主要包括自己穿脱衣服、鞋袜,收拾、整理衣服和床铺,独立进餐和盥洗,以及自己洗小件衣物如小手帕等。

生活自理能力是幼儿应当具备的基本能力之一,从小养成自理意识与习惯对幼儿的全面和谐发展具有重大的意义。对幼儿进行自我服务能力的培养,可以发展幼儿的动作技能,有利于他们的智力与非智力因素的发展,满足其心理发展的需要。幼儿通过亲手操作可以锻炼脑与手的协调性,促进大脑的发育。更重要的是,幼儿自理能力的形成,有助于培养幼儿良好的责任感,从而养成独立性,建立自信心,获得成功感,还能促进幼儿形成勇敢面对困难、克服困难的良好个性品质。

现在,有些家长溺爱孩子或怕麻烦而代替孩子做他们应该做的事,剥夺了孩子学习自我服务的机会,使孩子形成了依赖心理;有些家长缺少正确有效的教育方法。家长必须意识到家庭在幼儿生活自理能力培养方面的误区,做好幼儿自理能力的家庭养成教育,才更好地促进幼儿生活自理能力的培养,同时让幼儿在家庭中体验到了亲子交往的快乐,既可使亲子之情得到升华,又可为幼儿独立性的发展打下良好的基础。

　**策略探究**

(一) 转变观念,注重培养幼儿的生活自理意识

家长一切无条件的包办代替,不但无益,还将使幼儿形成一种错误认识:自己不干的事情,父母就一定会帮着干。久而久之,幼儿形成依赖,一旦离开父母便会无所适从。家长一定要转变观念,明确家长只是幼儿健康成长路上的引导者和辅助者,绝不能包办幼儿的日常生活,让幼儿从小树立"自己的事情自己做,不会的学着做"的良好自理意识,积极为幼儿创造生活自理的机会。这样既能锻炼幼儿的自理能力,还能让幼儿尝试与体验生活自理的快乐与成功感。

(二) 教给幼儿行之有效的生活自理方法和技巧

要让幼儿做到生活自理,必须让其明确生活自理的方法。即使幼儿有了自理意识,如果缺少自理的技巧,就是想做也做不好。因此,家长应让幼儿学会一些具体的生活自理方法,采取寓教于乐的教育方法,根据幼儿的年龄特点,把一些生活自理技巧编成简单易记的文字或顺口溜,以及设计成饶有趣味的情节等,让幼儿在游戏、娱乐中学习本领。如在教幼儿学习如何系鞋带时,家长们可以结合儿歌来进行:两个好朋友,见面握握手,钻进大洞口,用力拉耳朵,变成蝴蝶走。让幼儿在愉悦里轻松自主地学习系鞋带的方法。家长还要运用鼓励、表扬等方式,给予幼儿生活自理的自信,从而培养幼儿生活技能。

(三) 提供练习机会,允许幼儿犯错并作耐心的指导

有练习就会有出错的时候,幼儿在技能练习期间会出现很多问题,家长要允许幼儿犯错并给予幼儿犯错的机会,循序渐进,耐心指导,经常督促、检查、提醒幼儿,使幼儿良好的习惯得到不断的强化,逐步形成自觉的行为。家长要充分利用家庭中,吃饭、穿衣、如厕、盥洗等训练幼儿生活自理的水平的机会,指导、监督幼儿的自理行为,使其形成习惯,要求幼儿养成起床时自己穿衣服、穿鞋,自己洗脸、刷牙,如厕后自觉整理好衣裤的习惯,餐前便后自觉正确洗手的习惯等。当幼儿具备一定的自理能力后,家长们可以让幼儿来尝试一些为家人服务的小事情,如让幼儿在家里摆放餐具、帮助父母擦桌子、给阳台上的花草浇水等,让幼儿不仅能生活自理,还会为他人服务,在培养自理能力的同时也塑造了幼儿优良的品质。

(四) 家园合作,共同促进幼儿自理能力的发展

幼儿园是培养幼儿生活自理能力的另一重要场所。在幼儿园里,老师们会按照一定的教育目标和方法有意识地培养幼儿的生活自理能力。因此,家长应加强与幼儿园的联系,借助幼儿园的有效教育,积极配合幼儿园的工作,进行家园合作,对幼儿进行一致性教育,共同促进幼儿自理能力的发展。

 **案例分析**

情景案例:

午睡时间到了,这次雨雨也在幼儿园睡,平时她奶奶中午老是把她接回家睡,说是体质差,怕着凉感冒。老师和保育员阿姨一起把床铺好,准备让孩子们午睡。只见孩子们都忙碌地脱着自己的衣服和裤子准备睡觉了,只有雨雨站在那里东看看西看看,身上的衣服还是那么多,一件也没脱。老师就问雨雨:"你一件衣服也没脱怎么睡觉? 老师刚才不是跟你说,让你把衣服脱了再睡吗? 不脱衣服起来会着凉的。""我刚才是想脱,但我脱不下,我不会脱。"雨雨嘟囔着嘴说。"那你平时在家是怎么样的?"我紧接着问。"平时都是奶奶帮我脱衣服的。""那穿衣服呢?""也是奶奶帮我穿的。"呀! 怪不得雨雨一点也不会,原来都是奶奶给包办了。于是,我就一边帮雨雨脱衣服,一边教她脱衣服应该怎么脱,然后让她睡下去,帮她塞好被子,一会儿雨雨就睡着了。

案例分析:

从以上现象可以看出,雨雨是一个生活自理能力极差的孩子。奶奶由于年纪大了,对孩子缺乏应有的教育和规范,雨雨又是自己最宝贝的孙女,所以对雨雨是毫无原则地迁就和溺爱,不让孩子做任何事情,不让她受到一点委屈。奶奶在生活上一手包办了孩子的一切事情:当孩子睡觉时,又担心孩子穿脱衣服慢而着凉,于是就一次次地帮她脱、穿,种种做法使得孩子的手脚得不到充分的运动,孩子的生活自理能力越来越跟不上同年龄的孩子,对奶奶有一种严重的依赖感,从而导致了孩子生活自理能力极差的现象。

因此,家长在家要学会放手让孩子自己的事情自己做,一些简单的家务活也可以让幼儿学着做,如:扫地、擦灰尘、洗碗等之类简单的活,可以让孩子学着试试。这样久而久之,日积月累,孩子的生活自理能力自然而然会得到提高和发展。

五、如何让幼儿喜欢做力所能及的家务劳动

在家庭生活中,家务劳动是必不可少的。家务劳动可以培养幼儿的劳动观念、训练幼儿的劳动技能,还可以帮助幼儿增进肌肉力量,提高运动水平。如孩子用水时就能体会冷暖轻重和弹性,用刀具时可以发展其动作的精确性、幅度和用力的强度,搞卫生时就能发展其体能。

孩子从小就是欢喜劳动的。在幼儿时期,开始模仿大人的各种劳动,在家里模仿大人的家务劳动,他们把劳动看成是一种游戏。但许多父母在孩子小的时候,总是不舍得让他一起参与家务,等到觉得孩子大了、可以帮忙了才开始指挥、吆喝孩子做这做那,结果发现孩子根本就不情愿。家长们要转变"孩子还小,不必劳动"的观念,让孩子从自我服务的家务劳动入手,把握孩子热爱劳动的最佳时机,让孩子从小爱上做家务。如果从孩子的幼儿期开始,就让其参加力所能及的家务劳动,他们就会自然而然地愉快地参加,而且没有辛苦的感觉,更不会认为是额外负担。家长应有意识地让孩子感受到他也是家庭中的一分子,有责任和义务为这个家做些什么。要让孩子明白,参加扫地、洗菜、擦桌子等家务劳动是他的义务,而不是帮别人干活,这样孩子在干家务时,就会心甘情愿去做。

 **策略探究**

(一) 根据孩子的年龄特点安排合适的家务

家务劳动的内容必须适合孩子的年龄特点,不能太复杂,以自我服务为主,让他们力所能及;劳动时间也不能太长,否则会使孩子过度疲劳,影响劳动效果,甚至产生厌恶劳动的情绪。家长要根据孩子的

年龄和学习特点,遵循他们的发展规律,应该从简单开始,从小事做起,从力所能及的事情做起,并且要把任务细化,让孩子易于接受。比如:你发现屋子里物品摆放不整齐,就对孩子说"把你的房间收拾好",那么孩子肯定无从下手,因为这是一个整体的概念。我们要把一个任务分拆成数个步骤"把玩具装进玩具箱里、把书放到书架上摆整齐"等,这样孩子才会确切地理解你的要求。只有让孩子获得成功的体验,他才会愿意去尝试。

知识链接:

各年龄阶段幼儿的家务劳动

小班幼儿:

玩过的玩具按标记放回原处、脱穿衣服、叠衣服、扣纽扣、用洗手液洗手、自己如厕、发餐具、浇花、步行、刷牙、剥鸡蛋、独立进餐,等等。

中班幼儿:

主动收拾自己的玩具、尝试分类摆放,熟练地穿脱各种衣服,拉拉链,洗内裤、袜子,扫地,做餐前准备(抹桌子、发餐具、端饭),叠小被子,使用筷子,洗脸,等等。

大班幼儿:

叠被子,整理房间,做餐后整理(收拾餐具、抹桌子),帮厨(剥豆子,剥花生、摘菜、包馄饨、包饺子等),准备第二天的衣服,扔垃圾,取牛奶,洗澡,等等。

(二) 把家务劳动变成幼儿的游戏

孩子年龄小,劳动目的性不强,一开始参与劳动,往往是出于好奇、好玩,他们往往把劳动与游戏相混淆。家长可利用孩子的好奇心,激发孩子爱做家务的热情,通过游戏来提孩子劳动的兴趣。如边念儿歌边叠衣服、父母念儿歌幼儿刷牙,家长还可以跟孩子比赛谁起床穿衣服快、谁擦桌子干净、谁洗袜子溅在地上的水少,或以游戏的口吻激发孩子:对这学前儿童来说,积极地参与劳动的兴趣比起结果更为重要,所以选择权和游戏化是十分重要的。如果你的孩子洗的袜子不够干净,擦的桌子不够亮,不要去批评他,批评会挫败孩子的自尊,更会降低他参与劳动的意愿。如果某项劳动要求每次都必须完成得尽善尽美,那绝对不是一项适合孩子去做的劳动。

(三) 让幼儿在鼓励中获得劳动的快乐

布置任务的时候就要鼓励幼儿"我知道你是能够做好的",在孩子每一步做好之后家长都得适时表扬,并且表扬得具体。如"你把桌面都收拾整齐了,很有条理"等,孩子听到表扬之后信心十足,对此也产生了兴趣,就将孩子的被动劳动变为主动劳动。肯定孩子的方法有很多,最好的方法是让全家人一起欣赏孩子的劳动成果,使他产生自豪感。称赞是适于孩子的一种鼓励方式。父母还要经常告诉孩子,他很重要,他参与了家务劳动对家人的帮助很大。这种真诚的感谢会令孩子更积极地成为做家务的好帮手。在做家务的过程中,孩子还能获得自信心和成就感,在练习的过程中,孩子会发现自己有能力完成很多事,从而从中获得自信。

(四) 注重培养幼儿热爱劳动的好习惯

要培养孩子的劳动习惯,家长不能凭借一时的兴趣,今天想起来了让孩子做点家务,明天就算了,三天打鱼两天晒网不利于好习惯的养成。尽管孩子们会觉得做一些家务劳动是件有趣的事情,但想让孩子养成良好的劳动习惯却非易事。我们可以制定"家务劳动记录一览表",将每天做家务的情况记录下来,每天检查。小孩子看不懂文字,可以用图文结合的方法,让孩子用图画表示,目的是让孩子看得懂,每次实施后进行奖励。让做家务像吃饭睡觉一样,不是负担、不是任务,而是习惯。

情景案例：

以下这几幕在平常的家庭生活中似乎很常见：

一天中午，爸爸和爷爷正在家里安装一台新的电视机。5 岁的丁丁听见爸爸说要起子，赶紧跑去拿工具箱。爷爷便对奶奶说："他不会拿的！你去拿！"

一个孩子想要自己洗澡的时候，妈妈马上在旁边说："你又不会自己洗，看你把地上弄得到处是水！"

当孩子站在小凳子上，想要去洗碗，奶奶就会说："你会洗什么碗啊！把衣服袖子都打湿了！小心把碗也打破了！"

有一孩子跑去看妈妈洗衣服，刚把手伸进盆子里，妈妈就赶紧说："一边玩去！水很脏，你别在这玩！"

案例分析：

不少幼儿不会劳动并不是因为他们真的懒惰，而是从小养成的不劳动的不良习惯，以及受到爸爸妈妈灌输的"不用做家务，你只要好好学习"的思想观念的影响。

可能有人说，孩子才多大啊，现在不做家务，以后再做也不迟啊。重要的是，家长是否能够接受孩子最开始独立做事的过程中所制造的麻烦。可以说，有时候，小孩子简直就是"麻烦制造者"。一开始他们可是什么都不会，连自己洗个脸都会把身上打湿一大片。

孩子独立做事的热情是经不起成人泼冷水的。孩子受到的打击多了，心理上的变化就悄然发生。等你哪天想要让他做家务的时候，可能就晚了。你会发现，他越来越懒，简直是叫都叫不动。

如果你相信孩子没有能力，那么他真的就会没有能力。因为你总在说："你又不会弄这个，我来帮你弄！"你以为是在帮孩子，其实你剥夺了他成长的权利，学习的权利，以及他本来可以获得的成就感。

作为家长，可以做到的是，尊重孩子的劳动热情，哪怕是一点劳动的"小火花"，对他们的劳动成果表示欣赏和赞美。这样，一个家庭就会培养出一个独立、自信而热爱劳动的孩子。

第三节　关注幼儿的生活习惯与生活能力

一、如何养成幼儿良好的饮食习惯

幼儿良好饮食习惯包括幼儿餐前准备、进餐、餐后整理和日常饮食习惯的养成。在幼儿餐前准备习惯养成方面，要求幼儿养成如厕、洗手的良好习惯，能主动如厕、洗手而且方法正确；餐前保持良好情绪，安静等待就餐；在幼儿进餐过程习惯养成方面，养成固定进餐地点、按时就餐的习惯，进餐要姿势正确，正确使用餐具，做到不挑食、不偏食，能细嚼慢咽，时间最好不超过 30 分钟；在幼儿餐后整理习惯养成方面，养成餐具整理、擦嘴漱口的好习惯；在日常饮食习惯养成方面，习惯喝足量的水、水杯专用、喝温开水、少喝饮料和少吃零食。

许多幼儿形成了吃饭挑剔、偏食、边说边玩等不良饮食习惯，这不仅影响了幼儿的健康成长，也不利于幼儿良好行为个性的培养。令人担忧的偏食现象（偏食也称挑食），即对食物挑挑拣拣，喜欢吃的则毫无节制地吃，不喜欢的则一口不沾。偏食是一种不良的行为习惯，它会给孩子的健康带来极大的危害。调查发现，幼儿在家中偏食的现象明显多于在幼儿园；幼儿对各类食物的喜好不均衡，对鱼、海鲜、糖果、冷饮、肉类等较喜欢，而对于肥肉和蔬菜，很多的幼儿是敬而远之的。因此，家长应针对幼儿特点，采取行之有效的办法帮助孩子养成良好的饮食习惯。

 策略探究

(一) 为孩子创设良好的进餐环境,并注重言传身教进餐

环境对一个人的食欲有一定程度的影响。建议幼儿进餐环境应该光线充足、通风、整洁;餐桌、椅子摆放合理,高度尽量适合孩子,餐具整洁;进餐位置要固定,可在进餐位置周围贴上有关食物的图片,如瓜果蔬菜、宝宝进餐的图片等。

家长要当好幼儿的表率。自己先克服一些不良的饮食习惯,克服挑食和食相差的毛病。进餐时,家长也要安静,情绪平稳,切勿在进餐过程中与其他人大声谈话或与孩子过多地交谈,更不要与孩子逗笑,以免食物进入孩子的食道,引起危险。还有,家长应尽可能陪同孩子一起进餐,这样会增加孩子的安全感,从而促进孩子的食欲。

(二) 为孩子设立专门合理的菜谱,制定并执行合理的饮食制度

家长为孩子设立食谱时,要注意饮食结构的合理性,不能因为家长的个人喜好而有所改变。合理的膳食首先要保证一定量的肉、蛋、奶以及豆类的摄入,其次是充足的蔬菜、水果。主食以米饭或面为主,也可以配搭粗粮。早餐、午餐、晚餐的热量分配要合理:早餐为 $25\%\sim30\%$,午餐为 $35\%\sim40\%$,午点为 10%,晚餐为 $25\%\sim30\%$。早餐不能过于简单,最好能够保证有奶类的摄入,加以面包或饼干,以促进牛奶的吸收。饮食要多样化,以便不同营养的均衡吸收。晚餐适宜以清淡的食物为主。如果晚餐太过丰盛,而消耗的能量少,就会造成营养过剩,使多余脂肪积聚在体内,造成肥胖。在合理的饮食制度方面,家长首先应注意,不要给孩子买过多的零食,尤其是糖类与油炸类食品。孩子的进食时间应为每四小时一次,一天三次,中间可适当增加点心餐。同时,制定合适的用餐制度,并严格执行,这对孩子的良好饮食习惯的养成至关重要。

(三) 为孩子纠正不良饮食习惯,用心理诱导代替训斥

进餐的过程也是纠正孩子不良饮食习惯的过程。家长不要在进餐过程中训斥孩子,这是教育孩子过程中的大忌。有些孩子进食速度较其他孩子慢,家长要沉得住气,不要动辄骂孩子,因为家长的态度、情绪会严重影响孩子的情绪,家长在餐桌前训斥孩子,效果只会适得其反。对于有进食困难的孩子,家长不应端着饭菜追着孩子来喂,以免让孩子养成依赖大人的坏习惯。家长可用诱导的方法,比如孩子不爱吃胡萝卜,假设他喜欢踢足球,那家长可以这样引导孩子:当足球运动员需要很多体力,要吃不同的食物,吸收多种营养才行,胡萝卜含有很多胡萝卜素,你所喜欢的那个球员,他小的时候就很喜欢吃胡萝卜,你想跟他一样吧。通过不断强化,让幼儿逐渐肯吃不爱吃的食物。家长也可以把孩子不爱吃的食物切成不同的形状,或者根据孩子的喜好做成不同的动物、卡通人物来吸引孩子的注意,引起孩子的食欲,也可以让孩子用手拿着食物吃。家长还可以不断变换食物的烹调方法,通过这样刺激孩子的味蕾,增进孩子的食欲。

知识链接:

幼儿良好的饮食习惯

1. 养成正确的进餐顺序:汤、青菜、饭、肉,半小时后水果。
2. 建立规律的膳食制度,进餐定食、定量。
3. 不要诱骗孩子进餐。
4. 不要在吃饭时批评孩子。
5. 进食环境应温馨愉悦。

6. 让孩子有和同伴一起进餐的机会。

7. 要保证孩子有足够的体力活动,但不能让孩子在饭前剧烈运动。

8. 正餐前不能吃零食。

9. 鼓励孩子尝试各种不同的食物,不要因为孩子几次不吃某种食物就断定孩子不吃这种食物。

10. 让孩子逐步接受他们本来不爱吃的食物。

11. 过了进食时间,坚决将饭菜撤掉。

12. 家中不要放小儿随手可拿到的食品。

13. 父母不要因为孩子一顿饭吃少点,就焦急万分;或只要孩子多吃一口,就对他百依百顺。

14. 吃饭也要专心致志。

15. 不要追着孩子喂饭。

16. 帮助孩子建立起在餐桌上进餐的观念。

17. 每顿饭应有大致的时间限制,既要求孩子细嚼慢咽,又不要拖得太久。

18. 教育孩子不要贪食,以免消化不良。

19. 教育孩子注意饮食卫生,如食前洗手等。

20. 让孩子使用自己的水杯、餐具等。

21. 让孩子养成进餐时限制于固定座位的习惯,不吃完不可离座。

22. 吃饭时要避免大声说笑,以免孩子呛食。

23. 不要带孩子去街边小摊上吃不卫生的小吃。

24. 如果带孩子在外进餐,要注意所使用餐具的卫生。

 **案例分析**

情境案例:

月月,独生女,3 岁 8 个月,正上幼儿园小班。进餐行为现状:早饭基本上要喂。中午在幼儿园吃饭,老师反映,大部分时间能自己吃完一份饭,偶尔也要喂,有拖拉磨蹭现象。晚饭,父母不在家时均是奶奶喂饭,父母在家时,约三分之一时间能自己主动吃完要求的量,三分之一时间在威逼利诱之下吃饭,三分之一时间不好好吃饭,且经常要求喂食,或是只吃几口就下桌,常常边玩边吃。为此,家里常因为她吃饭的事弄得气氛很紧张。

月月完全有能力独立进餐。可在家里通常不愿意自己吃,常常要求喂饭,要求喂时,奶奶总是无条件满足,甚至主动提出要喂饭,理由之一是谁家的孩子不是这样,理由之二是自己吃的量太少。母亲在家通常拒绝,要求其自己吃,被拒绝后的表现为,先是哭闹,接着下餐桌乱跑,继而讲条件,如要求坐妈妈腿上吃、边讲故事边吃等,母亲采用的方法有口头表扬,如整个吃饭过程不断鼓励,物质引诱或者其他策略,如故意离开、竞赛、关灯吃饭等,曾经有一段时间这些方法较为有效,大概坚持三周能独立进餐,祖父母来了以后又恢复原样。

案例分析:

从上述描述看,家庭教养方式不一致是导致良好进餐行为不能建立并持续的重要原因,所以应先解决这个问题。首先,由父母亲共同向祖父母做工作,明确培养良好习惯的重要性及教养不一致造成的后果,恳请他们放弃喂饭行为,和父母亲保持一致做法。在祖父母表示认可接受后,制定实施计划:由于该幼儿总是喜欢新异刺激物,母亲也曾常用物质奖励的方式让其按要求进食,如果仍然采用每次出现期望行为即给予奖励的话,需要经常变换刺激物,而且容易发生生厌现象或物质依赖,所以决定采取代币制,在纸上打钩的行为,说明幼儿表现好,只要她出现其他良好行为也可记一个钩,如自己刷牙、洗脸,自己穿衣服,给爸爸妈妈倒水,帮爷爷奶奶干活,和别人分享,自己收拾东西,等等。和该幼儿协商,让她自己选择一样特别喜欢的东西,等积攒到五十个钩便可得到该样东西。制作一张较大的记录表,写上日期和名字,贴在家里显眼的、该幼儿够得着的高度,经常让她自己去数一数得了几个钩。

在实施过程中,家长还及时引导该幼儿由物质奖励转向成就感的获得,每天让她自己去数钩的数量时,母亲都在旁边大加赞赏,让她更加在意得钩数量的多少。此外,父母亲经常有意在老师、亲戚、熟人面前提及她的成就,让她获得积极的情感体验。到计划实施的第九周,月月每天晚上均能独自进食,第十周起打钩的行为开始慢慢淡化,父母只在出现良好行为后及时给予口头表扬。后来,该幼儿一日三餐均能独自进食,并且在其他场合也能安静地独自进食,同时还发展出不少其他良好行为,如每天早晚都自己刷牙洗脸,主动为家人服务,等等。幼儿园老师也反映,该幼儿逐渐变得懂道理、能干了。

二、如何养成幼儿良好的作息习惯

《指南》中提出:教师要让幼儿保持有规律的生活,养成良好的作息习惯,鼓励幼儿做力所能及的事,教给幼儿生活自理的基本方法,避免包办代替。基于此,幼儿园一日作息安排应在遵循教育基本规律的基础上,针对幼儿发展需求,增加幼儿的自主性。

现在,不少家长很重视养成孩子的学习习惯和卫生习惯,但往往不注意养成孩子良好的作息习惯;有一些家长只顾忙自己的事情,对孩子什么时候起床、睡觉,不注意也不关心;有的孩子跟着家长到晚上10点、11点钟还没有睡觉,第二天早上就不能按时上幼儿园;有的孩子晚上看很长时间的电视,白天不到午睡时间,就困得眼睛睁不开。面对这类问题,有的教师也没有及时向家长提出,这样日子一长,既影响孩子的身体健康,又逐步形成了幼儿不良的作息习惯。

 **策略探究**

(一)养成和孩子一起早睡早起的好习惯

家长不要因为看电视或忙于其他事情而影响孩子按时睡觉,这不利于孩子养成良好的睡眠习惯。家长应该和孩子一起坚持早睡早起。如果家长自己晚上常常熬夜、早上不起,要求孩子早睡早起自己也会觉得理亏三分。如家长晚上实在需要加班工作,也应先哄孩子入睡,然后再离开。如果实在做不到早起,最好和孩子解释清楚,以免孩子不服气。家长早上不要睡懒觉或在被窝里逗孩子玩,或者让孩子在床上吃早饭等,这样无形之中会养成孩子赖床的坏习惯。

(二)营造易于幼儿睡眠的良好环境

家长应该给孩子营造一个有利于睡眠的氛围,把室内的灯光调得暗一些,孩子上床前尽量不让孩子太兴奋,不要让孩子看太多令他兴奋的动画片,也不要讲惊险恐怖的故事。睡前也不要过分逗弄孩子,上床前让孩子解好小便。如果孩子一时睡不着,不要吓唬他,否则会使孩子睡不好。家长叫孩子起床时,不要大声地喊叫,或者掀开被子强行将孩子拉下床。强行叫孩子起床,对孩子的身心健康是非常不利的。其实,家长可以诱导孩子自然苏醒,如可在孩子应该起床的前10分钟放些轻音乐,音量可以逐渐加大;同时,打开窗户,使室内的温度降低,这样持续几分钟,孩子便可自然醒来。养成了习惯,孩子起得自然,早饭也能吃得香甜可口,这样才能保证孩子白天精神愉快,精力饱满。

(三)给孩子制定比较合理的作息时间表

要养成幼儿良好的生活习惯,就要坚持按一定的作息时间去做。开始时,家长要给孩子制定比较合理的作息时间表,并按照作息时间表经常提醒、督促孩子,以形成良好的习惯。切不可以特殊情况为理由,随便打乱规定的作息时间。比如,本来安排孩子8点半睡觉,因为有好看的电视节目或其他事情,就同意孩子看完电视或做完事情以后再去睡,本来规定孩子6点半起床,因为家长有别的事情就让孩子迟起床,这样孩子就很难养成良好的作息习惯。

 **案例分析**

情景案例：

云云总是该睡的时候不肯睡，该起的时候不愿起。晚上都 10 点半了，她却精神百倍，比白天还活跃。一让睡觉，她不是要小便、大便，就是要吃东西，故意拖延时间。早上都 7 点半了，她还没睡醒。如果爸爸妈妈勉强把她叫醒，没睡够的云云会闭着眼睛嘟囔，甚至大哭大闹："我不想起床，我还要睡觉！"

看着云云闭着眼睛又哭又闹的痛苦样子，爸爸妈妈心软了，只好哄哄她："好宝贝，不哭不哭！睡吧睡吧，再睡一小会儿。"任由云云撅着屁股、抱着被子，翻个身又呼呼大睡。因此，云云每天上学都匆匆忙忙，经常因为时间来不及而不吃早饭。

案例分析：

幼儿睡眠不足不好，睡眠过度也不好。有些家长心疼孩子，怕孩子睡眠不足，就任由他睡懒觉。特别是节假日，很多平时普遍睡眠不足的孩子往往会在家里"补觉"。然而一些孩子感觉越睡越困，甚至出现头晕、胃疼等症状。其实孩子只要养成良好的作息习惯，保证充足的睡眠就可以了。常睡懒觉非但无益于生长发育，而且有种种弊端。

首先，睡懒觉会引起大脑皮层抑制时间过长，天长日久，可引起一定程度人为的大脑功能障碍，导致理解力和记忆力减退；会使免疫机能下降，扰乱机体的生物节律，使人懒散，产生惰性。其次，空腹一个晚上后，身体已出现明显的饥饿感，这时若赖床不起，会打乱肠胃活动规律，胃肠黏膜将受到损害，容易诱发胃炎、胃溃疡及消化不良等疾病。

因此，家长应该纠正孩子睡懒觉的习惯，正确而适时唤醒睡眠中的孩子。即便是放假期间也要注意合理安排睡眠时间，保持良好的生活规律。

三、如何养成幼儿良好的卫生习惯

卫生习惯的养成对幼儿的健康成长非常重要。卫生习惯作为人的生活习惯的主要内容，关系到人的素质和家庭生活的质量。家长要把培养幼儿的良好卫生习惯作为幼儿教育的基本内容。卫生习惯内容并不多，也很具体，看起来要养成良好的卫生习惯很容易，但由于幼儿没有卫生的概念和对卫生重要性的认识，很难坚持。例如，早晚刷牙、饭后漱口等这些最基本的卫生要求，对于 3～6 岁的幼儿来说，是很难做到的。有时连最起码的饭前便后洗手都做不到。一是在幼儿看来这些东西做和不做都没有关系；二是他们没有认识到卫生对一个人生活的重要性，对一个家庭的重要性；三是没有养成卫生的习惯。卫生习惯对一个成长中的幼儿来说是最重要的成长内容，但这个在成人看来最简单不过的基本卫生要求，对于幼儿来说却是很难的。

 **策略探究**

（一）教会幼儿日常生活中基本的卫生要求

个人日常卫生的基本要求很多，但也很具体，主要包括饮食卫生、身体卫生和在公共场所的卫生。其中个人的身体卫生保持整洁是最基本的。

卫生习惯的形成要从点滴做起，对于幼儿来说就要一点一滴地帮助学生学会讲究卫生。在卫生教育中，不要去讲大道理，因为他们一下子很难理解和接受，而是给他们一个基本的卫生规定和要求。例如，对于上厕所，就要规定他小便入池，便后洗手。为了督促幼儿讲究个人卫生，每天幼儿入园时，家长要检查幼儿的卫生情况，看洗手了没有，看衣服是否干净，如果手脸没有洗干净的要帮他马上洗干净，并告诉他们下次一定要洗干净再上幼儿园。对于男孩子还要看头发长不长，长了要帮孩子理发。每天还要检查孩子的指甲是否修剪过,帮助幼儿从小就养成常洗澡勤定期剪指甲的习惯。要求幼儿坚持正确使用手帕和纸巾,做到仪表整洁、手脸干净。

知识链接:

幼儿应学会的卫生习惯

洗手、洗脸:

细菌总是容易附着在孩子的手上、脸上。不管孩子怎么抗拒,我们都要督促孩子每天按时洗手、洗脸。比如,早晚出门、外出回家、饭前、便后都要做到及时洗净双手和小脸蛋。

刷牙、漱口:

3～4岁时可以让他在饭后漱口;当孩子开始学刷牙时,要坚持早晚各一次。最重要的是教会孩子正确的刷牙姿势,以保护牙齿,预防龋齿。

洗澡、洗脚:

洗澡的目的是清除身上的污垢,这时就要爸爸妈妈陪在孩子身边,帮助孩子洗澡。

夏天应该天天洗澡、换衣,其他季节也应定期洗澡、洗头、勤换内衣裤。除了洗澡,我们还要教会孩子在睡觉前养成洗脚的习惯。

提醒孩子勤理发、勤剪指甲:

应该定期给孩子修剪指甲,即使孩子拒绝,也要进行。特别是爱"吃手指"的孩子,指甲里的细菌更是"要命的杀手"。

擦鼻涕:

教会孩子用小手绢或纸巾勤擦鼻涕,讲究个人卫生。

(二) 保持家庭良好的卫生环境

为幼儿创设良好的家庭卫生环境。家庭要给孩子创设卫生整洁的生活环境。如有些家庭为了培养幼儿良好的生活卫生习惯,把孩子的房间设计整洁、美观。每天都把家庭打扫得干干净净,使孩子生活得愉快、舒适,有利于促进孩子良好的生活卫生习惯的养成。

(三) 注重家长的榜样示范作用

榜样的力量是无穷的。家长是幼儿生活的引导者,对于天性喜欢模仿的幼儿来说,家长的一言一行、一举一动,无论正确与否,只要够直观形象,幼儿都会不由自主地跟着模仿。因此,作为家长要从规范自己的言行做起,要求幼儿做到的,自己首先要做到,时时处处都要做幼儿学习的表率。如在个人卫生方面,家长要做到不留长指甲、饭前洗手、穿着整洁等;环境卫生方面,家长首先做到不随地吐痰、不乱丢瓜皮纸屑、不到处乱倒剩菜剩饭等。家长以身作则,处处严格要求自己,以自己的榜样行为给幼儿潜移默化的影响,促进幼儿自觉养成良好的卫生习惯。

 **案例分析**

情景案例:

麟麟每天早上在早饭前都会去洗手,而且先是挽袖子,然后打开水龙头洗手。在洗手的过程中,她能够按照家长教的方法去做,不用家长提醒,她就会学着家长洗手——先挽起袖子,把手冲洗干净,打上肥皂,认真搓洗,冲洗干净,用毛巾擦干净手。在洗手的过程中,她非常认真,每一步洗手的环节都能仔细地完成。

中午吃西瓜的时候,麟麟吃得脸上、手上全都是西瓜水。麟麟吃完西瓜后,一个人静悄悄地去盥洗

间,把袖子卷起来,打开水龙头,双手在水下冲了冲,然后又接了些水,把下巴也洗了洗,洗完以后,又用自己的小毛巾擦干,回到了自己的小椅子上。

案例分析:

麟麟的例子让我们思考,在孩子习惯培养中家长的作用是很大的,麟麟的妈妈是一个非常爱干净的人,麟麟的衣服每天都很干净,而且她们的家里也整洁有序。另外,在家中她爸爸妈妈都是让孩子自己的事情自己做,因此养成了孩子能够独立完成自己事情的习惯。正是在这样的家长的影响下,在这样的家庭环境熏陶下,麟麟培养了自己洗手的能力,也养成了主动认真洗手的习惯。

四、如何为幼儿创设安全的家庭心理环境

幼儿家庭心理环境是家庭的精神氛围,是指对3～6岁学龄前儿童的心理成长产生影响的家庭内在环境,是家庭内部形成的一种比较稳定的、对幼儿产生直接或间接影响的情绪和情感氛围。幼儿家庭心理环境也是学前儿童对于家庭内部环境的一种主观感受,通过家庭成员之间的亲子关系、教育观念、教养方式、家庭文化等方式表现出来。

安全的家庭心理环境使幼儿产生积极愉快的情绪,形成活泼开朗、自尊自信、独立自主的个性品质。快乐宽松的家庭气氛下,幼儿的感受普遍能得到家长更多的关注,获得家长平等的对待,其行为往往得到家长更多的表扬和鼓励,他们不需要担心因做错事而受到严厉的惩罚,更容易形成诚实守信行为品质;幼儿在自己努力发现问题、解决问题的过程中,获得满足感和自豪感;他们能按照自己的想法独立做事、自主地决定自己的想法,自尊心和自信心不断增强。安全的家庭心理环境能使幼儿敢于大胆表达自己的想法,使幼儿的好奇心和探索积极性得到最大的保护,他们敢于联想、敢于大胆猜测问题,敢于分享交流,充分体验探究和发现的乐趣。在充满爱心的家庭心理环境下,幼儿更容易换位思考,理解别人的想法和感受,发现他人的优点和长处,以尊重、关心的态度对待自己的父母、长辈和其他人,主动关心和帮助有困难的人。

 **策略探究**

（一）以赏识教育观念对待幼儿

赏识教育的"六大原则"是"尊重、信任、理解、包容、激励、提醒"。家长要学会陪伴孩子,认真倾听孩子说话,倾听他们讲述自己的想法,了解孩子的所知、所感和所想的;要给孩子充分的信任,并通过语言、眼光、手势传达给孩子信任的力量;善于站在孩子的角度上去想问题,换位思考,并经常和孩子交谈沟通思想,交流亲子感情;营造包容和谐的环境,允许孩子有不同的个性,不作盲目的横向比较,为孩子营造适合其发展的环境,给孩子提供多种多样的活动材料,让孩子在日常游戏中寻找到快乐。激励孩子学会发掘和分享,提醒孩子学会批评和分担,帮助孩子扬长避短,获得生命的成长。

（二）帮助孩子建立自我效能感

家长帮助孩子建立自我效能感有利于激发孩子的内在潜力。自我效能感通常是指人对自己完成某个事情的能力强弱的自我判断,这种判断影响到个体的成功感和满足感的获得。家长可以在日常生活中及时对孩子表现较好的行为进行表扬鼓励,如语言、肢体、物质奖励等,给孩子以积极的情绪体验;也可以通过创设让孩子获得成功体验的情景,如通过表演、游戏、益智活动等各种各样的体验类活动来建立孩子的自我效能感;又或者创设容易让孩子体验成功的事件,如帮爸妈收拾房间、分水果等,让孩子获得成功体验。值得注意的是,对孩子在日常生活中提出的疑难问题,如果家长是以积极的态度去应对和解决的话,孩子更容易获得肯定和成功的体验;相反,充满无助感的孩子则很难获得自我效能感。

（三）帮助孩子塑造乐观向上的个性

对于学前儿童而言,良好上的个性特质主要包括乐观、开朗、合群、爱心、真诚、独立、自律、负责等良好性格特点。家庭作为孩子社会化的第一个场所,对其良好个性的形成具有奠基性的作用。家长必须关注孩子良好个性的形成,了解自己孩子个性的优势与不足,然后针对孩子的特点,因材施教,采用不同

的方式帮助孩子成长,根据孩子的特点进行心理上的疏导和行为上的指导,让孩子懂得有关得失成败的道理,并运用于自己的行动,勇敢面对问题和困难。在日常生活中,应尽量安排孩子参与力所能及的家务劳动,如负责浇花、帮忙照顾小动物等,使孩子有归属感,认同自己是家庭的一分子,逐步学会关心他人,形成服务意识和责任感。同时,善于抓住日常生活中常常会出现的一些偶然事件或者突发性事件对孩子进行随机教育,培养和巩固孩子良好个性品质的养成。

(四)营造融洽和谐的家庭亲子关系

家庭氛围作为幼儿生活的精神环境,往往通过暗示和模仿等方式潜移默化中影响幼儿。家长应建立融洽和谐的家庭亲子关系,为孩子提供爱的支持。亲子关系是否和谐,有赖于亲子之间的良好沟通,以及家长对孩子心理需求的关注。家长要善于与孩子沟通,如多观察和关注孩子的日常表现、多倾听孩子的心里话等,与孩子平等相处,理解、信任孩子,成为孩子成长的促进者和引导者。孩子在平等、接纳和支持的亲子关系中,容易与家长建立依恋之情。同时,家长也要关注孩子的心理需求,通过"共情"等方式设身处地地体会孩子在不同年龄阶段、不同环境下的真实感受,真正把握住孩子的心理需求,为孩子提供有利于其成长与发展的空间。

 案例分析

情景案例:

有一次女儿不小心打碎了一个碗,碗里的汤溅了我一身,我不禁大喊一声,女儿看看被惊吓的我,看看被打碎的碗,惊慌失措起来,怯怯地对我说:"妈妈,你打我一下吧!"她的表情与话语告诉我她已经知道错了,我为什么还要再责备她?于是我微笑着对她说:"妈妈原谅你了,下次可要小心哟!"女儿嘴角重又露出了笑容,感激地对我说:"嗯,妈妈,我记住了!"于是又开心地玩了起来。

事后回想她的那句话,我还是颇为吃惊。为什么她让我打她?是不是我平时对她伤害太多了?多少次,我在干家务,女儿无意"添乱",我会不耐烦地呵斥她;多少次,下班回家一身疲惫,女儿找我读书,我头也不抬地拒绝她;又有多少次,女儿磨磨蹭蹭,我会一边责备一边"拎"着她下楼……女儿怕自己做不好惹妈妈生气,更害怕妈妈的责备和惩罚。

打碎了碗可以再买一个,但打碎了孩子的心却无法再挽回;作为父母,多一些宽容与耐心,就能帮助孩子建立强大的内心。

案例分析:

打碎碗的刹那,家长控制了自己的情绪,接纳了孩子"冒失"的行为,还给孩子一份安全感;平静的背后,家长的心却波澜起伏,我们看到了她在内心深处对自己的觉察,与孩子的对话。由于受传统家庭观念的影响,不少家长在特别是在家庭教育中过分重视对孩子进行规范的约束,习惯于从孩子出现的问题入手来进行家庭教育,把家庭教育重点放在对孩子已发生违规行为的批评纠正上,很少思考、预见和预防孩子可能会发生的问题,也不会对已发生的问题从积极的角度进行分析评价,如果家长以成人的思维来分析评价孩子的行为,问题的负面影响容易被放大,容易掩盖了其潜藏的正能量。因此,家长在家庭教育中,应以积极的态度应对孩子行为中出现的问题。比如,家长不能以"是否干净"作为孩子家务劳动的评价标准,而应关注其参与过程;有些孩子有拆烂玩具等违规行为,家长也不能以成人标准判断是非,而应该根据孩子的年龄特点分析隐藏在幼儿"破坏"行为背后的"探索新事物"这个潜在意义,理解他们的消极行为背后可能潜藏着积极的情绪表达,进而从积极角度分析评价和应对孩子的存在问题,促进孩子积极情绪体验和自我效能感的形成。

五、如何教给幼儿简单的自救和求救的方法

教会孩子在日常生活中自我保护、自防自救以应对各种侵害和灾难的必要性,是不言而喻的。近几年来越来越多的危险在威胁着幼儿的安全,如发生在幼儿园的伤人事件、绑架案件,幼儿被转门卡住、掉

进井里、手指卡在门锁里等等,给我们敲响了警钟。幼儿常常不能清楚地预见自己行为的后果,对突发事件不能做出准确的判断。作为家长,不仅有责任保护幼儿的生命安全,避免让幼儿接触不安全的环境,更应该对幼儿进行最基本的安全指导和教育,来逐步提高幼儿预见危险、排除危险的自我保护意识。

然而,不少家庭往往片面追求幼儿智力的发展,忽视幼儿的生存需求,他们对幼儿保护有加、宠爱有加,尤其是隔代长辈溺爱幼儿,事事包办代替,担负起幼儿的安全责任,总是"不厌其烦"地告诉幼儿:"当心"、"太危险"、"不能做"。由于幼儿的安全问题已经被父母长辈完全代办了,造成了幼儿娇气、依赖性强,面对危险勇敢的精神少,缺乏积极主动的交往能力,造成幼儿自我保护能力差。因此,对幼儿进行安全教育势在必行,让幼儿对生活隐患有防范意识,对突如其来的危险有较好的自救和求救行为。

 **策略探究**

(一) 教会幼儿在日常生活中尽可能避免受伤

幼儿在日常生活中受到伤害的事件,严重的事件有跌落、溺水、车祸甚至死亡等;轻度的事件有误食、烫伤、擦伤等。其实,在家长的安全意识越来越强的今天,这些重度伤害事件发生频率并不是很高,反而是那些轻度伤害事件很多。这些事件往往发生在家里,发生在父母的身边。比如,妈妈和其他人打电话聊天的时候,孩子一个人玩耍突然不小心将热水壶翻倒在自己身上。避免孩子受伤的方法不是用严厉的手段阻止孩子做,而是告诉他每件事情都有比较安全的做法,只要我们遵守一定规则,伤害就不会发生。如果孩子预先知道如何面对,那么对孩子的安全就不用花费太多时间考虑了。年龄大一些的孩子,家长可以陪着他去体验一下危险,帮他理解什么是危险,遇到危险该怎么办。如走路的时候你故意撞到孩子,告诉他:假如在幼儿园孩子多的时候,这样的事情也很可能发生,看他会做出什么反应。然后告诉他,我们要做的是礼让,避免拥挤,这样孩子就不会在幼儿园发生不必要的冲撞事件了。幼儿生活中的危险无处不在,没经历过的人就会在遇到危险时手足无措,因此,孩子具备一定理解能力后带着他去冒一点小险是非常有必要的。

知识链接:

儿童常见意外伤害的防治

1. 烫(烧)伤:发生烫伤后应立即脱离热源,对烫伤部位作迅速降温处理。简便的方法是将烫伤部位浸入冷水中,如果烫伤部位外穿有衣裤,应脱去衣裤,衣裤紧小可用剪刀剪开。烫伤发生水泡时不能挑破,以防感染。严重烫(烧)伤可引起休克感染、败血症等,应尽快送医院治疗。

2. 摔(撞)伤:擦皮伤上点红药水或简单包扎即可。鼻出血要用枕头垫高头部,并用冷毛巾敷在头和鼻子周围来帮助止血,再用干净棉花滴几点麻黄碱塞入鼻孔。摔伤骨折、昏迷及严重扭伤,要尽早送医院治疗。

3. 溺水:对溺水儿童的抢救要及时。首先清理口、鼻内的异物,保持呼吸道通畅。然后采取头低脚高位,尽快将胃内的水倒出来,再进行口对口人工呼吸和胸外心脏按压。在积极抢救的同时,应尽快送医院或请医生急救。对于淹溺较轻,有呼吸、心跳,神志清醒者,应注意保暖,并注意卧床休息。

4. 触电:发生触电后要尽快切断电源。如触及电线,可用干燥的木棒、竹竿等将电线挑开。如人倒在电线上,又无法找到电闸,可用干绳子、衣服拧成带子套住触电者将其拉出。救护人要注意自身安全并采取一定的保护措施,如脚下垫干燥的厚木板或站在棉被、厚塑料等绝缘物体上。脱离电源后,如果孩子的呼吸、心跳很弱或刚停止,要进行口对口呼吸,胸外心脏按压。儿童呼吸道较短,胸壁较薄,人工呼吸、心脏按压的效果较好。

5. 中毒：发生中毒后要及时把毒物从胃里清洗出来，特别是那些腐蚀性强的毒物，催吐洗胃越快越好，以免引起胃穿孔。在没有洗胃器时，可用筷子、匙柄或手指头轻轻刺激咽后壁或咽部，促其呕吐。如因食物过于黏稠而不易吐出，可先喝点温水或淡盐水，然后再刺激咽部。催吐后要洗胃，家庭常用的方法是喝清水或洗胃液催吐，洗胃液可用茶水、绿豆汤、面汤、蛋清、豆浆、牛奶、米汤等代用。

上述方法是在无法送医院或在送医院前采用的应急措施。对于误服药品的儿童，首要的是紧急送医院救。

（二）教会幼儿学会察觉周围的危险

家长要教会孩子在紧要关头相信直觉，不仅要告诫孩子留神从接触的人或事中获取不安的感觉，还要注意倾听，鼓励孩子讲出令他感觉不安的人和事，然后耐心地传授应对方法；告诉孩子，对于陌生人问路或请求协助寻找丢失的宠物之类的事要保持警惕，要让孩子知道，任何人甚至是警察或者消防员，在未得到孩子监护人允许的情况下，都不能将他带走；父母常会这样叮嘱孩子不要跟陌生人说话。其实，孩子并不一定懂得什么是陌生人，在他们看来，只有那些面目凶恶的人才像坏人，而事实上，许多想侵犯孩子的人通常都会装出一副和蔼可亲的样子。因此，尽管父母都想培养孩子有教养，但也应让孩子知道，什么时候可以打破常规，比如，有人想威逼孩子做无礼或危险的事时，要勇于说"不"，尤其应特别提醒女孩子，不要单独在外留宿或跟异性到任何地方去。随着网络的普及，孩子接触网络陷阱的可能性也不断增加，因此，告诉孩子注意保守家庭及个人秘密，不要轻易约见在网上结识的人。

（三）教会孩子学会向他人求救

父母与孩子要经常交流，如果孩子对某人不满，不要简单地制止孩子说某人的坏话，而要让孩子畅所欲言，和孩子一起分析。这样，孩子一旦遇到问题才愿意向他所信赖的人吐露实情。当真正遇到问题时，孩子身单力薄是打不败侵犯者的，因此，家长不用教一个小孩子如何用拳脚打败侵犯者，但是孩子却能做许多吸引周围人注意力的事情，比如：大声喊救命以引起周围人的注意和警惕，或者利用周围的障碍物与坏人周旋。家长应让孩子知道，记住父母的通讯方法也是十分必要的，遇到麻烦找警察是最基本的常识，除此还要让孩子知道，公园、商场、电影院等地方的工作人员甚至路人都可以成为救助对象，多一个可求助的人，就多一分生存的希望。

 案例分析

情境案例：

6岁的彪彪骑着电动儿童玩具车和家里人一起出去玩，不料途中彪彪骑的电动儿童玩具车速度太快，来不及刹车的他与一辆汽车"追尾"了。家人把彪彪送到当地医院检查，医院拍了片子后发现彪彪两个手腕处的骨头都骨折了，在当地医院简单处理后，家人将彪彪再送到儿童医院做进一步治疗。

案例分析：

儿童尽量不要单独骑各种玩具车出门，更不能骑儿童电动车和助力车、滑板等代步车。儿童骑各种儿童玩具车时应有家长的陪伴，不能到大街上骑玩。

家长要充分认识到交通安全教育的重要性，利用各种机会让孩子认识和了解各种交通信号标志及交通安全常识，让孩子从小树立起良好的交通安全意识。经常告诫自己的孩子不要在街道上、马路上踢球、溜旱冰、追逐打闹以及学骑自行车等。不要在停车场内玩耍，游戏时尽量远离停靠的车辆，以免其突然启动而造成伤害。

对于骑自行车的儿童,应当提醒其注意遵守交通规则,不要骑车带人,注意靠右侧行驶,不要在机动车道上行驶;不要多人并排骑行,也不要在马路上相互追逐。下雨下雪天,儿童最好不要骑自行车,以免滑倒发生意外。要经常帮助孩子检查自行车的车铃、车刹、反射器是否有故障。若有应及时修理或更新。骑车时,不要扒车、追车,也不要骑着自行车抓住行驶的车辆。否则,一旦车辆急刹车或急转弯时,易发生车祸。可在孩子的自行车上多粘贴几个反光标志,以保障夜间交通安全。

操作技能训练

堂上练习:扫码查看健康领域家园共育活动方案,分析其优缺点并提出修改建议。

4-2

课外拓展任务

1. 素质拓展

扫码学习《0～6岁儿童发育行为评估量表》并谈谈对你开展健康领域家庭教育指导的启示。

2. 活动拓展

设计并组织(模拟)一个亲子体育游戏活动。

4-3

第 五 章

学前儿童语言领域的家庭指导策略

★ 学习目标

素质目标	1. 具备创新精神,树立科学的儿童语言发展观。 2. 遵循教师职业道德要求,树立因材施教的教育观。
知识目标	1. 掌握《指南》中语言领域的两大教育目标及其子目标。 2. 知道《指南》中语言领域各年龄段的典型表现。
能力目标	1. 能根据《指南》中运用领域的两大教育目标开展相应家庭教育指导。 2. 能够指导开展亲子绘本阅读。

⚬ 情境分析导入

讨论分析:

扫码观看视频,谈谈你对培养幼儿倾听能力的看法。

5 - 1

⚬ 知识内容学习

关键经验

1. 能注意听他人讲话,并做出回应。

2. 乐意与他人交谈,能清楚表达自己的需要和想法。

3. 能主动使用礼貌用语,养成文明的语言习惯。

4. 喜欢阅读,并能把听过或看过的图书讲给他人听。

5. 能根据图画信息讲述故事、续编故事、创编故事。

6. 能用图画和符号表现事物或故事。

家长聚焦

1. 幼儿是否有倾听和积极回应他人讲话的习惯。

2. 幼儿能否大胆和自信地表达自己。

3. 幼儿能不能清楚地表达自己的需要和想法。

4. 幼儿是否善于与人交谈。

5. 幼儿是否有文明的语言习惯。

6. 幼儿是否有良好的阅读兴趣。

7. 幼儿是否有良好的阅读习惯。

8. 幼儿是否掌握绘本阅读的方法。

《指南》建议

1. 多给幼儿提供倾听和交谈的机会,引导幼儿学会认真倾听。

2. 为幼儿创造说话的机会并体验语言交往的乐趣,引导幼儿清楚地表达。

3. 注意语言文明,为幼儿做出表率,帮助幼儿养成良好的语言行为习惯。

4. 为幼儿提供良好的阅读环境和条件,激发幼儿的阅读兴趣,培养阅读习惯。

5. 经常和幼儿一起阅读,引导幼儿感受文学作品的美,在阅读中发展幼儿的想象和创造能力。

6. 培养幼儿书写兴趣,在绘画和游戏中做必要的书写准备。

第一节　培养幼儿的倾听与表达能力

一、如何引导幼儿学会认真倾听

倾听是人际交往的基础,也是培养一切良好习惯的基础。在倾听的过程中,孩子可以从他人的言语中学习到一些自己不知道的知识和为人处世的态度与原则。然而,善于"倾听"并不是与生俱来的,而是需要很多时间和途径培养而成的。因此,家长应该注意从小就培养孩子的倾听能力。

 **策略探究**

(一) 家长以身作则,学会倾听孩子

父母是幼儿的第一任教师,在幼儿良好倾听习惯的过程中,家长起着举足轻重的作用。幼儿期是好模仿的时期,家长的倾听习惯无形中会成为幼儿的模仿榜样。

第一,家长要有尊重幼儿的习惯。当孩子向你述说的时候,家长能蹲下来,与孩子平视,关切地看着孩子,让孩子有一种被尊重和被关注的感觉。

第二,要耐心认真地倾听。当孩子说话时,不论他的表达是否清晰、完整,父母都应该耐心、沉着地等待他说完。孩子发表见解或意见时,更要耐心倾听,给孩子提供表达情感的机会。在孩子没有充分把意见表达出来之前,不要随意表态、轻下断语或批评。

第三,要注意倾听孩子话语背后蕴含的意义。当孩子向你询问的时候,家长应多站在孩子的角度来看这个问题,进行换位思考,寻思着孩子真正想跟你表达的想法,可以用"你有什么样的想法呢""你想跟我说的是不是……(将你理解的说出来给他听)"等回答引导孩子说出真正想说的话。

第四,对孩子说的内容进行有效的回答。当孩子跟父母分享事情的时候,他更想得到的是父母的回复和关注。父母在听孩子说话的时候,可以适时地以"哦,这样啊""为什么呢""谢谢你跟我分享,我很开心",或者重复孩子的某些话语等方式来回应孩子,这能让孩子感觉到父母在认真倾听自己说话。

第五,学会倾听孩子的情绪。孩子跟你分享高兴的事情时,家长跟着孩子一起高兴;孩子出现不良情绪时,家长要允许他发泄,学会接纳孩子的不良情绪,给一个拥抱、拍拍背等小小的举动会让孩子觉得温暖与得到支持。

知识链接：

家长的不良倾听行为

1. 家长失聪。家长负责安排幼儿的一切，大多采用命令、惩罚的方式教育孩子，认为没必要听孩子的意见和想法。当孩子未达到父母的要求时，通常采用责备、恐吓、唠叨等方式表达对他们的不满。

2. 片面倾听。片面倾听指的是家长只关注孩子说话的表面意思，未能关注话语背后的含义。如一个五岁大的小孩问妈妈："妈妈，周末有什么安排吗？"一般来说，妈妈会直接告诉孩子自己的安排。事实上，孩子可能是有自己的想法，因怕拒绝等原因，他们有时候不愿意将自己内心的想法直接表达出来，而是委婉含蓄地表达出来。此时，家长就要注意倾听幼儿语言里面包含的真正含义了。

3. 虚假倾听，即心不在焉地听，无反馈的听和否定式的听。饭桌上，爸爸跟爷爷奶奶在聊着天，女儿边吃饭边说："爸爸，今天我在幼儿园吃了很好吃的西瓜。"爸爸继续跟爷爷聊着天，随声附和了一个"嗯"。接着，女儿又说道："爸爸，今天我在幼儿园跟×××玩得很开心。"爸爸仍是随声附和了一个"嗯"。女儿又说了："爸爸，我们今天上了英语课。"爸爸仍是随声附和了一个"嗯"。随后，女儿大叫，想引起爸爸的关注，结果招来爸爸的一顿训斥。这场亲子沟通因为爸爸心不在焉地听而不欢而散。

虚假倾听的另一表现是否定式地听。孩子因为心爱的玩具丢失或损坏，而大哭大闹。此时，大部分家长不是认真去倾听和安慰孩子，而是奚落，"有什么好哭的。丢了就是丢了，坏了就是坏了，下次我们再帮你买一个更好的"。孩子不但没有停止哭闹，反而闹得更凶。否定式的听让孩子的情绪更加恶化。

（二）父母与孩子开展听答训练

听答训练即父母与孩子交流后，有意识地问孩子"刚刚妈妈（爸爸）说了什么""刚刚妈妈（爸爸）问了你什么"等，训练孩子有注意倾听。当然，这种训练不是一蹴而就的，需要家长持续地加以训练，久而久之，让孩子养成倾听他人说话的习惯。

其次，父母还可以以复述故事的方式来加以训练。父母为孩子讲述故事，引导和帮助孩子复述故事。在孩子复述故事的时候，要尊重孩子的个别差异。对能力较强的孩子，可以让他们复述较长的一些句子和故事，对能力较弱的孩子，要有意识地减慢语速，或者加上一些肢体语言帮助幼儿去理解，可以要求他们复述一些简单的句子和简短的故事情节，并适时给予鼓励。

（三）利用游戏训练幼儿的倾听能力

游戏是促进幼儿身心发展的基本活动。为训练幼儿的倾听能力，家长可以经常与幼儿玩以下几个小游戏：

"传声筒"游戏。游戏开始，可以由妈妈说一句话，传给爸爸，再传给孩子，最后，让孩子说一说自己听到的，妈妈也说一说她所说的话。这个游戏非常有趣，游戏的时候需要在耳边低语。该游戏既有利于训练幼儿的倾听能力，又能促进良好亲子关系的建立。

听口令做动作。家长说出口令，例如："摸一摸鼻子"，"向前走"，"去拉住爸爸的手"，"把门关上"，"把窗子旁边的绿色积木拿来"等，幼儿做动作。口令可以随着年龄阶段的增长逐渐变得复杂。

听音、辨音游戏。家长说出相似、相近语音的词，由幼儿来进行分辨。如扮演"上超市买东西"的游戏，家长先给出指令：帮忙去"超市"买一张小旗的卡片，三张小鸡的卡片和一张小溪的图片，让幼儿根据指令去"超市"挑选相应的卡片，从而训练幼儿对"j/q/x"相似字音的分辨。

案例分析

情景案例：

一天，幼儿放学回家，在电梯里突然发现拿在手里把玩的小玩意掉了两个小吊饰。幼儿大哭，妈妈在一旁蹲在幼儿身边，轻轻拍着她的背说："哦，是挺可惜的，漂亮的小吊饰不知在哪掉了。"幼儿哭着回答："可能掉在一楼了。"妈妈说："那我陪你去找找吧。"

然后妈妈陪着幼儿从家门口折回电梯，下到一楼去寻找小吊饰，幼儿一路走一路仔细地找，一直走到停车的地方。幼儿从车窗往车里寻找，妈妈连忙帮忙打开车门，让幼儿进到车里再找找，仍然一无所获。在这个过程中，妈妈没有说话，只是陪着幼儿边走边找，幼儿的情绪慢慢平静了下来，从车里出来反而笑着跟妈妈说："没找到。我们回家吧。"

案例分析：

在日常生活中，家长和幼儿经常会遇到类似情境案例。一般来说，当幼儿的心爱物品不见了或者坏了，他们会出现大哭大闹等较激烈情绪反应。而在家长看来，这是一件没什么大不了的事情，不见了、坏了，重新换一个就好了。当家长持有这样一种看法的时候，往往会以惩罚、威胁、否定的方式打压幼儿的情绪发泄，不良情绪积压太久，势必会直接影响幼儿的身心健康。

该案例中，妈妈选择倾听幼儿的方式，先接纳她的不良情绪，站在孩子的角度体谅她的感受，然后妈妈再做出积极反应，合理地疏导了孩子的消极情绪。妈妈通过肢体语言，如蹲下来，轻轻拍背，和简单的词语"哦，是的……"与孩子共情，让孩子感受到妈妈是了解她的，然后陪着她一起找小吊饰，让孩子感受到妈妈对她的支持。

每个人都需要爱，都需要理解和认可，更何况他是我们的孩子。孩子有了负面情绪，家长要做出积极的倾听，让孩子释放负面情绪，然后再加以引导，找出问题解决的办法。

二、如何帮助幼儿提高语言理解能力

幼儿语言理解能力与幼儿的许多其他方面的能力有密切关系。幼儿语言理解能力与幼儿认知水平、幼儿动手能力、成人交谈有着直接或间接关系。

策略探究

（一）丰富幼儿认知

认知水平的提升很大程度上会促进幼儿语言的获得与发展。从婴儿期开始，家长就可以试着扩充幼儿的认知，如利用图片、绘本、大自然等。对于3～6岁幼儿，家长可以从以下三个方面丰富幼儿的认知。

首先是亲近大自然，训练幼儿的观察环境能力。观察是幼儿感知事物，获取信息，认识世界的主要方法。幼儿语言的产生、发展离不开幼儿对生活周边环境的观察，所学词汇与环境中的对应物联系起来能帮助幼儿更好地理解相应词汇，从而增强其语言理解能力。例如，幼儿学习"花"一词，当他们在环境中观察到真实的花时，将词汇"花"与真实的花联系起来，从而理解"花"一词的内涵。所以，家长可以多带孩子亲近大自然，指导幼儿如何去观察身边的一花一草一木。

其次是多看，多听。看绘本，听故事。家长可以利用幼儿睡前一小段时间，跟幼儿一起阅读绘本，半个小时或者十至十五分钟，长此以往，你会发现幼儿的认知得到大大的扩充。另外，还可以利用接送时间，在车上给幼儿听故事，既训练幼儿听的能力，又提升了幼儿的认知水平。

再次是适当地给幼儿观看一些国内外优秀动画片和优质少儿节目。如迪士尼动画、韩国动画片《小企鹅pororo》等。因幼儿眼睛未发育完全，父母要对幼儿观看电视和电脑的时间加以控制。一般来说，刚开始可以把时间控制在15~20分钟以内,随着年龄的增长,可以稍稍延长一点时间,但每天累计时间最好不要超过一个小时。

(二) 提升幼儿动手能力

因害怕孩子出危险,或者担心弄脏、弄坏东西,不少家长常常会限制幼儿自己动手做一些事情,存在包办代替,这对幼儿的语言理解能力的发展是不利的。幼儿期语言能力的发展有一个特征,即一边自己动手进行各种活动,一边自言自语。这是幼儿语言发展的一个重要阶段,也是训练幼儿语言理解能力的一个有利的方面。家长切不可过多地限制幼儿的动手活动,而是要鼓励、支持他们,让幼儿在动手活动中,不知不觉地自己训练自己的语言能力,如幼儿对动词的理解,抓、拉、拿、扯、踢等,主要就是通过动手操作来帮助理解。

知识链接:

孩子的家务清单

孩子不论年龄大小,都是重要的家庭成员,所以告诉孩子他们在家庭中应该负起的责任是很重要的。孩子们需要知道这个家庭里的有些事是他们可以做的,参与做家务可以帮助孩子们更好地体验自己是家庭中一员的感觉。有家长问:不同年龄的孩子可以做哪些家务劳动? 这张美国孩子的家务清单或许可以借鉴。

9~24个月:可以给孩子一些简单易行的指示,如让宝宝自己把脏的尿布扔到垃圾箱里等。

2~3岁:可以在家长的指使下把垃圾扔进垃圾箱,或当家长请求帮助时帮忙拿取东西;帮妈妈把衣服挂上衣架;使用马桶;刷牙;浇花(父母给孩子适量的水);晚上睡前整理自己的玩具。

3~4岁:更好地使用马桶;洗手;更仔细地刷牙;认真地浇花;收拾自己的玩具;喂宠物;到大门口取回地上的报纸;睡前帮妈妈铺床,如拿枕头、被子等;饭后自己把盘碗放到厨房水池里;帮助妈妈把叠好的干净衣服放回衣柜;把自己的脏衣服放到装脏衣服的篮子里。

4~5岁:自己使用厕所;洗手;更仔细地刷牙;认真地浇花;收拾自己的玩具;喂宠物;到大门口取回地上的报纸;到信箱里取回信件;帮忙擦桌子;自己铺床;准备餐桌(从帮家长拿刀叉开始,慢慢让孩子帮忙摆盘子);饭后把脏的餐具放回厨房;把洗好烘干的衣服叠好放回衣柜;把脏衣服放到装脏衣服的篮子里;自己准备第二天要穿的衣服。

5~6岁:自己准备第二天去幼儿园要用的书包和要穿的鞋;收拾房间。

7~12岁:照顾宠物;做简单的饭;帮忙洗车;吸地擦地;清理洗手间、厕所;扫树叶,扫雪;会用洗衣机和烘干机;把垃圾箱搬到门口街上(有垃圾车来收)。

(三) 多与幼儿进行交谈

任何利器都是通过不断打磨、使用而练成的。语言作为一种工具也不例外。幼儿语言理解能力的发展离不开父母与他们的交谈。研究表明,家长与幼儿谈话的时间越多,内容越广,与幼儿交谈的年龄越早,幼儿语言的发展就越好。通过交谈,幼儿会发觉成人对自己语言的理解,通过这种理解能力的模仿帮助自己理解成人的语言,进而修正自己的语言表达方式。经过长期这样的"交谈—理解—修正—交谈"的方式,幼儿的语言理解能力会逐渐发展,同时表达能力也得到发展。家长可以利用一切与幼儿相处的时间,尽量找话题与幼儿交谈,当然也不能为了交谈,而打扰幼儿当下所专注的事情。一般来说,家长可以利用吃饭、接送、散步、睡前等一些时间,与幼儿开展愉快的交谈。这种交谈不是父母对孩子的训诫,也不是父母对孩子的唠叨,而是父母与孩子之间的一种平等的交流,所以父母与孩子交谈的话题要尽可能切合幼儿的生活经验,选择他们感兴趣的、熟悉的、愿意跟你说的内容。

情景案例:

三岁女孩楚楚,有一次摸着爸爸的脸说:"爸爸,你的脸凹凹凸凸的。"爸爸妈妈都很惊讶,"凹凹凸凸"这个词是通过读绘本学到的,当时并没有跟她具体解释这个词的含义,结果她运用起来还挺恰当的。

案例分析:

从以上案例看出,阅读是有助于增强幼儿对词义的理解力的。据了解,楚楚从一岁开始,妈妈每天坚持陪她读绘本,两岁左右,一本绘本,楚楚会要求妈妈反复读数遍,妈妈也不厌其烦地陪她阅读。父母们,行动起来吧,放下你手中的手机,每天花些时间陪孩子读读书吧。

三、如何培养幼儿表达的意愿与自信

语言表达的意愿与自信即让幼儿有话可说,有话想说,有话敢说,它是幼儿"把话说好"的前提条件。幼儿期是语言发展的重要时期,培养幼儿的语言表达能力应该一直是家长关注的问题。家长除了应关注如何提高幼儿的语言表达能力之外,还应重视激发幼儿的语言表达意愿,因为"愿意开口说话"是"把话说好"的前提条件,如果幼儿由于种种原因不愿意开口说话,这必将影响到他们的语言表达能力的发展。

(一)丰富幼儿的生活经验,让幼儿有话可说

生活经验是语言表达的主要素材。只有当大脑中储存有大量经验素材时,我们才能知晓该说什么,该怎样说,也即有话可说。首先,家长可以带领幼儿积极投身大自然中,如利用周末、寒暑假等假期带领幼儿外出郊游、旅游等。在这个过程中,家长要引导幼儿去观察、去探索,通过与大自然的万事万物的亲密接触,来拓展幼儿的知识经验,增长他们的见识,从而丰富他们的生活经验。其次,家长可以与幼儿进行角色扮演的游戏,让幼儿通过游戏获得不同社会角色的体验。如"超市购物"的游戏、"看医生"的游戏、"餐厅点餐"的游戏、"警察与小偷"的游戏等,在游戏中,幼儿不但对各种社会角色有所体验,还能学到一些语句,丰富他们的生活经验。在游戏中,还须注意的是,家长要积极引导幼儿如何表达某样事物(事情),家长要用规范的语句来表达,去感染幼儿。

(二)了解幼儿兴趣,投其所好,让幼儿有话想说

如果幼儿对他人发起的话题不感兴趣,那么他们可能即使有话也不愿意开口说。为此,家长一方面要了解幼儿感兴趣的话题,投其所好,以他们感兴趣的话题为切入点,激发幼儿表达的意愿。幼儿感兴趣的话题,也即他们最近的关注点,如某个游戏、动画、玩具、故事等。家长可以通过日常观察、与幼儿交谈等方式了解幼儿的兴趣点。另一方面,幼儿的语言大多在游戏中形成和发展,为此家长要为幼儿的游戏提供丰富的材料,且定期进行更换(不是更换新的材料,而是可以将已有的游戏材料进行分类装筐,一次只拿出一筐,隔一段时间再换另一筐,如此循环往复)。丰富的、新颖的游戏材料容易让幼儿产生新的兴趣,让他们有话题可讲,有表达的欲望。

(三)营造宽松氛围,让幼儿有话敢说

一些幼儿比较自信豁达,敢于在集体面前大胆表达自己,而有一些幼儿由于天性使然或其他原因,而截然相反。对于这些因种种原因不敢在集体面前大胆表达的幼儿,父母要根据他们的个性特点和心理需要,创设民主、宽松、自由的语言环境,鼓励与称赞他们的每一次主动表达,让他们从中体验交流的乐趣。同时,父母要多点耐心给予幼儿一些缓冲和思考的时间,切记不能催促,否则只会让幼儿越来越退缩,越来越不敢说。

知识链接：

接受孩子的"话唠"现象

　　父母要接受幼儿学前阶段的多话现象。语言的发达必须经过"听与说"的阶段才能完成,所以大人应为小孩确立正确的说话典范,同时也要当幼儿忠实的听众。尤其是不要抑制幼儿说话的欲望,父母对他们的话要表示关切,请多制造些愉快气氛;而例如"啰唆!""闭嘴!"等禁止小孩说话的态度是最不应该的。如果家中有客人,大人担心他们会影响谈话时,可先告诉他:"等一下再听你说好不好?"让他养成等待的习惯。

　　父母每天抽出三四十分钟耐心地陪孩子就够了,其余的时间妈妈可以一面工作一面应和说:"原来这样呀!"并注意着他的眼睛,让他知道你对他的话是有反应的。这虽然只是非常简单的反应,但已令孩子相当满足了。此外,在母亲为晚餐忙碌时,由父亲陪伴孩子也是个好方法,这时候父亲不妨把外界有趣的见闻告诉幼儿,更能满足小孩的好奇心以增进亲子间的情感。

　　话再多的孩子,在外面就不能像在家里那么健谈了。尤其面对陌生环境时,这种倾向就更加明显,这时候大人也许马上急躁地说:"在家不是讲得很好吗?现在怎么搞的?"这种现象,与其说是孩子本身存在的语言问题,不如说是社会性的问题。只要让他们习惯不同的人和环境,自然就可以慢慢克服这种障碍了。

　　幼儿和同伴的社交生活一旦顺利进行,粗话或令人不能接受的字眼就会经常脱口而出,这时候大人不要太在意;若因社会化禁止他们说粗话而干涉他们的交往,反而等于禁止了他们的生活。当幼儿第一次说粗话时,父母不妨对他说:"这句话不好听,不应该这么说哦!"然后教导他正确的说法;如果以后再听到他说粗话就故意闷不吭声,让他以为这种话无法与大人沟通,自然而然就会改掉了;如果大人因此大惊小怪反而会造成反效果。幼儿是不断在学习新词汇的,只要家人使用正确的语言方法,粗话的新鲜感很容易就消失了,大人不用太在意。

(四) 用游戏的方式锻炼幼儿的表现力

　　家长可以利用表演游戏锻炼幼儿的表现力,增强幼儿表达的自信。首先,让孩子表演给父母看,父母充当观众。孩子表演的节目可以是他喜欢和熟悉的任何题材,如诗歌、唱歌、舞蹈、讲故事、介绍自己等。表演结束,不论孩子表演的质量如何,父母都要加以表扬、鼓励,以赞许的眼光看待孩子。其次,父母可以逐步拓展观众人数,可以用一些洋娃娃、小熊、小狗等玩偶坐在凳子上来代替真人,让孩子假想它们是真正的观众,自己正在舞台上单独表演。表演结束,父母就代表所有的"观众"鼓掌。孩子可以与这些观众握握手,然后谢礼、闭幕,就像在真正的舞台上一样。最后,可以邀请一些小朋友到家里来,让孩子和其他小朋友轮流表演,轮流充当观众。久而久之,就会锻炼出孩子的表现力。

 **案例分析**

情景案例：

　　红红是一个内向、胆小、害羞的孩子,遇到不熟悉的人不愿意开口说话。通过观察发现,她很爱看书,喜欢听大人给她读书。有一次在亲戚家,面对众多的亲戚的问话,她低头不语。妈妈为了缓解她的紧张,示意亲戚拿书跟她套套近乎。那位亲戚拿起一本儿歌书,说:"这本书好漂亮啊,红红能来当小老师,读给我听吗?我以前都没看过呢。"刚开始,红红用怯怯的眼神看着她,接着,那位亲戚微笑着开始读第一首,并故意读错了一句,然后问:"红红,是这样读的吗?"红红马上摇了摇头,随后进行了纠正。见红红开口说话了,那位亲戚马上趁热打铁,随即与她聊了起来。

案例分析：

从案例中我们可以看到，为胆小、缺乏自信的幼儿营造宽松的心理氛围和语言环境，家长要密切联系幼儿的生活经验，并从他们感兴趣的话题入手，是有助于激发幼儿表达意愿的，同时也以增强他们的自信心，让幼儿有话想说，培养他们乐意与人进行语言交往的积极态度，体验到语言交流的成功和快乐。

四、如何帮助幼儿学会清楚地表达

俗话说："会哭的孩子有奶喝。"只有善于清楚表达自己的孩子，才能使别人明白自己的需求，才能和别人很好地交流。幼儿在四岁时已经具备了准确发音的生理条件，能初步掌握语音，达到发音基本准确，为幼儿的表达奠定了生理基础。帮助幼儿学会清楚表达需要时间，家长不能操之过急，因为幼儿语言问题的成因比较复杂，往往不是单纯的语言问题，要改善也是需要一个较长的积累过程的，在这个过程中，家长需要耐心和恒心，更重要的是信心，家长需要给孩子不断的支持与鼓励，给孩子足够的时间，陪着孩子一起成长，一起进步。

 **策略探究**

（一）开展"看图说话"训练，帮助幼儿学会清楚表达

"看图说话"是训练幼儿清楚、连贯、准确表达的有效方式。父母可以根据年龄阶段特征，选择合适的图片，以游戏的方式开展"看图说话"训练。图片的选择要求是健康、积极向上的，色彩鲜明的，符合幼儿年龄要求的。在进行"看图说话"的具体操作中，父母可以先以问答的方式帮助幼儿理解图片的大致内容，然后有意识地帮助幼儿用一句或几句连贯、清晰、完整的话语将图片讲述出来，如"谁在哪里做什么""什么东西是什么样的""因为……所以……"等类似这样的句式要让孩子多练。同时，父母要有足够的耐心等待幼儿把话讲完再发表你的意见，不能待幼儿才说了一个词，你就接着把他所要表达的全部意思都说出来，这让孩子失去了清楚表达锻炼的机会，久而久之，还容易打消幼儿表达的积极性。另外，父母还可以与幼儿一人讲一句，然后连起来编成一个故事，或者鼓励幼儿自己编故事、故事续尾等，让他多开口，想说什么就说什么，学会把内心的想法、感受清晰地表达出来。

（二）帮助幼儿掌握尽可能多的词汇

词汇是语言的建筑材料。要学会清楚地表达，丰富的词汇是必不可少的。一方面，可以利用日常生活中的每个时机随地进行词汇教育，如去公园、动物园等，利用实地观察，直观形象地让幼儿正确掌握相应的词汇；另一方面，通过词汇游戏，如词语接龙，父母先说一个词语，孩子就词语后面那个字组成新的词语，然后父母与幼儿如此循环往复地往下接。游戏的有趣性不仅拉近了亲子距离，又让幼儿在不知不觉中掌握了丰富的词汇。

（三）鼓励幼儿多与不同的人交谈

语言作为一种交流工具，使用频率越高越"锋利"。父母要多给幼儿提供与其他幼儿玩耍、交往的机会，鼓励他们参加各种社会活动。面对新环境，父母要给幼儿适应的时间，鼓励和支持他融入新的环境，鼓励他多与人交流，当他鼓起勇气与陌生人交流时，父母要及时给予表扬与称赞，以消除他表达上的心理顾虑。父母也要多与孩子进行交谈，在交谈的过程中，父母力求发音清晰、用词准确，说完整句，以给幼儿示范。

知识链接：

自我中心言语

学前阶段的孩子往往会自言自语，了解有关孩子心理发展知识的父母都知道，这种自言自语是孩子心理发展过程中的一种正常现象,这种现象又被称为"自我中心言语",是孩子语言发展过程中的一个重要阶段。平时我们用于交流的话被称作外部语言,而不出声地在头脑中用以思考的话则是内部语言。

对于孩子来说,他们已具备了一定的外部语言,但还没有形成内部语言。当他们思考问题时,往往要借助外部动作或语言的帮助。自言自语是孩子从外部语言向内部语言过渡的形式。孩子在游戏时,一边做动作,一边说话,用语言补充行动,用语言指导行动。孩子自言自语时,往往不需要别人回答,当他们想出办法时,还会自言自语地说出。因此,当大人听到孩子自言自语时,大可不必担心,也不要厌烦,更不要阻止孩子的自言自语。随着年龄的增长,孩子的自言自语现象将逐渐消失。

 案例分析

情景案例:

小班幼儿静静,很爱说话,可总是说不清楚,发音不清晰,常为此闹了不少笑话。如"阿姨,我 qi(吃)过饭了。""阿姨,咔(他)扛(抢)我的积木!"有一次,她竟然把幼儿园的黄老师喊成了"黄老吉",闹了个大笑话,弄得大家哭笑不得。

案例分析:

口齿不清容易受到他人的嘲弄,时间长了,容易产生自卑心理,进而紧闭其口,不愿意与人交流,对幼儿身心发展极为不利。3 岁左右的幼儿发音不清晰有其生理原因,他们的发音器官尚未发育成熟和完善,脸部的小肌肉群还不能完全掌握某些音节的发音,特别是对一些容易混淆的语音。为此,父母首先要排除病理因素,如大脑语言区受损、听力受损等;其次父母要为幼儿示范正确的语音。有的孩子口齿不清、语言表达不完整,周围的人及其家人不但没有及时纠正孩子的发音,反而模仿孩子口齿不清的语言和声调来和孩子玩闹、逗乐。这不但未能帮助孩子,反而强化了孩子讲话发音不准确,口齿表达不清的毛病。对于较敏感的孩子,有可能让他更加的自卑,从而不愿意开口说话。

五、如何帮助幼儿养成良好的语言习惯

良好的语言习惯指的是能积极回应他人的讲话,与他人交流时语气适中,不随意打断他人的讲话,能主动使用礼貌用语,能依据具体的情境使用恰当的语言,如别人难过时会用恰当的语言表示安慰等。2~6 岁是幼儿语言表达能力发展的最佳时期,在这期间幼儿语言表达能力发展关系到今后幼儿语言的掌握,但幼儿常存在"发言时喜欢插话,不注意倾听对方讲话,胆小想说不敢说,不敢大胆发言"等不良语言习惯,所以,家长应努力为幼儿创设一个良好环境,耐心教育,积极引导,培养幼儿的语言表达能力,是当前家庭教育的重中之重。

 **策略探究**

(一) 父母要为幼儿做出表率,注意语言文明

父母永远是孩子的表率。为养成幼儿良好的语言行为习惯,父母需要以身作则,在日常生活中注意语言文明。首先,与他人交谈时,眼睛要正视对方,能认真倾听,并适时做出积极的回应。在遇到与自己意见相左的时候,家长能不卑不亢,平心静气地表达自己的观点,而不是一味地以抱怨、愤怒进行质疑。在交谈中,家长要注意不能随意打断他人的讲话,应待他人把话说完,再发表自己的看法,而且要注意使

用礼貌用语,不说脏话、粗话。其次,根据具体的情境调整自己的语音语调。如在公共场所不大声说话;请求帮助时,语音语调要柔和、适中;表达愤怒时,要字正腔圆,掷地有声,合理表达自己的诉求。再次,在与幼儿交谈的时候,要注意根据所处的情境恰当地使用语言。如幼儿在外遇到一些不顺心、伤心难过的事情,回家向父母倾诉的时候,父母应蹲下来,及时给予他安慰,而不是简单地训斥或出主意;当幼儿跟你分享高兴的事情时,父母应表现出愉快、高兴的神情,并用一些积极正向的语言表达你的快乐,如"太好了""太棒了""听到这个事情,我也很快乐,很高兴"等。

(二) 利用文学作品,如诗歌、故事等,培养孩子良好的语言行为习惯

幼儿在文字作品里,学到了礼貌言行,并学会把它运用到日常生活中去,久而久之,形成文明的语言习惯。如诗歌"客人来了"(客人来了叫大家,坐在一起说又笑,宝宝不跑也不闹,不哭不叫有礼貌,客人举起小乖乖,你家有个好宝宝),让孩子知道,客人来了,不哭不闹,不乱跑乱跳,要热情有礼貌地跟客人打招呼。妈妈还可以就此诗歌做角色扮演的游戏,提醒幼儿客人来了,还要给客人倒上一杯茶,说:"阿姨,请喝茶。"客人走时,要送到门口,说:"阿姨再见。"

(三) 父母适时提醒幼儿,帮助养成良好的语言行为习惯

首先,要结合具体情境提醒幼儿一些必要的交流礼节,如需要帮助时,要用"请问……",得到帮助时要说谢谢,不小心撞到他人要说对不起,客人来访时要打招呼等等。其次,要提醒幼儿遵守集体生活的语言规则,如要注意倾听他人的发言,不随意打断他人的讲话,轮流发言等。再次,要提醒幼儿注意公共场所的语言文明,如不哗众取宠,大声喧哗,不讲粗话、脏话等。

情景案例:

孩子们在玩积木搭建房屋的游戏,浩浩想跨过宁宁搭建的房屋去取积木,他二话不说,直接跨了过去,结果碰倒了宁宁搭建的房屋。宁宁大哭:"你弄倒了我的积木。"浩浩理都不理,取好积木,径直跨过宁宁那堆倒塌的积木房屋,走回自己的位置,口里嘟哝着:"自己没搭好,还怪我弄倒了你的积木,真讨厌!"

案例分析:

像浩浩这样的孩子,生活中并不少见。弄坏了他人的玩具或其他东西,不但不懂得道歉,反而还把责任推到对方身上。这些不礼貌的言语也容易成为孩子间争吵、打架的导火索。

幼儿年龄小,没有太多的生活经验,模仿是他们学习的重要途径,成人的身教对他们产生最直接、最具体的影响。一些家长要求孩子有礼貌,可他们对孩子就忘记了孩子和我们是一样平等的人,要求孩子帮忙时,不说"请""谢谢",孩子做得不好时,家长一句:"怎么这么笨啊,这么点小事都做不好。"当着孩子面讲话粗俗,不讲理等这些话语、行为,都被孩子看在眼里,成为他们模仿的对象。所以,要养成幼儿良好的语言文明习惯,父母要从我做起,从我们所说出的一字一句做起。

第二节 帮助孩子做好阅读与书写的准备

一、如何培养幼儿的阅读兴趣

兴趣是一个人力求接触和认识某种事物的意识倾向,是人获得知识技能的前提和基础。一个新生儿的成长历程中,家长们往往最先落实的是语言教育,从支支吾吾到模仿成人语句,幼儿在0~3岁时期是语言发展最为迅速的时期,而3~6岁的学前阶段是幼儿通过语言教育发展阅读能力、培养阅读兴趣的关键期。阅读兴趣对于培养幼儿的注意力、积极思维、语言理解力和感知力有很大的促进作用。

 **策略探究**

（一）亲子共读，用心陪读

在家里，父母应尽可能多地和孩子在一起看书，做孩子的阅读榜样，让孩子知道：父母也是爱看书的。同时，家长还可经常与孩子在一起交流读书的方法和心得，鼓励孩子把书中的故事情节或具体内容复述出来，把自己的看法和观点讲出来，然后大家一起分析、讨论。

首先，要培养幼儿的阅读兴趣，父母陪读是不可少的。作为父母，首先要把孩子的书看一遍并通读一遍，理解故事的进程、高潮，这样才能确保朗读时抑扬顿挫。越是绘声绘色的朗读，孩子们越是提得起兴趣。其次，在阅读时，可以加入一些互动小游戏，增强阅读的趣味性。如可以让幼儿来猜一猜故事的结局，或者用一些假设性问题，如："假如你是故事中的这只小兔，你会怎么办呢？"，让幼儿参与故事的编撰当中，还可以与幼儿一起进行故事角色扮演，一起制作图画书等等，让幼儿觉得阅读是一件快乐的事情，从而逐渐提高他们的阅读兴趣。

知识链接：

亲子阅读的常见误区

误区一：孩子大了，就该让他自己去读书，培养独立能力嘛。

点评：亲子阅读不仅仅是教会孩子阅读，更是陪伴孩子一起分享阅读乐趣的时刻。孩子是非常需要家长的这份陪伴以培养他们对阅读持久的兴趣。

误区二：时间一到，就把孩子拉过来看书，不管他是不是正在专注地玩玩具或是看一个电视节目。阅读是每天必须完成的功课。

点评：粗暴打断孩子的兴趣点，把阅读当作一项任务强压给孩子，势必会增添孩子对阅读的厌恶和反感。

误区三：给孩子念完故事，总是叫他复述这一页讲了什么。最好能把整篇故事都背出来。每天给孩子反复念一首唐诗，直到他背出来为止。

点评：很多家长总是太功利，过分强调孩子的"输出"，却不重视自己的"输入"。其实，只有足够多的输入，才会有让人惊喜的"输出"。就好比写文章，要是没有充足的文学养料，哪能随心所欲地遣词造句呢？

（二）营造宽松、舒适的阅读环境

曾经有人说，在家里，其他东西不可以乱放，但书可以乱放，沙发上、桌椅上、床头等地方都可以随意搁置几本书，让书变得随手可得。同时，在家里，家长可以为幼儿开辟一个专属的"读书小天地"，能自由取放图书，能席地而坐的一个舒适的阅读环境。

另外，父母要尊重幼儿的阅读喜好。早期阅读不是为了识字，也不单纯是为了扩充知识，更多的是一种兴趣和习惯的培养。每个幼儿都会有自己喜欢的阅读材料，如有些幼儿喜欢动物方面的图书，有些幼儿喜欢儿歌类的图书，还有些喜欢那些画面精美的图书等。对此，父母在培养幼儿阅读兴趣的时候，不宜对幼儿过多干涉，更不应按自己的意志强行改变孩子的阅读爱好，也不宜按自己的知识观和阅读习惯为孩子开列必读书目。否则，孩子就容易对阅读产生厌恶和恐惧，从而失去阅读兴趣。

（三）用心为幼儿挑选图书

图书是幼儿阅读发展的重要媒介。在阅读初期，父母要精心为幼儿挑选图书，要根据幼儿年龄特点,选择一些色彩鲜艳、形象生动的书籍,引发幼儿阅读兴趣。一般来说,3～4 岁幼儿可为其选择内容简单,画面大,色彩感强烈的动物、植物或交通工具类的认知型图书,或故事情节简单的画册;4～6 岁幼儿可选择连环画册,以生活故事、童话故事为主,故事情节要完整、健康、有趣。

父母在为幼儿挑选图书时,切忌以成人的眼光去衡量书刊的内容,不要以为"有用的"就是可以给孩子看的,幼儿阅读初始,更为重要的是先吸引孩子的兴趣。

知识链接:

推荐 3～6 岁幼儿阅读的绘本

3～4 岁幼儿读物:

1.《幼儿园的一天》+《我爱幼儿园》,[法] 萨米尔·瑟努斯著;2.《金老爷买钟》[美] 哈群斯编绘;3.《玩具太多了》,[美] 大卫·香农著;4.《想吃苹果的鼠小弟》,[日] 中江嘉男著;5.《我的拉鲁斯小百科:了不起的身体》,拉鲁斯出版社著;6.《好饿的毛毛虫》,[美] 卡尔编绘;7.《大卫不可以》,[美] 大卫·香农著;8.《我不跟你走》,[德] 达柯玛尔·盖斯勒·伊丽莎白崔勒著;9.《我的连衣裙》,[日] 西卷茅子编绘,10.《小蓝和小黄》,[美] 李奥尼著;11.《鳄鱼怕怕牙医怕怕》,[日] 五味太郎著。

4～5 岁幼儿读物:

1.《小巴掌童话》,[中] 张秋生;2.《猜猜我有多爱你》,[爱] 麦克·山姆布雷尼;3.《千万不要去当海盗》,[美] 梅林达·朗著;4.《獾的礼物》,[英] 华莱编绘;5.《我会保护自己》,[韩] 苹果树编辑部著;6.《我的第一套情绪管理——我愿意分享》,[德] 阿贝蒂著;7.《独一无二的你》+《勇敢做自己》,[美] 克兰兹著;8.《我的幸运的一天》,[日] 庆子·凯萨兹;9.《小老鼠和大老虎》,[日] 凯萨兹文图;10.《像狼一样嚎叫》,[日] 庆子.凯萨兹编绘;11.《魔法数学故事屋系列——神奇南瓜屋》,[中] 铁皮人美术著,12.《超级好朋友》,[韩] 崔银圭。

5～6 岁幼儿读物:

1.《不一样的卡梅拉》,[法] 克利斯提昂·约里波瓦;2.《我的第一套大自然绘本—森林里的12 个月》,[奥] 苏珊娜·莉娅;3.《九千九百九十九岁的老奶奶》,[中] 于云;4.《雅诺什绘本王国:桥梁书》,[德] 雅诺什著;5.《小猪唏哩呼噜(上、下)》,[中] 孙幼军著;6.《长大以后做什么》,[日] 寮美千子,秦好史郎绘著;7.《男孩和女孩》,[韩] 朴子京;8.《临危不惧—儿童心理危机之自我应对》,张劲松;9.《天生一对》,[德] 库洛特著;10.《打瞌睡的房子》,[美] 伍德编绘;11.《不不园》,[日] 中川李枝子;12.《老鼠娶新娘》,[中] 张玲玲著;13.《漏》,[中] 改编自民间故事,梁川/绘;14.《一园青菜成了精》,[中] 编自北方童谣,周翔改编;15.《鸭子骑车记》,[美] 大卫·夏农。

 **案例分析**

情景案例:

豆豆上幼儿园前,我已经和孩子开始亲子阅读了。从最先抱着孩子一边念儿歌一边做动作,到听我讲故事,豆豆一直对此饶有兴趣。但最近不知道怎么了,豆豆迷上了"白雪公主",每天晚上都要求讲这个故事。开始,我耐心地讲了一遍又一遍,都不下几十遍了,每晚她还是要讲这个故事。今天,我试图引导她:"我们换个故事听听吧?"豆豆说:"不行。我想听'白雪公主'"。我当没听见,拿过《母鸡萝丝去散步》一书,一边看图画一边说:"一只鸡碰到一只狐狸会发生什么事呢?"结果,女儿一改常态又哭又闹非要讲"白雪公主"不可。我在无可奈何中,又开始讲第 n 遍。

案例分析:

每个孩子或迟或早都会出现重复听一个故事的现象,这只是一个成长的过程,家长不必心烦。孩子总喜欢听一个故事,是因为那个故事还徘徊在孩子的心里。由于孩子的理解力有限和关注点不一样,所以每次听故事时孩子都会找到新意。可能第一次孩子喜欢的是人物,第二次孩子喜欢的情节,第三次可能理解了某个词语或者是概念。"重复"是成人的概念,孩子并未觉得"重复"。"重复"对年幼的孩子来说就是一种复习习惯的萌芽,这种重复并不是孩子记忆力差,而是他想把这个着迷的故事记得很牢变成自己的东西,孩子可以通过重复读以前的书来巩固其记忆力。还有另一种重复现象,也非常值得关注,就是孩子喜欢一个系列的书。因为这些书就好像是从生产线上下来的一样,人物是重复出现的,情节是类似的,只是内容和知识点不同,这样的快餐式的系列书,是孩子在过渡到独立阅读期间很重要的一个环节。为了既满足孩子"重复"的需要,也不让家长觉得无趣,建议家长在一个故事连续讲几天后,后两天故意把故事讲得不完整,让孩子来补充。另外,也可以以此为条件,在给孩子讲完这个故事后,要求和她共读另外一本书,将其兴趣点转移。相信一段时间过后,豆豆对"白雪公主"故事的热情过去了,而当其他故事"重复"再度登场时,家长也不再忧虑了,能胸有成竹地应对自如。

二、如何帮助幼儿养成阅读习惯

良好的阅读习惯有助于促进幼儿观察力、想象力、语言表达能力的发展,更有助于培养幼儿的非智力品质。孩子的阅读习惯不是一朝一夕可以养成的,需要有一个过程,循序渐进。首先,家长要有一颗平常心,不追求功利,让孩子在玩的过程中阅读;其次,要了解孩子,结合孩子的兴趣爱好,对孩子进行正确引导,真正让孩子有阅读的兴趣;第三,就是坚持,最难的也是坚持,一旦坚持下去就会有收获。

 策略探究

(一)制定固定的阅读时间段

父母可以根据自己的时间安排,每周或者每天规定某一时段为"读书时间",如每周两至三个晚上的某一时段,或每天睡前十五至二十分钟,让孩子和家长一起看看书、看看报。在这个时间段,大家只能看书,时间不需要太长,可以控制在半小时以内,如果孩子在时间结束时还想看书可以将时间稍稍延长一些。看书期间,家长不必理会孩子在看什么或做什么,他们有可能翻翻这本、摸摸那本,一会儿读读故事,一会儿做做智力题。家长只需专注地在孩子旁边看书、读报,给孩子示范:如何认真、安静地读书。

一般来说,一个习惯的养成需要 21 日。在家长的坚持下,久而久之,使得读书就像吃饭睡觉一样成为生活中最自然的事情,渐渐地,幼儿的阅读习惯也将慢慢地形成和固化下来。

(二)制定合适的阅读规则

制定适合幼儿的阅读规则,是限制幼儿不良阅读行为的重要手段,也是促使幼儿有目的、有意识地重复好的阅读行为的重要保证。例如:轻轻拿、轻轻放,不在书上乱涂乱画,不随意撕毁书籍,看完书籍要放回原位,看书姿势端正,眼睛离书本要保持一尺的距离等。

(三)教会幼儿正确的阅读方法

正确的阅读方法可以保证幼儿顺利阅读,增强幼儿阅读的自信心,有助于幼儿阅读习惯的养成。父母可以通过示范的方式,向幼儿演示什么是封面、封底,如何一页一页地翻书来阅读,在看书中的图画时,主要看在什么地方,都有谁,发生了什么事情,他们在做什么等。另外,父母还可以利用陪读的时间,让幼儿不断地进行练习与实践,来熟悉正确的阅读方法。如看完一本书后,鼓励幼儿将书的大致意思叙述出来,不论他讲得好与坏,父母都应给予称赞与欣赏。当他讲错了或讲得不够好时,父母也不要像对待学生一样认真地纠正,一味地指点与纠正容易让幼儿厌烦,容易损坏他的阅读兴趣和自信心,从而不利于阅读习惯的养成。

幼儿通过父母的手把手的指导,所获得的正确的阅读方法为幼儿过渡到独立阅读打下基础,尤其是

看图讲述方法的获得和能力的培养,对幼儿阅读自信心的培养有着非常大的促进作用。当然,这些方法与能力不是单一的,需要父母根据自己孩子的特点去摸索和总结,找出最适合自己孩子的阅读方法。

(四) 不定期地带幼儿逛书店

父母经常带幼儿逛书店,可以引发幼儿对书的兴趣。父母要向幼儿介绍书店的功能,书店内书籍的摆放,引导幼儿选择自己喜欢的书籍。不过在孩子年龄小时,他们进去后可能是漫无目的到处乱翻,到头来一本书也没选到。等孩子稍大些时,你会发现孩子进书店后会有目标性,会径直去某个地方找书看。带孩子在逛书店时,父母不要过多干涉,给他们自由的空间,让他们自己去选购书籍。父母带幼儿逛书店、选书、买书的过程使幼儿主动接触、喜欢并选择书籍,并使之成为一种习惯固定下来。

 **案例分析**

情景案例:

鹏鹏,男,4岁。爸爸每天早出晚归,甚至周末都难得在家休息一天,妈妈白天上班,每周有三个晚上需要上电大。妈妈不在家的晚上,鹏鹏要么寄宿在幼儿园,要么待在邻居家。鹏鹏的妈妈总担心鹏鹏读书太少,幼儿园的老师也反映鹏鹏很少去阅读区活动,老师带领全班小朋友讲故事的时候,鹏鹏经常坐不住,在教室走来走去。在语言活动教育课上,鹏鹏能大胆地讲述故事的大概,但缺乏细节,所以不够生动、形象,且不懂得拿书的正确姿势和如何翻书。

案例分析:

幼儿期,孩子的阅读兴趣与阅读习惯与父母有很大关系。在此案例中,鹏鹏的父母未能重视养成孩子的阅读习惯,家中也缺乏和谐的阅读氛围。对此,鹏鹏的父母可以带鹏鹏去逛逛书店,帮助他挑选自己喜欢的书,同时以他感兴趣的书为切入点,每天利用一点时间陪他阅读,另外,父母也要给鹏鹏树立一个模仿的榜样,养成经常读书的习惯。这样坚持一段时间后,相信鹏鹏在阅读兴趣和阅读习惯方面会有很大的改善。

三、如何开展绘本阅读

绘本是亲子阅读的主要媒介。亲子绘本阅读对培养孩子的认知能力、想象力、创造力、观察能力等都有着潜移默化的重要影响。它可以锻炼幼儿的口语能力,丰富幼儿的口语内容;帮助幼儿了解书面语言,为以后的正式阅读做准备;有助于培养亲子间感情,享受阅读乐趣。

 **策略探究**

(一) 父母先熟悉绘本内容

在给孩子正式阅读绘本前,父母们自己先要读几遍绘本,熟悉绘本内容,并想一想可以以哪种方式与孩子一起读,如提问,可以提哪些问题,如何提问既能增强孩子的信心,又能激发他们阅读的欲望;肢体表演,绘本中哪些地方可以运用到哪些肢体动作,增强阅读的有趣性;游戏,绘本中哪些地方可以穿插怎样的游戏;还有儿歌等等,然后选择最适合的方式与孩子一起阅读。如我们都熟知的《狼和七只小羊》,就可以将《小兔乖乖》这首儿歌导入绘本里。

(二) 阅读先从封面开始

一般来说,绘本都是以相应的反映故事内容或主题的图片来做封面。在与孩子阅读伊始,家长可以先与孩子一起看看封面,根据封面的图片来猜一猜书中的大概内容,猜一猜该绘本主要是讲一个怎样的故事。如《母鸡萝丝去散步》,这本书的封面是在农场,一只母鸡开门出来,它在前面走,后面紧跟着一只狐狸。根据这幅图画,父母可以引导幼儿猜一猜故事的主要内容,然后引出图书名称——《母鸡萝丝去散步》。

（三）不要漏过扉页

扉页是封面与正文之间的一页，上面一般都写着书名和作者的名字，以及配有图画。如《五只小猴子商店买衣服》的扉页，猴子妈妈停好车，带着五只小猴子高高兴兴地进了旁边的儿童用品商店，商店里摆满了儿童衣服。这五只淘气的小猴子在商店里又会有怎样的淘气表现，会发生怎样的有趣故事呢？孩子带着这种好奇进入绘本阅读，从而激发他们的阅读兴趣。

（四）精读正文

在给幼儿阅读绘本正文时，家长要用普通话，力求语音清晰、准确，并能根据正文内容，融入自己的体会、感受，运用富有感情色彩的语言进行阅读，让孩子从中去感受和欣赏语言的美和故事的美好。在阅读过程中，家长不要急于提问、说教，这容易让孩子厌烦，久而久之，容易产生对阅读的抵触情绪。虽然每本绘本都含有一定的教育意义，但这种意义可以留给幼儿自己在阅读中细细体味。其实，每位幼儿对绘本的内容都会有自己的认知，父母可以多听听孩子们的见解，然后再加以肯定与指导。

在阅读正文过程中，有些幼儿喜欢根据问题，边思考边阅读，有些幼儿喜欢家长先全篇通读，再做一些思考，因此，父母要了解自己孩子的喜好，再开展阅读。关于阅读中的提问，家长要注意，少提或者不提这样的一些问题，如"你听明白了吗？""你记住了吗？""你会讲这个故事了吗？"等，这会让孩子产生对亲子阅读的厌恶心理，从而非常不利于亲子间的绘本阅读。另外，家长提问也不要太多、太频繁。在阅读中，家长要选择在合适的时候提合适的问题，如故事的高潮、故事的结尾处，可以让幼儿先讲一讲，他认为接下来会发生怎样的事情呢？或者，假如他是故事中的某一角色，他会怎么做呢？等等。如《母鸡萝丝去散步》，狐狸三番五次的都没有抓到母鸡，最后在经过蜂房的时候，狐狸又跳起来，眼看就要抓到母鸡了，这时可以合上书，让幼儿讲一讲，狐狸这次有没有抓到母鸡，如果没有抓到，又会发生怎样的事情呢？

（五）留意封底

一些绘本会把故事的结尾留在封底，还有一些绘本会在封底留下悬念，对于这些绘本，父母在阅读结束前，可以带着幼儿一起看看封底，让孩子充分发挥他们的想象，对故事进行续编，为故事创造出一个不一样的结局。

 **案例分析**

情景案例：

轩轩，5岁。以前，妈妈陪其读书时，总是同一本书要求妈妈阅读数遍。但最近，他看过的很多书都只是翻看一遍，然后丢在一边，不再翻看、阅读。轩轩妈妈很着急，书只读一遍有用吗？不是说要反复读才能吸收吗？

案例分析：

大约在幼儿4岁以前，每个幼儿都会或早或晚地出现重复读同一本书的现象。这种"重复"对于幼儿来说并非无趣，由于他们的理解力有限和关注点不一样，对于每一次的阅读，他们都能从中找到新意，所以轩轩会出现重复读同一本书的现象，其实孩子并不觉得他在重复。

随着轩轩的成长，他也会经历这样一个阶段，他可能更喜欢新鲜、喜欢大量地吸收。对此，父母先不要太着急，可以跟轩轩一起聊聊他看过的书，或者根据故事角色，邀请家人参与进来，进行故事表演，或者还可以运用一些游戏，如画故事、编故事、讲故事等，同样可以达到反复阅读的目的。

另外，还须指出的是，在该案例中开展亲子绘本阅读，父母不应仅以"有用"作为衡量标准，更应尊重幼儿的喜好，根据他阅读的兴趣特点开展绘本阅读，让孩子快乐学习更重要。

四、如何帮助幼儿做好书写的准备

"前书写"是近几年在幼儿教育领域涌现出来的一个新词汇，其意义是指幼儿所进行的非正式的书写活动。我们可以把前书写活动理解为：幼儿用笔或者其他书写替代物,通过感知、涂画、涂写、模拟运用文字或符号等形式,用图形和文字向周围的人传递信息、表达感情及构建前书写经验的游戏和学习活动。它可以是幼儿自发产生、自主进行的游戏活动,也可以是在成人的引导下进行的以游戏为主的学习活动。

幼儿的前书写活动不同于小学写字、写作活动,它是为幼儿将来写字,写作而做的准备工作,主要是有关书法方面的基本动作、方位知觉、字形辨别、书写方式、书写习惯等技能的学习与培养。在幼儿园大班阶段,幼儿园老师会有针对性地开展该技能的学习与培养,父母主要是配合幼儿园老师做好相应的复习与练习工作。

 **策略探究**

(一) 发展幼儿肌肉协调性

肌肉协调性的练习,主要是训练幼儿灵活地控制手指和运用手指惯性,练习拇指、食指与中指配合和手腕动作的协调性。对此,父母可以以专门的游戏与小活动来进行训练,如捏橡皮泥、玩积木、剪纸、撕纸、穿珠子、用绳子打结、画画等,这些活动可以有效地训练幼儿的小肌肉协调性和手眼协调性。另外,父母还要注意发展幼儿的手腕动作,如通过一些户外器械、打羽毛球、练习用筷子吃饭等,为幼儿书写做好动作上的准备。

(二) 养成良好的书写习惯

父母要配合幼儿园老师,帮助幼儿养成书写的良好习惯,主要包括正确的执笔姿势和标准坐姿。正确的执笔姿势是:大拇指和食指夹住笔杆,其余三指托住,笔杆向后稍斜,靠在虎口处。标准坐姿是:"一直一正二平",即身体直,头正,肩平,腿平。上身坐正,两肩齐平;头正,稍向前倾;背直,胸挺起,胸口离桌沿一拳左右;两脚平放在地上与肩同宽;左右两臂平放在桌面上,左手按纸,右手执笔。眼睛与纸面的距离应保持在一尺左右。另外,还要做到"三个一":眼离书本一尺;胸离桌子一拳;手离笔尖一寸。

对此,父母一方面可以通过示范指导,另一方面可以利用一些挂图让幼儿进行模仿,同时可以通过自编一些容易让幼儿接受、朗朗上口的儿歌,督促幼儿养成良好的书写习惯。在此期间,父母切忌急于求成,一味说教或打骂,这容易让幼儿产生逆反心理,觉得书写是一件很困难的事情,为以后的正式书写活动埋下祸患。

(三) 在绘画与游戏中帮助幼儿练习基本笔画

帮助幼儿练习基本笔画,主要是帮助幼儿学习由上至下、由左至右的运笔技能。父母可以利用把虚线画出的图形轮廓连成实线的游戏,练习他们运笔的手部控制能力;还可以利用连线游戏,先进行点与点之间的连接,准备好画有许多小点的纸,请幼儿将这些点连接起来。初期可随意连接,注意线条的流畅,而后按顺序连接,逐步渗透一些书写规则。另外,父母也可有目的地开展一些"描画游戏""复印汉字""开汽车""拼字""砂纸描画"等游戏,让幼儿在有趣的描描写写的游戏中,既丰富了相关的书写知识,又进一步提高了注意力及手眼协调能力。

幼儿书写技能锻炼和习惯的培养是一个循序渐进的过程,父母要注意经常督促幼儿练习,一次练习的时间视幼儿的具体情况而定。练习过程中,父母要多给予肯定与鼓励。

 **案例分析**

情景案例:

孩子上了幼儿园大班的妈妈们最近在谈论一个话题:小孩5岁上幼儿园大班以后,老师经常会布置写字、描红的作业,从阿拉伯数字、英文字母到汉字都有。在妈妈们看来,孩子练习的都是一些基础的字,根本没难度,可小孩写出来的字不是歪七扭八,就是大小不一,笔顺错误甚至写反字的情况也常常出现。"你能不能好好写字啊？"家长在旁边看着干着急，小朋友却一点不在乎。要是严厉地说几句，反倒会惹来孩子一顿哭闹，最后干脆就不写了。遇到这种情况，妈妈们就很头疼，孩子的书写学习该怎么引导呢？

案例分析：

关于孩子写字方面存在的问题，很多人都有不一致的看法，现在不少专家也普遍认为孩子不宜过早写字，准备充分了再学不迟。他们认为，过早握笔写字超越孩子身心承受能力，会使幼儿感到紧张与吃力，孩子的小肌肉群的发育不够完善，对自己动作的控制与调节能力还比较差，笔画自然就歪歪斜斜、字不成形。而且，家长在家训练孩子写字不一定专业，反而会养成一些不良习惯，等入学后再让小学老师来纠正，则事倍功半。另外，如果孩子对写字没兴趣，逼迫容易导致厌学情绪，孩子不明白文字的功能和用处，也就不能理解为什么要反复练习写字、为什么要写得那么标准，如果一味逼迫小孩长时间地书写，不仅会使他们感到紧张与疲劳，还会使孩子产生厌恶心理和抗拒情绪，对其身心发展和今后的学习都极为不利。

家长要求5岁的孩子会写字，并且写漂亮的字，就是希望提前为孩子做好上小学的准备，不要让孩子输在起跑线上。家长这种心情值得理解，但其做法也有不足之处，其实，幼儿园大班时期（5～6岁）正是幼小衔接的关键期，但凡正规、专业的幼儿园都会在这一时期用适合孩子的学习形式和学习方法帮助孩子做好充分的入学准备，如培养学习兴趣（保持旺盛的学习精力与求知欲、积极的学习态度、稳定的专注力与耐心、良好的阅读与书写兴趣等）和良好的学习习惯与能力（自我管理、制订计划、守时、合理分配时间、坚持、合作等等）。这些准备比单纯的学习写字技能更重要，而衔接得好的孩子对学习会充满旺盛的求知欲望，衔接得不好则怕学，甚至厌学，对学习极为抵触，严重影响终身学习。

五、如何帮助幼儿进行故事创编

故事是幼儿十分喜爱的文学体裁，其中生动的人物形象、精彩的情节与对话等都深深地吸引着幼儿。在故事的海洋中，幼儿不仅能吸收知识、丰富情感，还能发展语言和思维能力。以往家长习惯给孩子讲故事，幼儿成为了被动的接受者，禁锢了其各方面能力的发展。

故事创编对幼儿的思维能力、想象力、创造力的发展具有很大的作用。父母在给幼儿讲故事时，可以让幼儿凭借故事提供的线索，大胆表达自己的理解，展开想象的翅膀，打开思维的通道，激发他们创编故事的能力。

 **策略探究**

（一）利用提问，启发引导幼儿进行故事创编

在幼儿进行故事创编初期，父母的提问是引发幼儿创造的关键性因素。一般来说，一个完整的故事主要由人物、地点、故事的开始、经过、高潮、结尾等要素构成。根据该构成要素，父母可以提以下问题，帮助幼儿进行故事创编。故事中主要有哪些人或动物？故事发生在哪里呢？他们在做什么呢？他们的表情分别是怎样的？他们说了些什么呢？然后，父母根据幼儿所说的进行记录与整理，从而形成一个故事。另外，父母还可以引导幼儿将他自己所编的故事画出来，一起制作一本图画书，作为亲子阅读材料，这将大大有利于增强幼儿创编故事的信心。

（二）根据年龄特点，有针对性地进行引导

帮助幼儿进行故事创编，要依循由易到难，循序渐进的原则。根据幼儿的年龄特点，对小班幼儿，父母可以只让他们创编故事的结局，如《小熊，醒来吧》的故事，一个一个的小动物来叫小熊起床，都没能叫醒小熊，怎么办呢？父母可以把这个结局让幼儿来进行创编；对中班幼儿，父母可以让他们编故事的高潮和结局，故事讲到一半，让幼儿对接下来发生的故事进行创编；对大班幼儿，父母可以给幼儿提供一些图片、材料，让他们根据图片、材料创编整个故事。

（三）为幼儿提供丰富的道具材料

丰富的道具、各类材料对幼儿进行故事创编有着很大的辅助作用。不过，为幼儿准备道具和材料的时候，要根据幼儿的年龄认知特点进行选择。对小班幼儿，父母可以为他们提供一些形象比较逼真的模型材料，如动物模型，可以让他们自己对模型进行摆放，父母为他们设计一些场景，从而形成一个故事。到了中大班，父母可以利用一些较抽象的材料，充分发挥他们的想象力进行故事创编。随着练习的深入，慢慢地，幼儿将不再需要成人为其提供道具和材料就能进行故事创编了。

除以上各项策略外，父母在帮助幼儿进行故事创编的过程中，还要注意不断为幼儿进行阅读，丰富他们的认知经验；另外，要注意保护幼儿的想象力和创造力，有人说："孩子的创造力不是培养出来的，而是保护下来的。"不论孩子的故事创编得如何，父母都要给予一定的具体的鼓励和肯定，给予他支持和掌声。

操作技能训练

堂上练习：扫码查看亲子绘本阅读视频，分析其优缺点并提出建议。

5 - 2

课外拓展任务

1. 素质拓展

扫码学习绘本阅读总结材料，谈谈对你指导亲子绘本阅读的启示。

2. 活动拓展

选择 1 本绘本故事并模拟指导幼儿阅读。

5 - 3

第 六 章

学前儿童社会领域的家庭指导策略

学习目标

素质目标	1. 践行社会主义核心价值观,树立幼儿教育的全面发展观。 2. 增强立德树人意识,具有积极的的情感和健康的心态。
知识目标	1. 掌握《指南》中社会领域的两大教育目标及其子目标。 2. 知道《指南》中社会领域各年龄段的典型表现。
能力目标	1. 能根据《指南》中社会领域的两大教育目标,开展相应家庭教育指导。 2. 能够设计一份亲子社会活动计划。

情境分析导入

讨论分析:

扫码观看视频,谈谈幼儿不愿与其他小朋友交往的原因? 家长应该怎样引导?

6－1

知识内容学习

关键经验

1. 喜欢和小朋友一起游戏,有经常一起玩的小伙伴。

2. 自己的事情愿意自己做。

3. 知道自己的优点和缺点。

4. 能够关心同伴和父母。

5. 会用礼貌的方式向长辈表达自己的要求和想法。

6. 能注意到别人的情绪,并有关心、体贴的表现。

家长聚焦

1. 幼儿是否具备与同伴交往的能力。

2. 幼儿是否具备与家人亲密相处的能力。

3. 幼儿是否有适合成长的家庭交往环境。

4. 幼儿是否有适合成长的社区环境。

5. 幼儿能否自信地与人交往。

6. 幼儿能否融入群体生活。

7. 幼儿能否遵守规则。

8. 幼儿是否具有抗挫折的能力。

9. 幼儿是否过度依赖他人。

《指南》建议

1. 主动亲近和关心幼儿,经常和幼儿一起游戏或活动,建立亲密的亲子关系。

2. 创造交往的机会,让幼儿体会交往的乐趣,指导幼儿学习交往的基本规则和技能。

3. 引导幼儿换位思考,学习理解别人,引导他多发现同伴的优点、长处。

4. 关注幼儿的感受,鼓励幼儿自主决定,保护和增强其自尊心和自信心。

5. 以身作则,引导幼儿尊重、关心长辈和身边的人,尊重他人劳动及成果。

6. 引导幼儿学习用平等、接纳和尊重的态度对待差异。

7. 鼓励并经常和幼儿一起参加集体活动,让幼儿体会集体生活的乐趣,萌发集体意识。

8. 遵守社会行为规则,为幼儿树立良好的榜样,帮助幼儿了解基本行为规则或其他游戏规则。

9. 教育幼儿要诚实守信。

10. 运用幼儿喜闻乐见和能够理解的方式激发幼儿爱家乡、爱祖国的情感。

第一节 培养幼儿良好的人际交往能力

一个人从一出生就离不开交往,没有交往就没有发展,如亲子交往、同伴交往、师生交往等,个体永远都是生活在某个群体中的,如家庭、学校、单位等,人都必须和这个群体发生某种关系,进行互动,我们把这称之为人际交往。人际交往是人的社会性技能的重要组成部分,是人实现社会化的必要途径。幼儿的人际交往是幼儿与周围人相互交流信息、交流情感的过程,是一种生存需要,更是一种生存和发展的技能。当幼儿来到这个世界的时候,他就开始了交往,通过与他人的交往,学会认识自己,了解他人,满足情感,健康生活。然而,现实生活中总有一部分幼儿表现出离群索居、自我中心、不合群、胆怯、不敢与人交往、独占一切等不良行为特点,这些行为又会导致幼儿如适应性较差、不能很好地与同伴相处、合作能力弱等,而这些社会化技能和适应性是幼儿们将来适应社会、适应周围环境所必须具有的。

研究表明,幼儿的社会交往能力是随着年龄的增长而提高的,在此过程中,小班到中班是增长的加速期,中班到大班增长缓慢。总体规律是幼儿交往能力都是随着年龄的增长逐步提高的。这主要是因为幼儿在社会环境和教育的影响下,随着交往经验的增多和心理发展水平的逐渐提高,不断地实现去自我中心化,社会认知能力也不断提高,使得交往能力有了较大的发展。研究表明,4～5岁的幼儿已具备初步的观察能力,能够注意和体会他人的情感需要,具备一定的自我控制意识和能力,能采用比较正确和适宜的方式与他人交往。

不少研究者认为,幼儿交往能力的发展存在关键期。尤其作为家长往往忽略了这个问题,认为孩子到了幼儿园自然就学会,其实家园合作做好幼儿交往能力关键期的教育,可以事半功倍。

一、如何指导幼儿与父母、老师及同伴进行交往

学会和不同的对象进行交往是交往的首要条件。幼儿的交往对象随着年龄的增长而有所变化。家庭是幼儿第一个生存环境与发展环境,家庭生活的所有方面都影响着幼儿及其后一生的成长和发展,而

随着幼儿的成长,他们就慢慢加入了家庭之外的同伴、教师、幼儿园、邻里、社区等社会群体和机构环境,并与这些环境中的人、事、物发生直接的互动。他们最主要、最经常的接触者就是家长、教师和同伴,这些人对幼儿的心理发展起着重大的影响,是幼儿生活和发展的"重要他人"。幼儿与他们的交往最频繁,他们对幼儿的成长和发展影响最直接,而且持续时间最长。所以,就这些来看,对幼儿发展起着最直接重要影响的是由幼儿与家长、教师、同伴的交往所构成的亲子交往、师生交往和同伴交往三个系统,是幼儿交往能力提高的三个重要组成部分。

 **策略探究**

(一) 父母在与孩子的交往中要树立榜样

喜欢模仿是幼儿的心理特点,也是他们获得生活技能的一种重要的学习方式。在生活中,家长是孩子进行模仿的主要对象,家长的言行举止、待人接物的方式及态度都直接或间接地影响着孩子。孩子最初接触到的就是家庭关系,特别是母子关系是人类第一个人际关系,以后的人际关系都是这样模式的推广,父母与孩子的交往会呈现出各自不同的特点,孩子必然也就从父母身上学到了不同的人际交往方式。如果家长个性开朗、喜欢交往、与他人友好相处,孩子耳濡目染、潜移默化,就会自然而然地去模仿家长的交往行为,父母作为孩子的第一任老师作用重要。相反,如果家长个性孤僻、生活闭塞,与别人很少交流,孩子也就很容易去模仿这样的待人方式。因此,家长要注意自己的言行,要以身作则,为孩子树立一个良好的榜样。

(二) 培养孩子摆脱自我中心

自我中心是个体做什么事情只考虑自己,不顾他人的一种天生的心理表现,行为上表现自私、独霸、骄纵,不合作,不分享等状态,而同伴的交往恰恰又需要个体的合作、共享、互助等亲社会行为,家长要积极创设条件,培养孩子的亲社会行为。比如,和孩子搭积木或玩游戏,一起商量,分工合作;遇到矛盾时,大家协商解决问题;当玩具或游戏材料不够用时,相互谦让、轮流或共同使用;有时候家长要假装遇到一些困难,一人无法解决时,就主动找孩子协商,使幼儿在协商的过程中学会了谦让、谅解。

(三) 培养孩子的服务意识

在日常生活中,随机教育促进孩子参与劳动,可以增强孩子的服务意识,融入群体。这种机会,在生活中随处可见。孩子的参与,使生活充满了乐趣,更重要的是使孩子得到了劳动的锻炼。家长有意识地在引导孩子参与、动手,要爱劳动,促使孩子主动地、乐意地、愉快地接受劳动,养成愿意服务的习惯,在日常的生活中,幼儿也会很愉快地接受,主动地去做这样或那样的事情,为别人服务,这样的孩子在群体里是很受欢迎的。比如,家长可以有言在先:自己走,不许抱。妈妈买的东西多,要会帮助妈妈提东西等等。

(四) 培养孩子的移情能力

移情是一种既能分享他人情感,对他人的处境感同身受,又能客观理解、分析他人情感的能力,是儿童亲社会行为产生、形成、发展的重要驱动力。幼儿已具备了初步的移情能力,也是培养移情的关键期。家庭是孩子最重要的生活环境,父母是孩子的第一任教师。家庭生活对培养幼儿的移情能力有着不可替代的作用。父母要注意与孩子进行积极的亲子交流,以亲切、友好的态度与幼儿交谈。同时,还可借助媒介的力量,引导幼儿尝试体会他人的情感,表达自己的想法。例如,当电视节目中有相关情景、街上或社区中有需要关爱的人群、动画片中有相关的剧情时,家长可以应时应景地与孩子交流,以帮助他们理解他人的情感,形成移情意识和能力。

知识链接：

美国家长与孩子相处的黄金法则

美国父母非常尊重孩子，他们把孩子看作是一个独立的个体，许多事情最终要让孩子自己做出决定，这是美国父母与孩子建立良好关系的核心，也让他们成为孩子心目中最受尊重的人，让我们一起来看看美国父母和孩子相处的25条黄金法则：

1. 倾听他们怎么说，而且须用心地倾听。
2. 花时间学会真正理解他们的一言一行、一举一动。
3. 就像我们当父母的一样，孩子当然也不是完美的，故不妨接纳他们本来的样子吧！
4. 常和他们一起度过有意义的时光。
5. 别将孩子跟他们的兄弟姐妹刻意地作"横向比较"。
6. 与其对孩子常作否定，还不如找到一些表示肯定的话说。
7. 不忘表扬——告诉他们你为他们而感到自豪。
8. 礼貌对待他们的朋友。
9. 可以跟他们说说你心中的烦恼，这样他们就会明白：遇到麻烦的并非只有他们孩子。
10. 热心参加他们幼儿园组织的活动，如运动会、表演会、手工作品展览会、家长会等。
11. 有些事完全可征求他们的意见或看法。
12. 对他们拥有的物品同样应予以尊重。
13. 不妨经常和他们一起哈哈大笑。
14. 努力发现你和孩子共同喜欢做的事，并参与其中。
15. 对幼儿园布置给孩子的工作同样热心。
16. 耐心地观察并发现他们的兴趣所在。
17. 尽量多地和他们一起进餐，或一起做饭。
18. 有时可对他们说，你认为他们很有两下子。
19. 让他们知道，你随时随地乐于做他们的帮手和后盾。
20. 作解释时务必耐心。
21. 让孩子学会如何应对突发的意外事件。
22. 为了能随时照顾孩子，你也须照顾好自己。
23. 向他们说，你很高兴是他们的家长。
24. 见到孩子时不忘露出微笑。
25. 每天都可以跟他们说你真诚地爱着他们。

案例分析

情景案例：

朵朵自出生起，就一直生活在三口之家，由保姆照顾着。由于工作繁忙的原因，父母根本没有时间带幼儿外出参加各种活动，就连到小区散步也很少，而家中更是鲜少有亲朋来访，加上所请保姆也是性格比较内向之人，所以朵朵的生活里除了父母、保姆，基本没有接触他人的机会。上幼儿园没几天，老师就向父母反映，朵朵很胆小，根本不敢和其他小朋友一起玩，还经常哭。

案例分析：

环境是孩子学会社会技能的第一条有效途径，如果家长能在幼儿社会交际处于萌芽阶段时，不失时机地提供各种各样的社会生活和人际交往体验,就可以预防幼儿出现社交性退缩。倘若幼儿对社交已有了畏惧情绪,家长要鼓励幼儿勇敢地走出去,与同伴交往,而不能迁就幼儿,把幼儿禁锢在家里。对于可能存在"社交恐惧症"儿童的心理治疗,家庭和幼教机构将承担十分重要的角色。首先,要为幼儿打造良好家庭交往氛围,平时多和孩子沟通,交流情感,让幼儿逐步学会交往技能,增强自信、乐观的性格。其次,鼓励幼儿多交朋友、多参加各种竞赛,并适时地给幼儿以表扬和奖励,有利于他们保持良好行为,激发他们的社交信心和兴趣,克服"社交敏感"。最后,是家长可以和幼儿园合作,对孩子每天在园情况及时了解,让老师协助孩子提供交往条件,尽快让孩子学会交往,融入群体。

二、如何引导幼儿减少交往冲突

孩子之间的冲突和矛盾是他们在自己的小社会群体中学习与人交往、学习如何做人的一种重要方式。孩子之间的冲突通常发生在一块儿玩耍或游戏过程中。因为学龄前儿童的思维发展水平还处于自我中心阶段,这时孩子只能站在自己的立场上考虑问题,也不能认同和接纳他人的意见。这样,在孩子相互交往过程中,难免发现误解,产生矛盾,发生争吵甚至打斗。一般说来,孩子的"争吵打斗"观念与成人的"争吵打斗"观念有很大的不同。孩子的日常"争吵打斗"仅仅是一种游戏或嬉闹行为,而成人则把孩子的这种行为上升为道德行为。实际上,孩子的争吵打斗的特点是吵完打完就没事了,很快又会高兴地在一块儿玩耍起来。通常家长在日常生活中看到幼儿之间发生冲突时可以先观察,不动声色地观察幼儿的行为,不急于介入和干预,试着让幼儿自己去处理,如果幼儿自己解决了问题,你可以询问一下他们是如何协商解决的,然后对他们的方法进行表扬。幼儿年龄越小,处理冲突的方式较单一,模仿同伴是他们学习处理冲突、提高自身能力的重要途径。

 **策略探究**

(一)教幼儿要礼貌交往

孩子们的礼仪教育就需要从小学习,才能为未来成长奠定一个良好的基础,不论待人接物也好,或者为人处世也好,都将是至关重要的。幼儿在与人交往时学会一些常用的礼貌礼仪可以更好地促进交往。幼儿往往缺乏交际经验,面对陌生人,不知说些什么、做些什么,时间久了,就不愿或不敢与陌生人交往,或者在人群中只能保持沉默,躲在人群后。遇到这些情况时,家长要及时发现孩子出现的问题,寻找机会传授孩子交际方法。学会简单的礼貌用语:向对方问好,欢迎其他人到家中做客,经常向帮助自己的人说"谢谢",遇到问题要礼貌请求等,当有陌生的小朋友时,还可以和他握握手,谈谈听过的故事、玩过的玩具、喜欢的卡通,从而使孩子由被动变为主动,逐渐乐于与人交往。

知识链接:

父母对孩子六方面的影响

1. 道德。树立尊重他人、诚实守信、勤俭节约等优良品质可以影响孩子并让其受益一生。
2. 人格。正派上进的父母会以自己鲜明的立场和态度对孩子产生巨大影响。
3. 态度。乐观自信的父母能把积极的态度传染给孩子,让他们在遇到困难和挫折时永远积极向前。
4. 爱好。爱读书、有强烈求知欲的父母同时也善于思考,有创新精神,乐于尝试和钻研新鲜事物。
5. 梦想。有可以为之奋斗终身的目标,追逐目标的过程也能让孩子找到自己人生的意义。
6. 意志。坚持就是胜利,坚毅执著不放弃,不是天生的气质,而是通过后天的锻炼培养得来。

（二）教幼儿学会分享合作

分享合作行为是一种亲社会行为,是孩子个体亲近群体、融入集体的表现,是社会行为的一个重要方面。分享是和他人在情感与物质上的共享,是一种亲社会行为,具有它的性质和目的。学会分享合作的孩子能够交到更多的朋友,在集体中更受欢迎,为日后建立良好的人际关系奠定基础,家长应以教育引导为主,为孩子树立分享合作的榜样,在日常生活中家长要经常有意识地教育引导幼儿学会分享合作,让幼儿知道分享合作可以给自己带来快乐也可给别人带来快乐。如家长说拿了好吃的东西先分给家中其他的成员,有什么快乐的事情说出来和家人一起分享;家长也要及时鼓励幼儿的分享行为,当他们有了分享行为时,马上给予表扬和奖励,或竖起大拇指或用手轻轻抚拍其肩、头等方式,使幼儿因得到成人的肯定而带来快乐和满足,从而在今后更愿发生类似的行为。同时,家长还要创造分享合作的机会,要多带孩子出去玩,或者邀请别的孩子来家里玩,为孩子创造与其他小朋友相处的机会。

（三）让幼儿学会明辨是非

细心的家长会发现,孩子在解决和同伴的冲突时,会说出许多似是而非的道理。孩子虽然年龄较小,但都有一定的道德标准。他们之所以发生冲突,主要是因为都认为自己有理。这说明了他们有了"自我"和"任性",它却是幼儿内心世界的真实表现。这时需要成人来引导孩子明辨是非,让孩子清楚什么是对与错,是与非,美和丑等价值观,才会使儿童逐渐了解自我与他人的区别,学会尊重和理解他人,学会调节自己的言行,以获得适应伙伴群体的行为规范,使自己从"自我中心"状态中解脱出来,成为能与他人和睦相处的人。

（四）通过倾听和引导解决幼儿冲突

当幼儿无法自主解决矛盾冲突时,家长可以适时介入。作为一位"倾听者"了解冲突双方的想法,帮助幼儿释放不良情绪,与幼儿一起用积极的态度寻找解决冲突的方法。家长不仅要倾听当事人双方的叙述和理由,也要听听旁观者的说法,以便全面了解他们发生冲突的过程以及双方自主处理失败的原因。家长还要通过倾听疏导幼儿的不良情绪。幼儿在叙述的过程中,再现了冲突发生的全过程,把同伴冲突带来的不良情绪宣泄出来,释放出来,从而消除哭闹、扭打、退缩、冷战等消极做法,以积极的态度去面对冲突并尝试解决。

通过"观察"和"倾听",幼儿之间的冲突是如何发生的,他们又是如何处理的,家长基本上已经心中有数。这时家长要做一个引导者,帮助幼儿正确对待冲突,引导幼儿去思考和解决矛盾,掌握解决冲突的策略。一是角色互换法。先让幼儿说说他们各自的理由,再让幼儿互换角色想一想,如果你是对方,你觉得这样做对吗?从中引导幼儿理解对方,懂得与同伴交往不能只顾及自己的利益和需要,也要体察别人的态度和情感。二是比较法。让幼儿把自己的行为同某一行为准则或其他小朋友的表现进行比较,让幼儿自己判断自己的言行是对还是错,找出解决的方法。三是规则决定法。一些简单的,是非难辨的冲突,如两名幼儿同时看上一个玩具,引发玩具大战。这时,可以引导幼儿用一些他们集体认同的规则来解决,如剪刀石头布、轮流、主动放弃利益补偿等等,小年龄的幼儿,无法准确表达自己的想法,这样的方法往往更能让他们信服。如果孩子之间发生了争吵打斗,最好的办法是让他们自己去解决。如果吵打得不可开交,只要不出现危险或伤害,家长就不要单纯去阻止,而要先让孩子平心静气地安定下来,再让他们各自讲出自己的理由,引导自己的孩子设身处地去理解对方的理由,最终达成相互谅解。

 **案例分析**

情景案例:

小区的秋千园已经挤满了小朋友,牛牛这时冲过来对正在玩秋千的然然大声说:"你下来给我玩。"然然也不客气:"不行,我刚来。"牛牛还是继续大声说:"快下来给我玩。"因为然然的家长在不远处,然然还是不愿意让,这时牛牛也意识到强硬的不行,于是缓和了语气:"那我也想玩。"牛牛拿起手中的玩具说:"我和你交换下,你玩我的玩具,我玩你的秋千好吧?""那好吧!"然然心满意足地走下秋千去玩玩具了。

案例分析:

从这个案例中我们发现孩子有分享和谦让的意识,并逐渐懂得如何用自己的理由去说服对方,尝试制定游戏规则,这样既考虑别人又考虑自己。家长遇到类似的情况,通常不需要急于去干预,而是等待幼儿自己解决,如果解决不了,家长可以适当引导干预。如果幼儿的行为是适当的,我们还需要给予肯定和鼓励。这样孩子的良好行为可以得到强化和持续。

三、如何让幼儿在交往中更自信

自信,是人生最宝贵的财富。美国的心理学家曾对150名很有成就的人的性格进行过研究,发现他们都具有三种优秀的品质:一是性格上具有坚韧性;二是善于为实现自己的目标不断进行成果的积累;三是很自信,不自卑。自信的人永远会积极向上,敢于接受新的挑战,一个没有自信的人,无论他有多大的才能,也不会抓住一个机会。一个人的自信心需要从小培养,研究表明幼儿的自信心在3～4岁是快速发展时期,因此家庭教育应注重这个时期的培养,从日常生活小事入手,提高动手能力、处理事件的能力,通过精神鼓励或适当的物质刺激等方法,让个体体验战胜阻碍,获得成功的快乐,增强自信心。

 策略探究

(一) 创设成功体验是获得自信心的重要途径

心理学家研究表明:一个人只要体验到一次成功的喜悦,就会激发他100次追求成功的欲望。成就感犹如一种动力,使我们在学习和工作中有更高的追求。在日常生活中,家长应根据幼儿的年龄特点和个体差异,提出适合其水平的任务和要求,确立一个适当的目标,使其经过努力能完成。对于幼儿的点滴进步,都要给予表扬和充分肯定,让幼儿体验到成功的喜悦,使幼儿知道家长相信他们的能力,确信自己"我能做好"、"我做得很棒"。当孩子的行为得到家长和他人的认可,会使孩子加倍努力,增强做好的决心和信心。家长要善于发现每个孩子的能力和优势,提供适当的任务,既可以让孩子获得成功感,满足了他的心理需求,还可以促进其他方面的发展。

(二) 多方面的能力培养可以增强幼儿自信心

幼儿自信心是建立在必要的知识和能力之上的,由于幼儿缺乏相应的知识和应付的技能、方法,就容易产生依赖思想,所以根据孩子的年龄特点让其学习有关的知识和技能,至少让他在某个方面拥有了比别人强的项目,让他有展示自我的机会,获得肯定,自信心就容易获得,如果孩子自身技能少,就算有机会,他也无法把握成功的机会,孩子的自信心就无法建立。此外,孩子自己的事情,如吃饭、穿衣、如厕、洗脸刷牙、整理玩具等生活琐事,许多家长认为随手就可以替孩子做了,即使现在他不会,长大了自然就会了,无须要求他;或者认为孩子年龄小、能力差,让孩子做太劳神了,弄得不好还得自己重新做,还不如自己替他做来得省心、省事。殊不知这样做的后果是:挫伤了孩子探索的积极性、热情、自信心也随之消失。家长应该抓住孩子好模仿且愿意尝试自己做事的有利时机,大胆放手,支持鼓励尽可能地提供机会给孩子自己动手动脑,久而久之就会提高孩子综合能力,获得更多技能提升自信心。要注意的是家长在培养孩子的技能时候要扬长避短,不是说别人的孩子会什么,自己的孩子也要和他一个标准,发现自己孩子的优势和潜能重点开发将会事半功倍。

(三) 给幼儿积极的评价

评价是让个体认识自己的一种途径,既有自我评价又有他人评价,两者密切联系。幼儿期因为没有形成自我意识,年龄越小的孩子受成人评价的影响越大。他们往往是将成人的评价作为认识自己的重要依据,特别在幼儿心目中有威信的成人的语言对幼儿有着极其深刻的影响。幼儿先是需要成

人的积极看待的,继而激发自己对自己的积极看待,对自己的行为持肯定态度,等到自我意识的出现,个体开始有了自我评价,有了自信与自卑感,但这时的自信往往是暂时、易变的,既容易受制于他人的评价和外部因素。因此,成人尤其是父母和教师对幼儿的评价和态度对幼儿心理发展具有重大的意义。积极评价对幼儿是产生正能量的,积极的评价和反馈包括点头微笑、表扬、抚摸或奖励礼物等,适当地给幼儿良好行为以积极的评价与反馈,能够激起幼儿上进的愿望,增强其自信心。尤其对自信心较弱幼儿的点滴进步,成人更要及时给予积极评价,这样可以对其自信心的建立起到强化的作用。

知识链接:

幼儿自信心的测试

教师与家长可以通过以下的小问题来测试幼儿的自信心。

1. 买了新玩具后主动去思考玩法。	A. 很少　B. 有时　C. 经常
2. 与小朋友玩时老是被别的小孩左右。	A. 经常　B. 有时　C. 很少
3. 在游戏的时候,碰到一点小问题就立刻找父母。	A. 经常　B. 有时　C. 很少
4. 在玩一些以前从没有玩过的东西时很大胆。	A. 很少　B. 有时　C. 经常
5. 有客人时,让小孩表演唱歌或跳舞,他喜欢说:"我不会。"	A. 经常　B. 有时　C. 很少

计分结果解释:答 A 得 0 分、B 得 1 分、C 得 2 分。

0～3 分:说明您的孩子在自信方面比较差,您应该注意自己的教育方式。

4～8 分:说明您的孩子比较自信,您仍然要注意不断培养孩子的自信。

9～10 分:说明您的孩子非常自信。

 **案例分析**

情景案例:

贝贝每次和妈妈出去,遇见人总爱躲在妈妈的背后,在儿童的游乐设施面前也总是说妈妈你去玩,在幼儿园老师也反映他性格内向、孤僻,不爱和别的孩子交往。集体活动时也不敢表达自己的意见和建议,不敢在众人面前大胆表现自己。在游戏时一遇到困难容易退缩,惧怕尝试新事物、新活动,包括未玩过的玩具、游戏。在活动总选择比较容易的项目,逃避有一定难度或挑战性的活动。

案例分析:

孩子生来就是探索者,有着强烈的探究和学习欲望,好奇心会驱使他一次又一次地尝试许多新鲜事物。为什么有些孩子遇事敢于尝试挑战,有些孩子就不敢,答案就是孩子缺乏足够的自信心,不相信自己行,因为没有自信导致缺乏活动能力,游戏能力,解决问题的能力,不会与别人交往,事事依赖他人,遇到困难不知所措,更易遭受挫折、失败。主要原因是孩子的成长环境出了问题,家长的教养方式对孩子的溺爱,生活中处处包办,使孩子的自理独立机会减少,无法获得必要的生活技能,导致孩子的依赖心理,一旦遇到新环境就退缩。首先,家长应鼓励强化孩子参与各项活动,并放手让孩子玩,当然如果孩子确实感到害怕,家长可以先示范或者带着孩子玩,当孩子一出现尝试的行为及时肯定;其次,平时在家增加孩子生活自理独立能力的培养,能力越强孩子的自信心越多,孩子只有在不断的实践中才能增强能力;再次,要多给予孩子客观的积极评价,积极评价会给孩子带来暗示心理,相信自己行,总是评价行的孩子会越来越行,不行的孩子容易退缩出现恶性循环,觉得自己越来越糟糕,最终产生习得性无助感,即再也不相信自己行,就会破罐子破摔,后果不堪设想。值得注意的是成人给孩子的评价一定是客观的,好就是好,不能什么时候都说孩子好,否则会导致孩子只愿听好话,不能听任何批评,而且经受不起一点点挫折。

四、如何让幼儿在实践中学会交往的艺术

交往实践不仅是一门学问,更是一门艺术。幼儿的交往实践是他们学习与人交往,学习如何做人的一种方式,幼儿跟人说话是一种交往方式,听人说话也是一种交往方式。在交往实践中时,幼儿获得最初的道德认识,学会用这些认识去评判自己和他人的行为,而且还得学会考虑他人的愿望和要求,谦让、宽容他人,控制自己,以合适的方式与他人相处。此外,在实践交往的争执、冲突中,谁想取胜,谁就得动脑筋想办法,会总结经验教训,找到自己的缺陷并想法弥补自己的不足。因此,幼儿间的交往实践是幼儿社会性发展、认知发展的重要途径,也是幼儿在成长过程中不可缺少的一项内容。每个孩子都有自己独特的交往方式,家长如果让孩子能够有效地运用这门艺术,便会左右逢源,无往不利,融入社会,取得成功。

 **策略探究**

(一) 教会幼儿微笑

"微笑"是向别人表达友好情感的重要方式,是交往的前提,微笑意味着彼此相互尊重,微笑源于内心,源自真诚、喜悦地接纳自己、欣赏自己。在接纳自己的同时,学会微笑地去接纳同伴,这样才会营造出同伴间祥和、温馨的人际交往环境。孩子天生喜欢模仿别人,而作为和孩子生活中最亲密的家人,家长一定要给孩子做好榜样。在日常生活中,家长除了待人接物要多使用礼貌用语,更要"面带微笑"。久而久之,让孩子在生活中也习惯用微笑去面对家人、朋友,让他明白微笑可以作为一种礼貌的传递,是能与别人友好相处的基本要素之一,更能为孩子的礼貌表现加分。

(二) 教会幼儿主动打招呼

想与别人交往,主动打招呼是必不可少的。因为嘴巴甜的孩子总是讨人喜欢,家长可以带领幼儿在与各种人的交往活动中指导幼儿主动与他人打招呼,以各种方式鼓励幼儿开口。当幼儿不愿意时也不强迫,更不训斥。只有耐心诱导,积极鼓励,不断锻炼,才能使幼儿热情大方地与他人打招呼。

(三) 教会幼儿耐心倾听别人讲话

学会倾听他人说话就交往的重要技能,当他人讲话时,幼儿要学会保持安静,只有听明白听清楚听完他人的话,这是最基本的尊重,倾听他人讲话。家长也可以找幼儿感兴趣和乐意接受的话题与他们沟通交流,帮助幼儿养成倾听他人讲话的好习惯。

(四) 教会幼儿以积极的方式对同伴提出要求

在同伴交往中,幼儿往往不能以合适的方式向别人提出要求以致遭到同伴的拒绝。如有的幼儿喜欢直接闯入别人的游戏区域,且要当游戏中最重要的角色,往往招致正在游戏的幼儿反感。家长要教会孩子以积极的方式向同伴提出要求,教会常用的沟通技巧去帮助幼儿,当幼儿之间发生争夺玩具时,可以教幼儿尝试通过语言交涉来满足自己的要求,说:"你先玩,玩完了可以让我玩一下吗?"或者说:"我们可以交换玩具吗?"等等。

(五) 学会替他人着想

现在的孩子,由于心理发展水平的制约以及家长的百般宠爱,大多存在"自我中心"的倾向,专横、霸道、任性,如果长期表现这样的品性是很容易导致孩子的交往问题,因为没有人喜欢和自私任性的人交往,因此教会孩子要换位思考,多替别人着想。当家长辛勤工作了一天的时候,回家后孩子还要纠缠家长继续陪他玩耍,家长要告诉孩子自己的感受,如爸爸妈妈工作了一天,身体很疲劳,需要休息一会,或者等会陪你玩等,让孩子设身处地为别人着想。当孩子做了对不住别人的事,家长应要求孩子站在别人

的角度想一想：如果另一方是自己会有什么感受，这样就会使孩子为自己的行为不安、羞愧。"换位思考"能很好地起到弱化"自我中心"的作用，帮助孩子从自己角度出发转为能考虑别人的感受和需要。

知识链接：

讲 谦 让

好儿童，讲谦让，遇事先把别人想。

好处方便让别人，有了困难自己抢。

互敬互让好朋友，谦让美德大发扬。

礼 貌 歌

相逢点头笑，握手问个好，

感情要真挚，语言要美好。

礼貌待人要知道，人人互爱互关照。

你也讲礼貌，我也讲礼貌，

人人都能讲礼貌，我们的生活更美好！

 **案例分析**

情景案例：

今天幼儿园老师又给我打电话说我家小宝活泼聪明，反应灵敏，可有些时候老控制不住自己的行为：喝水时候推别人一下，排队时候挤别人一下，别人游戏他有时就横冲直撞去捣乱，经常有小朋友来告他的状。昨天看到别人手里有好玩的玩具时，两眼发亮，走过去二话不说伸手就抢，昨天又去抢一位小朋友的积木，结果人家就是不给，结果两人扭打在一起，最后两人脸上都挂花了……

案例分析：

通过以上案例可以看出，有的幼儿在同伴交往中不能够正确的运用交往的手段。比如，缺乏语言沟通，行为粗鲁，性格也表现得较独断、任性，做事情自我中心，为人处世总以自己的兴趣和需要为出发点，很少关心他人。久而久之，这样的孩子在群体中会被疏远，同伴也不愿意和他们一起游戏，结果会越来越被孤立，导致他们就更不会与同伴交往，严重影响着幼儿身心的健康发展。导致孩子出现这种行为的原因主要有：一是家长的教养方式对幼儿的溺爱，导致孩子自我中心较强，行为较霸道，二是孩子行为的控制力弱，因此，家长首先要转变育人观念，爱要适度，没有度就是害孩子。其次，家长要发挥示范，礼貌待人。再次，教会孩子谦让他人；不能总是考虑自己，谁也不愿和这种人交往。此外，教会孩子以积极的方式对同伴提出要求，比如想玩别人的玩具，我们可以交换玩，轮着玩，不能靠抢。

五、如何为幼儿创设良好的交往环境

幼儿的成长是一个逐渐社会化的过程。社会情景复杂多变，有幼儿亲切熟悉的家庭环境，有与他密切相关的社区和幼儿园环境，有他陌生的公园、医院、商场环境等，幼儿在成长中必然要和父母、同伴、兄弟姐妹、其他长辈以及陌生人进行一定的人际交往，良好的交往都是双向的，家长为幼儿创设良好的交往环境，这将有助于幼儿的身心健康成长以及情商、智商的发展，而交往环境上的放任自流，可能导致成长中的人际交流能力缺失，沟通交流障碍。家长要善于对学前儿童在不同的社会情景中的表现进行适当的指导，以培养幼儿逐渐适应社会的能力。

 策略探究

（一）营造宽松、和谐的环境氛围

良好的环境就像孕育生命的土壤，没有土壤给予的养分再美的花朵也不能生长。家长应充分注意到环境对幼儿发展的重要作用，通过塑造环境更好地塑造人。家庭环境应让幼儿充分感受到父母的爱，父母的爱是通过交往传递的，不管是有声的，还是无声的，都是通过交往在传递情感，沟通信息。相反，如果幼儿体会不到爱的感觉，又怎会去爱别人，去和他人交往。父母粗暴、冷漠的态度，会使孩子产生许多心理问题及行为障碍，严重影响到与同伴间的交往，易于产生交往障碍和人格障碍。

知识链接：

学会倾听孩子的哭闹

1. 检查孩子身体方面是否受到损伤，或环境是否有危险。如有，立即做出相应措施。

2. 不要流露出不安，也不要给以忠告。孩子处于哭闹那么强烈的情绪中根本无法听进你的任何建议，你要做的是不要打断他自我修复的过程，之后他会安静下来，重新注意整个事件，找到解决的办法。

3. 靠近孩子，轻轻搂住他，让你们的目光相接，让他敏锐地感受到你的关爱，帮助他自己越来越放松完成情绪清理、自我修复。

4. 和蔼地让孩子把他的烦恼告诉你。哭在前，谈在后，然后是新的认知——这就是一般的规律。

5. 如果你发现孩子害怕某个特定的事物，要向他保证你会保护他，不会让他受到伤害。

6. 不要对孩子情绪做评论。尊重孩子意味着尊重孩子的情绪，他可以拥有任何情绪，倾听孩子能够让他完成情绪体验、情绪控制整个过程。

7. 允许孩子畅快地哭，不要限制时间。

8. 孩子大哭之后或许需要睡一觉。

9. 倾听过孩子充分哭泣之后，注意发现孩子身上新增长的领悟能力、热情和创造力，以便他更能充满活力地游戏。

（二）家长做好表率

父母是幼儿最亲的人，是幼儿的第一任老师，平时我们要求幼儿做到的家长首先要做到。家长要以身作则，利用榜样的力量感染幼儿。首先，要创设温馨愉快的氛围。家庭中温馨愉快的氛围能最大限度地解除外界给予孩子的压力和紧张感，使孩子体会到生活的美好、精神的愉快。许多研究显示家长热情、开朗、有修养，孩子就会对小朋友友好，同伴关系较融洽；反之，家长性格孤僻、冷漠，以家庭清洁为由，拒绝小朋友来访，久而久之，孩子就学会了自私、冷漠。父母要豁达地看待孩子间的争执，帮助孩子学会宽容别人，培养幼儿豁达、开朗的性格。因此，家长要坚持平等、民主、正面教育的原则。家人要互相尊重，和睦相处，多关心孩子，让孩子从家庭中得到极大的温暖，和睦的家庭环境能够更好地促进孩子心理健康发展，形成健康人格利于交往。其次，要在日常生活中给幼儿创造与他人交往的条件与机会，让幼儿在一次次的交往中受到锻炼。如在节假日约上亲朋好友的小孩一起聚会游玩，家长有意识让幼儿去多接触各种人群，学会各种交往技巧，幼儿自然就能和同伴建立起一种和谐、亲密的关系。

（三）扩大幼儿交往范围

幼儿社会性发展是在与成人或同伴的共同活动、相互交往、相互影响上逐步发展起来的,幼儿的直接经验越丰富,就越有助于孩子社会性发展。家长应适当地扩大孩子的交往范围,鼓励孩子与身边的人乃至陌生人交往。例如,经常带孩子到亲朋好友家做客,带孩子外出旅游,让孩子尝试做一些对交往能力发展有益的事情,像让孩子邀请邻居的小孩来家里做客,并招待来访的客人,让孩子购买自己去购买一些文具、玩具、日用品等。同时,创设幼儿与不同年龄的孩子交往的机会。对年龄较小的孩子来说,模仿学习是他们的优势,更快、更多地获得直接经验,提高交往能力,对年龄较大的孩子来说,通过对年龄小的孩子的关心、爱护,培养了他们的责任心,互爱互助以及谦让他人的优良品质。

案例分析

情境案例：

一位母亲带着自家孩子下楼玩,孩子看到邻居家的小男孩在骑摩托车,便缠着母亲说:"妈妈,妈妈,我想骑他的车车,帮我要一下吧。"母亲说:"小哥哥正骑呢,我们等一下吧,等小哥哥不想玩的时候我们再和他商量,好吧?"幼儿听后,脸上露出些失落感。等了一会儿后,幼儿实在忍不住了,便自己跑上去向小男孩要,当时就被对方拒绝了。幼儿重新返回寻求母亲的帮助,年轻的母亲决定锻炼一下儿子的能力,便鼓励他说:"你自己想办法吧,妈妈相信你一定会想出办法的。"寻求成人支援无望之后,孩子便开始自己想招了。他一边和小哥哥商量,一边就跟着小摩托车跑,跑了足足有十几分钟。他有一些累了,很快他跑回家中拿了一把恐龙水枪出来,开始打水玩。骑摩托车的小男孩很快被这个新颖的玩具所吸引,下车对幼儿说:"能让我玩一会吗?"幼儿很快说:"那我们交换,我骑你的摩托车,好吧?"就这样,在成人没有直接帮助的情况下,幼儿顺利地解决了问题。

案例分析：

提高幼儿的交往最有效的方式就是通过实践锻炼,上面的案例可以看到这位母亲是如何让孩子学会一些交往手段,成人很多时候需要的是等待和适时的引导,推动幼儿独立思考问题,慢慢形成自己的交往规则。随着幼儿的成长,成人应该尽量减少干预,让孩子自己学会如何在冲突中学会妥协,学会如何配合他人成就自己。这种交往法则的自我习得,无疑是幼儿成长过程中的重要一课。

第二节　培养幼儿良好的社会适应能力

一、如何引导幼儿融入群体生活

任何人的成长都离不开群体,一个身心健康发展的儿童是需要融入群体的,这样才能和别人交往,满足心理需要,一个具有良好的身心发展和较强的群体交往能力的人,往往能较好地适应社会生活,并取得较高的成就。幼儿良好的群体行为,有助于幼儿养成热情、豁达、乐观、自信、积极、友好等品德。然而,由于幼儿的群体意识尚处于起步阶段,且显见的事实是,孤立、被孤立的情况是幼儿生活中屡见不鲜的场景,失去玩伴,没有玩伴的孤单感对孩子稚嫩心灵所造成的伤害,恐怕并不是大人们所能完全体会到的,而融入群体不可能一蹴而就,需要平时点点滴滴的积累,日常反反复复的训练,更需要家长和孩子的共同努力,多关心别人,了解别人,知道别人当前的情况,需要什么,关心什么,那么就会营造和谐的家庭关系,对幼儿的群体交往会产生潜移默化的正面的影响。而说到根本上,融入群体需要大人的引领,需要家长和孩子的共塑。一旦孩子掌握了融入的方法和技巧,体会到成功融入的喜悦,就不再有惧怕,融入群体就不再是问题。

 **策略探究**

（一）让幼儿学会理解他人

现在的孩子往往较少从他人的角度考虑问题,孩子们自己也并没有理性地觉得需要别人的理解,更没有意识到要去理解别人。幼儿的自我中心感会妨碍群体行为的出现,如果一个孩子不懂得关心别的孩子的话,就会造成与其他孩子关系的隔阂,往往就会在交往中仅仅依靠自己的主观判断,做出指向他人的单方面改变的举止,即试图改变其他孩子的说法、态度、行为。而让孩子学会理解,大人要做的工作就是引领孩子发现孩子之间的不同,从而确知每个孩子都有不同的观点,在考虑问题时能从他人的角度、他人的立场来看待环境和问题。幼儿唯有具备了一定的理解他人的能力,在群体活动中才能自然地建立起同伴关系,进而建立起一个属于其中的群体,融入群体。

（二）让幼儿懂得关爱他人

爱与被爱是每个个体健康成长的基本情感,这种情感只有通过交往才能获得,所以家长平时和自己的孩子交往时要经常表现出对孩子的关爱,但不是溺爱,不管是无声的还是有声的,跟幼儿经常拥抱,礼貌问候等,引导孩子和同伴见面时可以打招呼,问声好,拉拉手,拥抱一下,都是关爱的表现;礼让小朋友,奉献自己的玩具,也是关爱的重要手段。现在孩子的玩具都很多,一是宝贝自己的玩具,二是又羡慕他人的,所以家长可以引导孩子交换玩具或者奉献玩具,其实奉献玩具并不是一种损失,而是一种收获,收获的不仅仅是奉献的快乐,更是一种友情的升华,自己可以凭借有益于他人的行为赢得尊重和感情,这本身是一种境界的提高,更会赢得群体的接纳。

（三）教育幼儿要多看他人优点

不善于交朋友的幼儿,常对他人进行消极评价,这是幼儿为求得心理平衡,释放心中焦虑不安的一种方式。此时,父母不可迎合幼儿而指责别的孩子,而是劝导幼儿:"他今天骂你,是他不对,但昨天他给你机器人玩了,对吗?"这样可帮助幼儿学会宽容待人,发现别人的优点,从而为广交朋友打下基础。对于爱捣乱,爱逗能,爱惹是生非的幼儿,家长要教育他:"你这样下去,没有一个小朋友会和你一起玩了,老师也不会喜欢你的。"父母可以采取恰当的教养方法,纠正孩子不利于融入群体的行为,以便在孩子受到孤立前防患,在受到孤立时引导,在受到孤立后补救。

（四）鼓励引导幼儿顺利加入群体活动

绝大多数幼儿乐于参加群体活动,家长对此应该持支持态度,限制会使幼儿有挫折感,在日后的社会生活中缺乏自信心,与人沟通能力欠佳。家长要鼓励孩子积极参加群体活动,如体验性活动、表演性活动,通过形式各样的群体活动培养孩子的团队精神、集体意识。通过群体活动可以培养幼儿产生互相关心、互相帮助的行为,但是,幼儿常常缺乏交往技巧,有时融入群体活动有困难。比如,一群正在玩堆沙子的孩子,他们明显已经有了各自分工,对于外来孩子的介入会有排斥心理。这时,家长要引导孩子先站在一旁静静观看,等待时机,给这些小孩提供帮助,通过提供援助的方式适时介入,达到"互利双赢",这样幼儿会很容易融入一个陌生的集体。

阅读链接:

沙盘游戏对幼儿交往的启示

沙盘游戏是指在陪伴者的陪伴和引导下,游戏者从玩具架上选择玩具,放进盛有沙子的箱子里创造作品的一种心理游戏。

通过比较幼儿在沙盘游戏中的表现及同伴的反应,得出了非常有趣的结论:试图很快加入公共活动并迅速到达沙盘正中心的幼儿,会遇到其他幼儿的阻挡,并因此发生冲突;总是待在沙盘边缘地带的幼儿,无人问津无人关注;获得成功的幼儿,开始时处于集体边缘,他们自发模仿其他孩子的行为,然后逐渐推至中心。这样,他们会一步步到达中心,且自我感觉良好。

由此可见,为了融入集体活动,幼儿首先需要审慎行事,熟悉并适应周边环境;其次需要有足够的坚持和毅力,能够克服出现的各种困难。同时,为了自己被别人接纳,还需要掌握真正的交友技巧。譬如说,学会解决各种潜在冲突。孩子们不喜欢那些总批评和嘲笑他人的小伙伴,但是一味友善未必能换来别人的友善。一些幼儿需要表现得更加开朗,而另一些则需要适当克制,因为吹毛求疵、过于挑剔也会招人嫌弃。

 **案例分析**

情境案例:

一位家长的烦恼:我家豆豆上幼儿园已经有几天了,头两天送去不哭,但是不肯参加幼儿园的集体活动,老师没满足他的要求就打老师;第三天,他缠着我一步也不离开,就怕我偷偷溜走。老师因为忙不过来,我被他缠了很久才离开幼儿园。后来据老师反映,那天表现比较好,排了一次队,也愿意睡觉了,上课的时候居然一个人坐在座位上,也没乱跑,我去接他的时候,看他坐在小凳子上等我,我很高兴他有这样的表现。但之后放了两天假,孩子又和之前一样了。其实豆豆在家是很活泼好动的,也愿意和小朋友玩,为什么一到幼儿园就很难适应?

案例分析:

当孩子要进入一个新环境尤其是幼儿入园前,家长要有意识地帮助幼儿逐步做好心理上、生活习惯上和能力上的准备工作,尽快地帮孩子融入集体生活。首次,带幼儿去参观幼儿园的环境,用积极的语言介绍幼儿园的生活;不要拿老师或幼儿园作为做规矩的"杀手锏",说一些"再不听话就告诉老师"、"再不乖就送你去幼儿园"等之类的话;其次,逐渐改变幼儿不良的生活习惯,形成良好的作息规律;再次,注意孩子自理能力和独立生活的培养,独立能力强的孩子适应能力就强,就能够应对更多新的任务,让孩子做力所能及的事情,不是事事都依靠他人,才能更好地融入新环境。

二、如何引导幼儿学会遵守规则

有的幼儿吃饭前不愿意洗手,卫生习惯差;有的幼儿使用完图书或玩具不能放回原处,到处乱扔;有的幼儿不按时睡觉,在本该安静的氛围中大声讲话、打闹;有的幼儿和伙伴争抢玩具,打骂伙伴;有的幼儿在公共场所不讲文明,乱扔垃圾,不守秩序;有的幼儿不尊重他人,没礼貌等等。这些现象究其原因就是家长缺乏对孩子进行规制意识的教育。俗话说:没有规矩,无以成方圆。中国古代人很早就意识到人不学规矩就不能立足社会,人类社会的各行各业为了达到既定目的,都制定了各种各样的规则,如交通规则、安全规则、体育竞赛规则、商品交易规则、学生日常行为规则、游戏规则,等等。规则是人们在日常生活、学习、工作中必须遵守的行为规范和准则。它是个人与个人之间、组织与个人之间、组织与组织之间彼此的约定。规则可以是由书面形式规定的成文条例,也可以是约定俗成流传下来的不成文规定。更多的时候,规则是因为得到每个社会公民承认和遵守而存在的。幼儿的规则意识和执行规则的能力是幼儿社会性适应的基本内涵,关系到个人生活幸福和将来的事业成功,因此加强对幼儿规则意识和行为的培养具有现实意义。

 **策略探究**

（一）通过多种方法特别是游戏的方法来帮助幼儿识记规则

幼儿运用规则的前提是记住规则，如果采用机械的方式让孩子识记规则，可能会让孩子觉得枯燥无味，效果也不好。游戏是幼儿最喜爱的活动，游戏蕴藏着许多规则。首先，家长与孩子之间定期开展一些游戏时就必须讲清规则，或者在游戏中家长还可以适当设置一些规则冲突，让孩子自己去感知和认识规则，从而逐渐增强他们的规则意识和行为。其次，游戏在进行过程中，需要游戏者共同遵守规则，以保证自身及其玩伴的游戏乐趣，可以强化幼儿的规制意识以及规制行为。应当注意的是，根据幼儿遵守规则的情况，家长要及时给予正面评价，特别是当幼儿较好地遵守规则的时候，要适当肯定、表扬和鼓励以强化幼儿的规制意识和保持规制行为。再次，家长可以利用孩子喜欢听故事，以亲子阅读、有韵律的儿歌童谣等趣味性的方式将规则渗透其中，如"听故事，不讲话，好孩子，快坐下""饭进嘴，味美美，吃豆豆，长肉肉""玩具满地扔，爸爸妈妈好心疼；玩具收起来，爸爸妈妈笑起来""清水哗哗流，饭前先洗手，手儿洗干净，保证少生病"等类似的儿歌童谣让孩子在无意中识记规则。

（二）家长自身要严格树立榜样示范作用

现实生活中许多家长规制意识淡薄，对自己的行为也比较放任，但对自己孩子要求却很严格，比如自己早上经常睡懒觉，但要求孩子早起，自己可以打麻将，却要孩子天天学习，自己说一套做一套，这样根本没法让孩子形成规则，除非是在压力范围下，孩子被迫服从，一旦没有成人监管，孩子行为就会随心所欲。因此，父母自身的严格对幼儿规则意识的形成有着潜移默化的促进作用，每一个孩子都具有模仿的天性，父母是孩子最直接的模仿对象，所以家长的一言一行都应给幼儿作出榜样，通过家长的榜样示范，为幼儿提供具体的行为标准，幼儿才会从中模仿而进行学习。父母本身就是一种教育因素，家长以身作则、身体力行是最有效的教育。另外，值得注意的是，家长之间对幼儿提出的规则要求要一致，否则会让幼儿思想混乱、无所适从。

（三）循序渐进地教导和培养

规则的养成不是靠简单的说教和硬性的规定就可以做到的，重在逐渐培养，如日常生活中吃喝拉撒等生活规则，交通规则，公共场所的文明礼貌规则以及待人接物的规则等等。家长要在生活的点滴中渗透引导和教育孩子去遵守和实践这些日常规则。对于孩子遵守规则的行为及时给予肯定和表扬，这样可以鼓励并强化幼儿执行规则的主动性和积极性；对不好的行为要适度地批评和惩罚，并与耐心讲道理相结合。

 案例分析

情境案例：

镜头一：小朋友们在玩丢沙包的游戏，园园被沙包丢中罚出场时，表现得特别激动，哭着不愿离场，同伴们都要求她必须遵守游戏规则，她就很生气地表示不玩了，然后到一边自己去玩了。

镜头二：三个小朋友正在一起玩传球游戏。可涛涛小朋友接到球后总喜欢在地上拍几下，然后再传给别的小朋友。敏敏小朋友说："不要拍了，快传给我。"涛涛在敏敏的催促下，将球传给了敏敏，但接下来的回合中涛涛又反复拍球。终于另外两个都急了："涛涛，我们不和你玩了，我们走。"涛涛这时显得很失落。

案例分析：

以上案例都是孩子没有遵守游戏规则所导致的后果，即这些孩子都没能理解游戏规则是需要大家共同遵守的。如果大家都不遵守规则，那游戏还能够继续下去吗？生活中处处都要有规则，人与人之间才可以和谐相处。让孩子学会遵守规则，家长可以从以下方面进行培养：一是加强规则意识，告诉孩子生活中许多场景必须要遵循规则,没有规则大家都没法开心做游戏;二是在日常生活中逐步养成规则行为,包括每天的生活小事,如起床、吃饭等行为;三是及时强化儿童的行为,当孩子好的行为规则出现时,家长可以及时奖励和表扬,巩固孩子的良好行为。

三、如何培养幼儿独立自主的能力

生活中我们经常见到一些父母总是不让孩子单独进行活动,事事护着孩子,有些事孩子可以做的也不让他干,有些事情觉得孩子干不好,干脆自己替他们干,长此以往造成孩子依赖性强、缺乏独立的生活能力。当然,父母对孩子生活上关心是必要的,甚至把全部感情和爱抚都倾注到子女身上,也是无可非议的。但是,事无大小,全部替孩子包办,这对孩子是不会有什么好处的,完全剥夺了孩子自己做决定的机会和权利。心理学专家研究表明,3岁左右是培养孩子独立性的敏感期。在孩子3岁左右,自我意识开始萌芽和发展,渐渐表现出独立自主的倾向,常会拒绝大人的帮助,想试着自己去做某些事情。在3岁左右孩子要求自己做事是十分普遍的,家长应该把握并利用这大好时机,培养孩子的独立性。从小给孩子树立独立的性格和意识是很必要的,而且是越早培养越好。

(一) 做一个鼓励幼儿独立性的民主型家长

幼儿的智慧来源于直接经验、动手操作,所以"手巧才能心灵"。民主型的家长的管理方式是培养幼儿独立自主能力的重要手段。比如,鼓励孩子自己独立动手去做事,还要使孩子学会独立思考问题,创造机会培养他自己拿主意、自己解决问题的能力,使幼儿认识到自己可以主宰自己的生活。好的家长是懂得欣赏孩子的创造和想法的,在幼儿较大的时候,可以让幼儿参与家庭活动,比如让他们参与制定游戏的规则等。孩子有主见这是件好事,说明他有自己的想法、自己的认识,有了初步的独立思考的能力。我们应该尊重孩子,让他充分表达、自主选择的机会,凡事可以先征求孩子的意见,然后再和孩子共同商讨决定,让幼儿充分感受到自己有选择、探索、表达的自由,从而培养孩子独立思考和处理问题的能力。

知识链接：

家长培养幼儿独立的方法列表

方　法	方　法　说　明
及时肯定法	发现幼儿在生活小事上的独立行为,家长及成人及时表扬、鼓励、强化
暗示法	成人用儿童能意会的动作、语言、表情等暗示幼儿,让幼儿通过成人的暗示产生独立性行为
榜样示范法	成人用自己的言行为幼儿起示范、榜样作用,幼儿模仿成人的独立行为
困难法	当幼儿去尝试独立面对有困难的事情时,成人可用语言鼓励幼儿克服困难,淡化困难
设立目标法	家长与幼儿共同制定日常生活中独立行为的小目标,通过目标的设立引导幼儿逐步达成目标,增强幼儿克服困难的意志力
游戏法	通过游戏的形式,让幼儿产生行为的兴趣并愿意去尝试
契约法	家长和幼儿制定"约法三章",并用幼儿能看懂的方式记录于纸上,以此规范幼儿的行动,逐步引导幼儿产生独立行为

(二) 给幼儿提供足够的自主空间和时间,减少对幼儿的控制

首先是创设良好的物质环境。父母可以根据家庭情况,包括家庭人员结构、家庭住房条件等,让幼儿分房或分床睡,给幼儿提供一个属于自己的小柜子、小书架和玩具角、涂鸦区,放手让孩子学习

自己整理小玩具和图书等。其次是创设足够的自主环境。要有自主活动的时间和空间,让幼儿也有机会来决定自己做什么,什么时候做以及怎么做等。同时,重视强调家庭成员之间教育的一致性,不能这位要求孩子自己做,那位又急着替孩子做。另外,父母要坚持正面教育幼儿,对孩子取得的点滴进步要及时鼓励,当孩子做事失误时不责怪,而是帮助孩子分析原因,掌握正确的做事方法,激发孩子做事的兴趣和信心,从而培养幼儿的独立自主性。安全的物质环境是培养幼儿独立自主能力的必要条件。很多时候,家长之所以包办了幼儿的许多任务,是因为担心幼儿的安全问题。因此,家庭安全的物质环境以及幼儿参与的活动应该是安全的,这样家长就会放手让幼儿自己去做一些事情。

(三) 培养孩子的独立决策能力

独立决策能力是指一个人不受他人影响,根据自己的认识和信念,独立做出决定。敏捷的思维、善于独立思考的品质和应变的心理素质是决策能力培养的三个核心要素,因此,家长应针对幼儿发展的实际水平,分别对幼儿是生活独立能力、学习独立能力、交往独立能力给予适当的指导。具体而言,在生活独立时逐步交给幼儿一些任务,从简单到复杂,从自理好自己开始,如提醒孩子吃饭、睡觉的时间到了,刚开始家长示范指导,一两次后只需要用语言提醒,孩子就会逐步完成日常生活的自理行为。对于孩子学习独立的培养,要孩子自行决定学什么和怎么学是有难度的,我们需要结合幼儿的实际水平给予帮助行为和指导,如创设更有趣的学习情境,激发孩子去独立思考,鼓励他们多提自己的意见,允许他们可以不参加一些活动,尊重他们对自己做出决策。对于交往独立能力,家长除了示范,不用限制太多,可以更多选择规则引导孩子的行为,逐步让孩子制定规则,总体而言,孩子的独立决策能力是需要成人引导孩子逐步形成的,从成人为孩子提供大量的指导、示范,帮助他们发现问题解决问题,最后让孩子形成独立的兴趣,家长要逐步放手。

知识链接:

日韩两国家长对孩子独立性的培养

日本家长非常重视对孩子独立性的培养。日本的《家庭教育手册》中明确地写着这样一些话:如果让孩子帮着做家务,他将变得很能干。在家里定出规矩,让孩子分担家务,培养孩子的责任感、自立心,让他感受到自己是有用的人非常必要。让孩子从把用过的东西整理好等小事做起,养成和父母一起做家务的习惯。如果你想让孩子不幸,那就什么都给他买吧。如果父母不加考虑,尽给孩子买东西,容易使孩子失去为了得到自己想要的东西而努力、忍耐、多加思考的精神,而变得什么都想要、不能自控。不管孩子怎么闹,不必要的东西不给买。不要给太多的零花钱。让孩子在定额的零花钱中自己安排、计划花费。

韩国家长在培养孩子的独立性方面颇具特色,他们崇尚“狮子型育儿法”。这种教子理念源于狮子养育幼狮的方式:森林中百般险恶,连被誉为“森林之王”的狮子也不敢懈怠,它们让幼狮一开始就面对真实生活,自己从逆境中寻找生存的办法,从而更快地成长。韩国家长的教育态度是,越是爱孩子就越该放手。韩国家长喜欢在周末带孩子出外游玩,常见到的情景是:家长身背一个几个月大的孩子,拉一个三岁左右的孩子一起爬山。有时小孩子爬累了,家长很少抱起他,只是在一边等他,休息一会儿再接着走。这样做的目的是培养孩子坚强的性格和面对困难的勇气。和日本家长异曲同工的是,韩国家长也会有意识地给子女创造艰苦的环境,如冬天他们让孩子穿短裤到外边玩耍,锻炼孩子健康的体魄;有意识地让孩子从小做家务;假期让孩子参加“野外训练营”一类的活动,锻炼孩子的体格和意志。

 **案例分析**

情境案例：

宝宝去了幼儿园几天,家长就接到老师的电话说孩子在幼儿园无论做什么事都会不假思索地说"我不会",而后就等待老师解决。穿袜子,"我不会";扣衣扣,"我不会";吃饭,他把头扭向一边,还是"我不会";小朋友活动时他坐在那里不参加,问他还是"我不会";老师今天最后一个问他你在家会什么,他还是那句"我不会"。

案例分析：

幼儿这是一种过度依赖、不自信的表现,主要就是因为他所有的事情都被家长代劳了,只要说"我想要""我不会"就能得到满足。他们认为孩子小什么都不会是正常的,其实这是家长在剥夺孩子的成长能力,导致孩子"症状获益"的心理,即一个行为症状的出现如果总能获得好处,那么这个行为症状就会一直出现。要让孩子改变"我不会"的状态,家长必须先要改变错误的教养观念,一切包办孩子是害孩子,要放手让孩子多做,让他独立成长,有时也可以用一些引导词:"孩子如果你会了,你会……(描述一个孩子学会了以后会怎么样的一个画面)""孩子你是以前不会,现在学了(做了)就会!"

四、如何培养幼儿抗挫折的能力

抗挫折能力是人们忍受、抵抗和排解挫折的能力,包括挫折耐受力和挫折排解力两方面。抗挫折耐受力是指对挫折的忍耐能力,表现为所能忍受的最大挫折程度。抗挫折耐受力强的个体遇到挫折后没有强烈的情绪反应,能够保持心理平衡和行为正常,并且能比较容易地从挫折导致的消极情绪状态中摆脱出来。挫折排解力是指个体遇到挫折后能够在较短时间内积极采取措施调整自己、摆脱挫折情境的能力。较强的抗挫折能力是个体健全人格的一个重要部分。

在生活中幼儿也会遭遇许多挫折,如生活挫折、学习挫折、交往挫折等,他们遭遇挫折后常有三种不良表现。一种是攻击报复型,因为自己的行为受阻,情绪压抑,会产生敌视心理,要么就直接攻击人或物,要么找个代替物,即寻找"替罪羊"。还有一种是自我惩罚,即个别幼儿遭到挫折后会将攻击的行为指向自身,进行自我惩罚,如揪自己的耳朵或扯自己的头发等。最后一种是自我退缩,表现出与自己年龄不相称的幼稚行为,即退回到原来较低的心理发展水平,如受挫时大声啼哭,尿裤子等,种种表现都不利于幼儿健康发展。研究表明,抗挫折能力在儿童3~4岁时发展速度最快,这可能是因为3~4岁儿童刚进入幼儿园,学习、生活、人际交往等方面出现不适应及挫折在所难免,从而使得抗挫折教育成为小班幼儿教育活动的重要内容,这在客观上促进了幼儿抗挫折能力的积极发展。所以,家长要重视这个年龄段抗挫折能力的培养。

 **策略探究**

(一) 有意识对幼儿进行挫折教育

家庭中对幼儿进行必要的挫折教育是提高幼儿抗挫折能力的有效途径,也是幼儿学习挫折教育的重要内容。从自身因素分析,幼儿年龄较小,具体形象思维占主导,抽象逻辑思维在逐渐发展。当他们遭遇挫折时候往往是直接表现哭泣、发泄等负面情绪较多,这也是本能反应,如果多次重复挫折,便形成某种认识和理念;然后用已经形成的认识和理念对待新的挫折。在幼儿面临困难时,让他们直观地了解事物发展的过程,家长可以逐步帮助幼儿从反复的体验中认识到挫折的普遍性和客观性。家长平时有意设置一些适合幼儿特点的困难任务,比如通过体育活动可以给幼儿创设游戏障碍,培养幼儿抗挫折的意志品质。通过讲故事,亲子阅读如《小猫钓鱼》《做完事再玩》等绘本,以艺术形象感染幼儿,鼓励幼儿做事勇敢不怕困难,能坚持到底,也会有所收获。此外在生活中家长可以和幼儿一起坚持做某件事情,如每天要幼儿早起跑步,只有家长克服困难坚持自己先做到,对幼儿才会有说服力;又比如在学习方面,幼儿遇到不理解的地方时,家长可以和幼儿一起查阅相关资料,直到解决问题,进而达到培养幼儿独立解决问题能力的目的。

(二)家长要教会孩子积极应对挫折的方法

幼儿在遭遇挫折后,情绪反应比较激烈,家长可适当运用转移注意力、允许合理发泄、冷处理的方式,并教给孩子一些应对技巧,帮助孩子学会情绪管理。家长也可与幼儿一起制定相应规则,并提前做一些预示,可让幼儿遇事时情绪反应能平静些。建议家长对孩子不要过度关注和宠爱,要拒绝孩子不合理的要求,让孩子慢慢学会控制自己的情绪。还可采用自我鼓励法,如孩子和你玩球,刚刚开始容易失败,这时家长应肯定他、鼓励他继续努力,自我鼓励肯定行;补偿法,幼儿在体育方面遭遇挫折,家长可以鼓励孩子在绘画方面争取胜过其他小朋友;升华法,引导幼儿当需要未得到满足而遭到挫折后追求较高的目标,如幼儿因为自己的外表感到有点挫折,家长可引导他与别的小朋友比谁得的小红花多。提高幼儿的挫折耐受力,对于培养幼儿的独立性、同情心、自信心、意志力都具有积极的意义,同时也是提高儿童社会适应能力的一笔宝贵的财富。

(三)提高孩子生活的自理能力

研究表明,幼儿期的孩子在生活上所遭遇的挫折最多。提高幼儿的抗挫折能力最重要的就是让幼儿身体力行、亲自去做,如果家长在日常生活中总是习惯性地包办幼儿的一切,让幼儿失去了很多经受生活挫折的机会,那只能是纸上谈兵,所以家长先要做的就是支持并放手让幼儿进行各方面的挫折历练,然后家长再从旁积极进行引导。如在培养幼儿生活自理能力的时候不要过于着急,应循序渐进,不包办代替,让他们做一些力所能及的事情,如吃饭、穿衣、穿鞋等,逐步体验到自己的事情自己做的乐趣。随着自理能力的增强,家长可逐步放手,进一步巩固幼儿的良好生活习惯,坚持正面教育的原则,不断提高和强化他们的生活能力。对于大点的幼儿,鼓励他们在做好自我服务的基础上,帮助家长做一些简单的家务,并及时给予肯定和鼓励。

 **案例分析**

情境案例:

今天妈妈从幼儿园接琪琪回家,一路上琪琪一直不说话,回到家,妈妈再三询问,琪琪呜呜地哭起来,支支吾吾地说:"我参加幼儿园的绘画比赛,没有得奖。我以后再也不画画了。"

案例分析:

孩子在生活中总会遇到一些挫折,如果一遇到挫折就退缩,那么孩子就很难面对生活,甚至会失去生活的信心。当我们遇到这样的情况时,通常可以采取以下措施:一是宣泄不良情绪,当孩子遇到挫折时,心情肯定不好,家长可以对她说想哭就哭个够,哭出来会舒服点,也可以认真对孩子说,如果她不高兴可以告诉妈妈,说出来心情会舒服很多,当家长认真倾听,表示理解接纳孩子;二是改变孩子的认知,问她是不是班上参加绘画的小朋友都拿奖了,当然不是,告诉孩子这个事实,也要勇敢地接受事实,也可以说这次虽然没有拿奖,下次努力还有机会;三是转移孩子的注意力也是调节不良情绪的方法,让孩子做些自己喜欢的事情也可以很快让她忘记不开心。

五、如何培养幼儿的归属感

归属感是人的基本心理需要,当个体归属于一定的群体才能获得心理的满足,这既是群体存在的重要意义,也是群体的重要功能。归属感对于个体的成长和发展具有十分重要的意义,个体对所属团体产生归属感之后,就能自觉地以所属团体的规范来约束自己的行为,把自己看作是团体中的一个成员。对于3~6岁儿童来说,有良好归属感的孩子容易在群体中产生更多亲社会行为,如分享合作,乐意帮助他人、愿意接纳他人、愿意承担作为集体一员的各项责任和义务,乐于参与集体活动,内心是安全、踏实的,就会放心地去探求未知,去建立同学关系,否之,孩子会出现许多交往不适应问题。

幼儿的归属感主要包括集体归属感、民族归属感和国家归属感。幼儿最早表现出的是对集体中的人的归属感,然后逐渐扩展到对群体(班级等)产生归属感。归属感的产生需要幼儿对自己所生长的社会环境有所感知。在《指南》中,幼儿归属感包括以下几方面的内容:对于家庭、社区、班级、幼儿园、家乡、国家与民族的认知,以及对于这些群体的认同与自豪感。在《〈指南〉解读》中谈到,"幼儿的归属感往往来自他们对群体生活的直接感受和体验"。影响归属感的主要因素包括儿童自我概念的建立、人际交往中的接纳意识以及班集体的凝聚力。年龄越小的儿童归属感的最重要对象是家庭,他们在情感上表现出对家庭的依恋,尤其是对于主要照料者的信赖与亲近。他们大多知道自己的家所在社区的情况、家庭成员的情况等。在刚入园阶段,面对幼儿园新环境,他们大多会表现出与家庭成员分离后所产生的焦虑情绪,这其实也是幼儿归属感的一种表现。这种分离焦虑说明幼儿对于家庭有着深切的归属感,而对幼儿园以及班级还未产生信赖感与认同感。因此,家庭是培养良好归属感的第一个群体。

 **策略探究**

(一) 培养孩子的安全感

安全感是归属感建立的基础。孩子的安全感可以表现为坦然地接受他人,主动和他人沟通,能够接受他人的邀请,培养孩子的安全感。首先,家长创设和谐温馨的家庭环境能让儿童获得精神上的满足,保持安定愉快的心情,使幼儿较好地获得安全感,进而满足幼儿归属的需要。家庭环境对儿童情感发展的影响是持续不断的,为儿童创设独立的生活空间、温馨的环境,给他们一个体验安定和自我成长的机会,让幼儿在相对独立中更积极地与家人相处交流,同时家长无微不至的照顾,使他们对家庭的归属感不断增强。家长也要不断地沟通,及时了解儿童的变化与需求,有针对性地对环境做出改变。其次,是无条件陪伴,无论家长有多忙,争取每天抽15分钟与孩子进行高质量的互动,经常对孩子拥抱、微笑、表扬,即使是孩子在做一些很无聊的事情,你也要很有兴趣地陪在他身边,因为孩子会在这个过程中感受到家长的接纳,感受自己的存在感。家长要学会倾听,倾听会加深孩子对你的信任,真正的倾听孩子是指家长放下所有事情,专注和孩子一起放松地互动,但不是漫不经心的互动,而是随着孩子的表现,包括孩子的讲话、表情、语调、姿势、动作等,权当自己完全不了解孩子;在这个时间里,我们要让孩子做主,自己放下大人的架子,任孩子支配,表现出对孩子的欣赏,不去指导孩子的行为,甚至扮演弱势的角色。孩子对你的信任感越来越深,他会向你祖露内心世界,让你知道他对事物的看法和他的感觉,这样孩子的安全感越来越强,从信任家长可以推及他人。

(二) 培养孩子的参与感

归属感的建立还离不开参与感,参与活动可以让孩子增强责任、自尊感,体验自身的价值和认同感,还能体验活动自身的乐趣和意义。要让幼儿感觉到自己在家庭中被需要,感觉到自己能为大家作贡献,感觉到自己是家庭的主人,而不是旁观者或看客。因此,在平时的家庭活动中都尽可能让幼儿有参与的机会,日常活动有:照顾小植物、喂喂小动物、收拾小玩具、爸妈小帮手等,尽可能多地给孩子权力做决策和选择,就自然增强孩子的归属感。

(三) 培养孩子的积极情感

情感是人对客观事物态度的体验,是人的需要是否得到满足的反映。积极情感可以让幼儿能积极参与活动,对活动有好奇心和求知欲,可以让幼儿的生活充满了情趣,对各种新的环境更容易接纳和适应,在日常生活中家长要常常引导孩子对群体的积极情感,比如今天在幼儿园是不是很开心,是不是有很多好玩的玩具和小朋友,有没有发现许多有趣的事情等等,孩子常常回忆着开心的事情自然就容易建立群体归属感。当然家长要有意识地营造积极的心理氛围,每天传递给孩子积极的正向信息,少抱怨,永远乐观向上,还要学会接纳与尊重孩子,少批评指责,多表扬,相信孩子的心理会阳光许多。

(四) 培养孩子的责任感

责任感是一个人愿意做好自己分内的事情,拥有责任感的人会有更强的归属感,因为他会明确自己的角色,为自己的行为负责。缺乏责任感的孩子在遇到问题时就会推卸责任给家长或他人,容易对自己行为减少控制,导致问题行为较多。所以,责任感的培养是个体健康成长的重要内容。幼儿的责任感是在日常生活中的点点滴滴培养的,如多让幼儿参加适当的家务劳动,不仅可以增强孩子的独立自主能力,还能使他感到自己是家庭中不可缺少的一员,有利于培养他的责任心和为他人服务的好品质,同时也是培养幼儿良好劳动习惯的重要途径之一。别看孩子小干不了重活,但可以当爸爸妈妈的好帮手。如妈妈扫地时,为妈妈取簸箕;准备就餐时,为大家拿餐具。等再长大些,可以帮助家长折衣服、扫地、倒垃圾,还可以让他们在就近处买日用品等。为了提高孩子参加家务劳动的积极性,亲子之间可以开展比赛活动增强趣味性,让幼儿在参加家务劳动过程中,产生初步的对家庭的责任感,懂得劳动的意义。在这种思想的潜移默化下,孩子长大后也能为集体作贡献,为他人服务,不计较个人得失。另外,家长也还应该积极支持鼓励孩子为幼儿园集体做事情,为邻里做事情。

知识链接:

动画片可以培养孩子对民族文化的归属感

动画片因为生动形象,活泼有趣、情节夸张,对孩子的吸引力很强,孩子受到的影响也非常大,他们经常会学习里面人物的经典台词起到潜移默化的效果。目前,我们中国动画界也出现过许多优秀有民族特色的片子,如《大闹天宫》《哪吒传奇》等。这些动画片在故事形态上,以中国人的思维方式、伦理道德观念搭建内容架构;在性格刻画方面,做到既有历史渊源,也不失现实生活的缘由,人物可亲可爱,通过观看这些动画片可以让孩子更愿意了解自己的文化和民族的艺术,从而弘扬民族精神。

操作技能训练

堂上练习:扫码查看亲子社会活动资料,制订一份学期亲子社会活动计划。

6-2

课外拓展任务

1. 素质拓展

扫码阅读文章,谈谈对你指导家园共育活动培养幼儿社会交往能力的启示。

2. 活动拓展

如何提高孩子的生活自理能力?请在模拟家长会上以主班老师的身份给家长提出合理化建议。

6-3

第 七 章

学前儿童科学领域的家庭指导策略

 **学习目标**

素质目标	1. 树立科学发展观,养成人与自然环境和谐共生意识。 2. 具有一定的科学探究精神、劳动精神和创新精神。
知识目标	1. 掌握《指南》中科学领域的两大教育目标及其子目标。 2. 知道《指南》中科学领域各年龄段的典型表现。
能力目标	1. 能够根据《指南》中科学领域的两大教育目标开展相应家庭教育指导。 2. 能够设计一个亲子科学探索活动方案。

情境分析导入

讨论分析:扫码观看视频并谈谈对你指导家长开展幼儿科学探索活动的启示。

知识内容学习

关键经验

1. 喜欢大自然,亲近大自然。

2. 有探究的兴趣和愿望。

3. 能够在探究中认识事物和自然现象。

4. 能感受到生活中数学的有用和有趣。

5. 感知和理解数、量及数量关系。

6. 感知形状与空间的关系。

家长聚焦

1. 科学教育是否就是让幼儿掌握更多的科学知识。

2. 激发幼儿的好奇心的方法是否合适。

3. 指导幼儿日常观察的方法是否科学。

4. 激发幼儿探索兴趣的手段是否有效。

5. 让幼儿感受大自然是否就是经常带幼儿外出旅游。

6. 幼儿数学能力的培养是否就是教幼儿学会数数、做加减运算。

7. 指导幼儿学习数学的方法是否合适。

《指南》建议

1. 经常带幼儿接触大自然,激发其好奇心与探究欲望,支持和鼓励幼儿的探索行为。
2. 有意识地引导幼儿观察周围事物,培养观察与分类、记录和交流能力。
3. 支持和鼓励幼儿在探究的过程中积极动手动脑思考问题、寻找答案或解决问题。
4. 引导幼儿关注和了解自然、科技产品,逐渐懂得热爱、尊重、保护自然。
5. 引导幼儿注意并用词描述事物的形状特征,体会描述的生动形象性和趣味性。
6. 引导幼儿关注周围与自己生活密切相关的数的信息,体会数的意义和数学的用处。
7. 引导幼儿观察发现和体会排列的特点与规律,并尝试自己创造出新的排列规律。
8. 引导幼儿感知和理解事物"量"的特征,通过对应或数数的方式比较物体的多少。
9. 利用生活和游戏中的实际情境,引导幼儿理解数概念,理解数与数之间的关系。
10. 帮助幼儿在物体与几何形体之间建立联系,引导幼儿运用空间方位经验解决问题。

第一节　培养幼儿的科学探究能力

一、如何激发幼儿的探究兴趣

探究是科学教育的核心。好奇、好问、好探究是孩子科学态度最重要的表现。孩子很小的时候就已经开始了对周围世界的探索,这是他们理解周围世界的基础。他们会通过观察获取周围世界的信息,会通过操作、摆弄和尝试来理解周围事物之间的联系和关系。《指南》明确提出:幼儿科学学习的核心是激发探究欲望,体验探究过程,发展初步的探究能力。探究的兴趣是科学学习的基础。《幼儿园教育指导纲要(试行)》中指出,孩子"学习科学的过程应该是幼儿主动探索的过程"。科学教育应该是以孩子为主体的探索过程,家长应注意引导孩子主动地去接触周围物质,主动地去探索周围物质,主动地去思考所发现的现象与问题。

家长的支持和鼓励是培养孩子喜欢探究的重要因素。如果家长无视孩子的好奇心和提问,抑制孩子表现出来的探究行为,那么久而久之,孩子的好奇心和探究欲望将会被磨灭。相反,如果成人能够理解孩子的好奇心和探究欲,并且加以鼓励和引导,鼓励孩子坚持探究,并在自己的探究活动中寻找问题的答案,就能保护和发展他们的求知欲。

　**策略探究**

(一) 为幼儿创设可供操作、探索的物质环境

环境对学前儿童的科学学习和发展起着重要作用。有趣、可操作的蕴含科学道理的材料是幼儿进行科学探索的物质基础。因此,家长需要为孩子提供探索的空间和材料,例如,可在固定的地方投放各种规格的瓶子、秤、磁铁、塑料线、电池、灯泡、放大镜、镜子等安全而又卫生的不易损坏的材料,让孩子运用这些材料去主动观察、发现、摆弄,满足他们的探索欲望。

(二) 亲子游戏,为孩子创设科学探究情境

游戏能激发孩子的探索兴趣,家长利用孩子感兴趣的事物和想要探究的问题,扩展成孩子科学教育的内容,生成科学探究性游戏活动,有助于孩子获得科学经验,理解简单的科学原理。如"有趣的泡泡"游戏,家长可以先让幼儿用吸管、自制的泡泡水自主探索性地玩"吹泡泡"游戏,待孩子兴趣十分高涨时,家长可以给孩子提供铜丝、粗吸管等探索材料,与孩子一起探索用这些材料吹出来的泡泡是什么形状的。孩子通过多次比较后发现无论自己绕出什么形状的泡泡器,吹出来的泡泡都是圆的。

（三）开展家庭小实验，激发孩子的探究欲望

科学小实验是指按照预想的目的或设计，利用一些材料，通过简单演示或操作，对周围常见的科学现象加以验证的一种活动。科学小实验能让孩子用自己的经历与体验，发现科学现象和知识，并在动手操作的过程中，主动建构自己的知识经验体系。如家长在洗鹌鹑蛋时，孩子很好奇怎么上面的"污点"洗不掉。此时，家长可以引导孩子仔细观察鹌鹑蛋身上长了什么？鹌鹑蛋壳上的斑点能洗掉吗？用什么可以洗掉？这些问题会引起孩子对鹌鹑蛋的探索兴趣，孩子便带着各种疑问和好奇去进行各自的观察和实验，通过使用不同的清洗剂不断地尝试清洗之后发现鹌鹑蛋身上的"污点"是洗不掉的，从而建构"鹌鹑蛋的外壳是带斑点的"这样的知识经验。

知识链接：

国外儿童趣味科学实验——自制冰激凌

炎炎夏日，冰凉美味的冰激凌是夏季常见的消暑食品之一，据说它起源于几百年前英国皇宫一顿盛宴上的形似新鲜冰雪的佳肴。其实早在3 000多年前，聪明的中国人就已经利用天然冰在夏天开发消暑食物，更在元朝时政府就开始了冰激凌的生产，是马可波罗将这样的美味带到西方从而得以发扬光大。很多孩子喜欢的口味多样的美味冰激凌，如果让他们亲手制作冰激凌，不仅让他们品尝到自己劳动成果，更从制作过程中学习实验的基本操作，感受劳动的无穷快乐。

【我们需要些什么呢】

一个大瓶子（900mL装蜂蜜瓶）、两个聚乙烯食品塑料袋，手套、奶油、碎冰、白砂糖、盐、香草精。

【我们应该怎么做呢】

1. 将碎冰倒入大瓶子里，大约占据瓶子容积的一半。

2. 在冰里加6勺的盐，给瓶子封盖摇晃。如果此时测量冰的温度，会发现盐和冰的混合物的温度是−10℃。由于温度极低所以该步骤需要戴上手套以防冻伤。

3. 在塑料袋里加入半杯的奶油、一勺糖和半小勺的香草精，尽量排出袋子里的空气后密封袋子翻转使其混合。

4. 将塑料袋放进大瓶子，封盖后就不停地翻转瓶子使碎冰与冰激凌原料的温度逐渐平衡，8～10分钟后检查冰激凌是否结冻。如果没有，则继续翻转瓶子。

5. 将塑料袋取出来，用水将表面冲洗干净，然后就可以尝尝其中的冰激凌了。

【为什么会这样呢】

不同冰激凌的化学组成不一样，并没有固定的配方。若按重量计算，冰激凌主要是成分是牛奶和奶油中的水，还包含甜味剂、调味品、乳化剂、稳定剂和牛奶脂肪。关键成分牛奶脂肪赋予了冰激凌浓烈而细腻的独特口感，一般要占组成的10%以上，当然它的作用不止有助于风味，更增加了产品的耐嚼性和可塑性。混合物在冷却过程中黏稠度增大，也与奶油中的脂肪和蛋白质等有密切关系。冰的结晶物是冰激凌的另一个主要成分，通常在凝冻过程中由于强烈搅拌作用而形成，冰中添加盐，主要是降低凝固点，使原料温度迅速降低，加速冰激凌中结晶物的形成。

【如何让这个实验更完美呢】

改变香精是小朋友们满足自己不同口味的重要操作，如巧克力、草莓香精的添加，使得成果呈现更丰富的风味；也可鼓励大家用身边五颜六色的水果、蔬菜对冰激凌进行装饰，充分发挥自己创意；也可引导孩子们对温度的概念有所了解，并熟悉混合的实验操作。

（四）给予孩子交流分享科学经验的机会

《纲要》中指出：科学教育应使孩子学习"用多种方式表现、交流、分享探索的过程和结果"。那么，如何让孩子对自己的探索过程进行回顾与反思，及时将自己的新发现与家长或者身边的同伴分享呢？比如，家长与孩子刚玩了区分生蛋与熟蛋的游戏，那么玩了之后家长就可以问孩子："你刚才是怎么区分生蛋与熟蛋的呢？"孩子分享了他的经验之后，家长也可以分享其他的方法。家长分享时注意语言尽量简短语速要缓慢、动作表述清晰，以便让孩子学习到准确的表述的过程。最后，还可以鼓励孩子尝试其他不同的区分的方法，孩子尝试完后，再请孩子说出过程。孩子通过再次的尝试，可以学到不同的方法，感受到探索带来的成就感，还可以通过学习家长的语言清楚地表述自己思考与操作的过程，使其理解更深刻。家长平时也可以将与孩子一起做的科学小实验和科技小制作的照片打印出来塑封好做成一本《亲子科技制作》小书，可以随时拿出来让孩子看着照片讲述制作的过程。

 案例分析

情景案例：

冬天来了，一天晚上5岁的朵朵在脱毛衣，突然听到嘶嘶的声音，并看到像小闪电一样光亮的东西，她很好奇，当她再次去看时，光亮的东西已经不见了。第二天，朵朵脱毛衣时又出现了小光亮的东西，这次朵朵忍不住问了身边的妈妈，妈妈说这是"电"。朵朵想追问但被妈妈的不耐烦及严厉的话语挡回去了。过了几天，朵朵换了毛衣穿上棉质内衣，这次她再脱衣服时没有看见光亮的东西和嘶嘶的声音了。朵朵曾一度寻找，未果。

案例分析：

上述案例中朵朵观察到了生活的静电现象，此时的朵朵开始有意的探索。案例中的妈妈对孩子表现出的好奇给予了一个并非完全正确的答案"电"，其实是"静电"。然而，在获得答案之后的朵朵并不满足，仍然继续观察探索。一连几天孩子仍然坚持探索，可以看出孩子此时强烈而持久的探究兴趣。而此时家长没能重视孩子的探究活动，没有给予相应的支持。如果此时家长给予孩子探索的关注，并与孩子一起参与探究，将能满足到孩子的探索精神和需求，且获得有关静电现象的科学经验。家长除了可以带孩子一起探索不同布料产生的静电现象外，还可以和孩子一起玩"会跳舞的娃娃"游戏。准备一些碎纸片，一个气球。请孩子尝试用球在自己的手上或头发、衣服上不断地摩擦后再去吸纸娃娃。当孩子看到纸娃娃被吸起时会兴奋不已，并会不断尝试，那么家长可以引导孩子换不同的地方摩擦气球，观察所吸纸娃娃的量的变化，家长还可以跟孩子比赛看谁最快吸到更多纸娃娃，以此进行深入探索。这类小游戏不但锻炼了孩子的动手能力，更重要的是激发了孩子的求知欲望。在孩子探索的过程中，家长要允许孩子犯错误，允许孩子失败，并鼓励他不断尝试，鼓励他产生求异思维，允许孩子大胆地猜测科学结果，积极自主地进行科学游戏探索，发展孩子探究解决问题的能力，体验到成功的快乐。

二、如何引导幼儿进行观察和记录

观察是指通过感觉器官来感知事物或现象，将各种感觉捕捉到的信息经过大脑的加工形成概念，来获取对事物或现象的认识的一种方法。观察是科学教育里一项最基本也是最重要的能力。通过观察，孩子可以建构自己的科学概念。例如，孩子通过观察蚂蚁，发现蚂蚁有小角角，这是身体的结构的具体化，蚂蚁是怎么死的，这是生命过程的展现。正是这些具体的形象帮助孩子不断建构科学概念。记录是指将自己感知到的事物用文字或图画的形式将其保存下来。由于学前儿童不要求孩子进行书写，因此采用图画的记录方式记。记录的内容可以是天气的变化、温度的变化、动植物的生长变化，简单的图标统计记录等。

孩子们都特别喜欢观察小虫子，像蚂蚁、西瓜虫之类的动物，并且可以一个人十分专注地观察很长时间。作为家长，可以给予孩子观察的机会，发现孩子在很专注地观察时不要打扰他，在一旁观察他，待他需要时可以给予他帮助。如果他的能力达到可以引导他将观察的以图画的形式记录下来。通过观察和记录,孩子不仅能直观地感受到动植物生长变化的过程,还能感受动植物对人类生活的影响,培养其细致观察的能力。

 **策略探究**

(一) 观察和记录动植物的生长过程

孩子通常喜欢观察动植物,尤其是动物。大部分家庭都会种植植物,而他们种植植物的目的是美化家里的环境,很少提供给孩子观察。部分家庭会饲养小动物,孩子跟小动物的接触要多于植物的接触,然而孩子与小动物接触多半是为一起玩耍。

为了能够给孩子提供观察记录的机会,家长可以在阳台或者某个闲置的角落设置一个自然角,专门为孩子种植和饲养小动物。例如,可以在植物角种植辣椒、番茄或者大蒜这样一些生长比较快的植物,让孩子从播种开始记录,并观察植物在生长过程中的变化;可以在动物角放一些小蝌蚪或者蚕宝宝,请幼儿观察并记录他们的变化过程,将其画在纸上。

知识链接:

豆苗生长亲子观察记录

观察时间	天气和气温	对植物的照顾	记录者
第1天	晴天,27℃	今天,我和妈妈拿出挑选好的绿豆,开始播种。妈妈先让我扒开花盆里的土,把几粒种子放进去,将土盖好,再浇一些水,告诉我要给它充足的水分。也不能浇太多,因为它不会游泳,水太多了会把它淹死。 接着进行水培,昨天晚上妈妈先用小盆把绿豆放在水里泡了一夜,妈妈让我触摸了一下,我感觉膨胀的绿豆变软了。然后妈妈把水倒掉,盖上了一块干净的白布。妈妈说这块布一定要在水里浸湿,不但可以遮光,还可以保温、保湿。非常有利于豆苗的成长,要记着每天给它们换一次水。	宾宾口述、妈妈执笔
第2天	雨天,25℃	早上,我去厨房看望水培的情况,发现它们都张开了小嘴,露出白色的肉像小朋友们的牙齿。我按照妈妈的方法给它们换了水,盖上被子。又跑到阳台上看土培,土还很湿,不用浇水	宾宾妈妈
第3天	阴天,26℃	今天绿豆的小芽芽长了出来,给它们换水时,就像一群小蝌蚪摇着尾巴在水里游。真可爱! 花盆里的土没有动静,给它浇了一点儿水	宾宾妈妈
第4天	晴天,27℃	今天我看到豆芽的尾巴变长了,妈妈让我用米尺量一下它的长度,有三厘米,有一些豆苗身上的衣服都脱落了。花盆里的种子还是静悄悄的,我对着花盆说:"别在睡懒觉了! 赶快出来吧!"	宾宾妈妈
第5天	晴天,28℃	早上我给豆芽换水时,看到它的尾部有些变黄。让妈妈来看,妈妈看了以后说:"已经长好了,今天,可以给你做一道清爽可口的豆芽菜! 这可是真正的绿色食品!"我听了以后,高兴地去看阳台上的花盆。仍然没有反应,妈妈让我明天再看,说土里面的种子需要一个星期才能发芽。我只好耐心地等待	宾宾妈妈
第6天	晴天,27℃	早晨起床后,我去给种子浇水,眼前一亮,哇! 土里的豆苗破土而出了,冒出两个浅绿色的小脑袋,形状就像拼音字母 n。我一边浇水一边大声喊:"妈妈! 妈妈! 快来看,豆苗长出来啦!"妈妈过来一看,开心地笑了	宾宾妈妈

（二）观察和记录星体运动或天气的变化

天气变化和星体运动都是一种自然现象。天气变化是孩子通过眼睛以及皮肤的触觉能容易感受到的自然现象，记录起来也很方便。可以尝试让孩子每天记录天气的变化，感受不同的天气对人们出行的影响。由于地球的运动导致白天黑夜现象，是孩子能够感受到的，然而理解和记录起来有点难度；而由于月亮的运动导致的阴晴圆缺现象，却是孩子能用视觉观察到的现象，虽理解有难度但方便记录。观察星体的运动也能带给孩子很多的话题。比如，中秋节前观察月亮的活动，家长与孩子之间可以谈论的话题很多，如有关月亮的知识、月亮的传说、月亮的谚语、月亮与天文气象知识以及星体的运动等等。通过观察月亮丰富孩子对于星体运动的科学经验。

为了能更好地辅助孩子通过观察与记录获得更多关于月亮的知识经验，家长需要做一些准备工作，如向幼儿园老师询问孩子在幼儿园是否有关于月亮的知识经验，经验到什么程度，孩子会对哪样的问题感兴趣，然后通过网络书籍查找相关资料。孩子通过这样的长时间的观察，收获到的不仅是有关月亮的知识，而是获得了一种学习的能力和方法。

（三）观察和记录自己的成长或幼儿园的出勤情况

现在很多家长都时刻记录孩子的成长，并用照片和文字的形式记录下来。待孩子上幼儿园开始，家长可以请孩子一起来记录其成长的历程，可以将每个阶段的照片以主题的形式打印出来做成孩子成长小书，如"生日"、"游玩"、"第一次做……""在家的一天和幼儿园的一天"等主题让孩子感知自己生命成长的历程。也可以请孩子自己记录上幼儿园的出勤情况，让孩子感知时间的历程。

 案例分析

情景案例：

琳琳，5岁，上幼儿园大班。一次琳琳从幼儿园回到家，到了家门口时，琳琳发现门口有成群的蚂蚁在移动，琳琳被蚂蚁吸引住了，于是蹲在门口仔细地观察蚂蚁。琳琳平时就非常喜欢观察而且每次只要一观察就会持续很长一段时间，妈妈见此状，认为不能错过让琳琳记录的机会，于是忙从家里拿来记录的纸过来，让琳琳把观察蚂蚁的过程记录下来。琳琳此时的观察被打断，拿着一张白纸也不知道如何记录。

案例分析：

从上述案例中，可以知道此时的琳琳表现出强烈的观察欲望，并且正处于专注的观察当中。此时，妈妈递给琳琳一张观察记录的纸无疑打断了孩子的专注力。当然，我们知道妈妈的出发点是好的，想让琳琳能在观察的同时学习记录。但是，我们需要明确观察与记录也不是说一定得要同时进行，如果事先有准备，我们可以建议孩子进行记录，当孩子正在观察时则不要打扰他。记录也有一定的方式，如我们可以选择孩子容易画的如天气、植物生长变化等来做记录，并不是为了记录而记录，而是为了观察而记录，为了孩子能更清晰地进行观察而进行记录，否则记录就没有意义。家长在引导孩子记录之前，最好事先准备好记录的表格而不是一张白纸。

三、如何引导幼儿认识周围的事物和现象

《指南》中提出"在探究中认识周围事物和现象"的目标，准确揭示了学前儿童科学知识的特点，它是在探究过程中获得的知识，是有关周围事物和现象的知识。孩子对事物和现象的认识，都是在孩子感知、体验、探究和发现的过程中获得的，是孩子探究过程的结果。例如，孩子通过沉浮的实验探索，认识到物体的沉浮现象；通过调查和记录，认识到天气和季节的变化。由于孩子的学习特点，通过直接的、经验性方法学习。因此，孩子获得的科学知识都是围绕孩子周围熟悉的事物和现象，任何脱离孩子生活经验的，抽象的事物和现象将不能被孩子理解。

 **策略探究**

（一）引导孩子说出事物的外部特征

学前儿童科学知识的发展,遵循从外部到内部、从孤立到联系、从现象到实质、从具体到抽象的过程。依据不同年龄孩子的认知发展特点,3～4岁的孩子在认识事物和现象时只能认识事物外在的、表面的特征,对事物的认识是孤立的。孩子在认识事物和现象时能够认识到事物具体的、单方面的特征,而不能将这些特征进行概括。例如,幼儿在观察苹果时,能够认识到苹果有的大、有的小,也能认识到自己的苹果是绿色的,旁边小朋友的是红色的。但是,苹果的这些外在的特征对孩子来说是孤立的,孩子自己不能够将这些特征进行概括。在生活中,家长应给孩子提供各种感知、观察的材料和机会,让孩子在充分感知的基础上丰富对事物和现象的认识,鼓励孩子说出事物的外部特征,同时家长还帮助孩子总结概括共同的特征。

（二）引导孩子认识事物之间的外在联系,并尝试进行概括

在认识事物和现象时,4～5岁的孩子能够摆脱事物外在特征的束缚,认识到事物之间的联系,并进行一定程度的概括。例如,孩子可以观察到各种各样的瓜(黄瓜、丝瓜、苦瓜等),能够发现这些瓜相同的地方,并进行一定程度的概括,孩子会说"它们的表面都是绿色的""它们摸起来都感觉麻麻的"等。但是,孩子认识到的这种联系是事物或现象外在的、直观的联系,而不是内在的、本质的联系。例如,在观察纸花在水中"开放"的科学活动中,孩子能解释纸花能在水中开放是因为纸很薄,而不能认识到不同纸花开放速度快慢的内在、本质的原因是纸的结构。

（三）引导孩子发现事物之间的内在联系,并进行概括

孩子到了5～6岁,在认识事物和现象时,能够更接近事物和现象的本质,进行更多的概括。当然,孩子对事物和现象的本质的认识也不是绝对的,在整个学前阶段孩子都无法真正理解某些事物和现象背后本质的原因。一方面,孩子能够发现事物和现象之间的内在联系,如物体结构和功能之间的联系。如蒲公英种子的团状结构是为了更好地传播和繁殖;消防车、救护车和公共汽车具有不同的结构特点,作用也不同。另一方面,他们开始理解和关注各种事物和现象与人们生活的密切联系。例如,根据季节和气候的变化,人们要穿保暖程度不同的衣服;天气会影响我们的出行。

 **案例分析**

情景案例:

楠楠,刚满4岁,上幼儿园中班。一天,楠楠在厨房的盆里面玩水,盆里有刚洗完碗的脏水,他将手伸进盆里后,手变得滑滑的,他感觉很新奇,将手拿出来仔细看了看随后放到盆内洗手,洗了一会儿后将手拿出,他发现手上还是滑滑的,于是他经过不断的尝试最终还是未能将手中滑滑的东西洗掉。奶奶过来了,见此状,立马抱着楠楠在水龙头底下用肥皂将手洗净后带出去了。

案例分析:

根据上述案例描述,楠楠刚满4岁,此时孩子认识事物和现象的水平刚进入第二个阶段。也就是孩子能认识事物外在的、表面的特征,也能进行简单的总结概括。此时的楠楠在厨房接触到两种事物——水和油,观察到一种现象,水和油不相溶(当然孩子可能不能准确说出这个现象)。家长此时可以多让孩子感受两种不同物质的特性,如水的流动性、无色、无味、液体;油在手上的感觉是滑滑的,也是近乎无色或淡黄色、液体、有不同的味道的(如果家里有不同味道的植物油,可以让孩子都闻一闻),让孩子对两种物质的属性进行简单的概括和比较。然后引导孩子尝试通过不同的方法(搅拌、摇晃、用手搓等)探索两种液体混在一起的情况是什么,最后进行总结概括,此时如果观察仔细的孩子会发现油和水先是溶在一起后慢慢的分离的现象。

对于刚满 4 岁的孩子在引导其认识事物时,可以先引导其认识事物的外部特征,如颜色、形状、大小、软硬、粗细等,然后再引导其通过探索总结概括所观察到的现象,对现象做出其认为合理的解释。

四、如何给幼儿创造更多接触大自然的机会

自然是科学的研究对象,也是人类赖以生存的环境。自然分为有机自然界和无机自然界。有机自然界由人、动物、植物和微生物构成;无机自然界由水、空气、矿物等构成。人们的生活离不开自然界,但人们往往容易忽略身边的自然。我们生活中用的水、呼吸的空气、吃的食物都来源于自然。著名的教育家陈鹤琴先生曾说过:"大自然是知识的宝库,是活教材。"对于孩子来说,大自然就像神奇的宝库,具有丰富的事物和神秘莫测的现象。这些事物和现象足以引发幼儿的好奇心和探究欲。让孩子亲临大自然,充分运用他们的感官,看看、闻闻、听听、摸摸,使幼儿获得丰富的感知。

 **策略探究**

(一) 依照季节的更替带孩子开展亲子游活动

大自然与儿童的生活息息相关,一年四季,风雨雷电,身边的植物与动物等都是孩子喜欢的探究活动主题。春天万物复苏,生机勃勃正是孩子感受大自然生命力与美的最佳时机。春季带孩子到大自然中开展亲子春游活动。引导孩子发现小草变绿了,各种花开了,蝴蝶飞来了……于是,春天的秘密就成为孩子们关注的话题,如种子的发芽、花开、春天里的小动物等。在春游过程中,家长可以引导孩子观察树叶发芽、开花的景色并将拍成照片,回到家中可以将话题延伸。如植物开花的过程,小草发芽的过程。秋季是硕果累累丰收的季节也是万物开始凋零的季节,这个时候带孩子出去秋游,让孩子去田间、果园、山林里感受丰收的喜悦以及自然衰败的景象,是另一番美景。

知识链接:

亲子旅游中的注意事项

1. 行程安排要宽松。避免每天换一个地方的行程,不要让孩子太劳累。

2. 旅游地要照顾幼儿兴趣。注意选择一些童趣味足的旅游点,让孩子不致觉得沉闷。

3. 行李准备要充分注意带足或途中随时添加孩子的用品。如准备外套风衣、驱蚊水、大雨伞等。

4. 自驾游前保养好车辆。消除隐患,确保车辆行驶安全。

5. 乘飞机注意事项。系好安全装置;飞机起飞时,教儿童采用咀嚼、吞咽、哈欠、闭口鼻充气等方法。

6. 带好药物、避开传染病区。应备有晕车、腹泻、感冒、外伤等药物。

7. 注意旅途中的饮食。避免孩子误食变质、不洁食物发生呕吐、腹泻和食物中毒。

8. 预防旅途受伤。孩子旅游中宜穿舒适便鞋,避免长时间的连续步行,防止登山、戏水时发生意外。

(二) 用发现的眼睛感受身边的大自然

很多家长误以为带孩子亲近自然一定需要带孩子去山林或者动物园、植物园等地方。很多家长表示工作太忙没时间,加上经济也不宽裕因此没有经常带孩子去感受大自然。这里存在一些误区,感受大自然不一定需要到特定的地点去。自然其实就存在于我们的周围:亲近自然是俯下身来,细嗅花香;是

轻轻走过,不忍惊动觅食的鸟儿;是以最虔诚的态度尊重每一个生命。因此,除了植物园、动物园、科技馆,自家附近的公园、山林、树林、沙地、海滩、草坪、菜地、花圃或者饲养家禽的地方甚至家里的小盆栽都是大自然。

孩子是通过身边的自然来认识世界万物。因此,家长们可以通过我们身边的动物、身边的植物、季节、生活中的气象、身边的溪流、身边的山脉等使孩子感受自然,接触自然形成对自然的认识。

 **案例分析**

情景案例:

牛牛,3岁8个月,上幼儿园小班。春天雨后的空气特别清新,爸爸带着牛牛在小区里闲逛。忽然,牛牛蹲下身来,发现土地上有很多蚯蚓。牛牛兴奋地大叫:"爸爸快看!"于是就问爸爸"那是什么?"爸爸说:"蚯蚓。"牛牛接着问:"蚯蚓为什么是这样的?""蚯蚓为什么没有脚?""蚯蚓的嘴巴在哪里?""蚯蚓是吃什么的呢?"还没等爸爸一一回答完,牛牛就一口气问了这么多问题。

爸爸说牛牛从2岁多开始就会有各种各样的问题,他脑袋里真的有十万个为什么。对于这么好问的他我常常需要做很多功课,不然回答不了他的问题,但是很苦恼的是,牛牛很多时候对我的回答并不感兴趣,还没等我回答他的问题,他又提出下一个问题了。

案例分析:

好奇、好问是学前儿童良好科学态度的重要体现。孩子天生就易受事物外部特征吸引而产生好奇心。不同年龄的孩子由于思维和探究能力发展的不同,其科学态度的具体表现也呈现出明显的年龄特点。

案例中牛牛是3岁8个月的孩子,3~4岁这个年龄段的孩子典型的表现是问题非常多。显然,牛牛的表现符合这一年龄段孩子的表现。然而,孩子提出的问题并不是真正的问题,不具有科学探究的意义。有研究提出,3岁是孩子提问的高峰,甚至一些对成人来说习以为常的事情,也会引起孩子的好奇和疑问。例如,孩子会问"人为什么要吃饭""人为什么要睡觉"等问题。他们会提出各种各样的"为什么",然而他们提出这些问题也许只是为引起成人的关注,而不是真正想要知道答案。因此,案例中的爸爸大可不必回答孩子的每一个问题。事实上,他们对自己所提出的问题都能给出回答。例如,某孩子问爸爸:"星星为什么会眨眼睛呢?"爸爸反问他:"你觉得是为什么呢?"他马上回答说:"是月亮让它眨眼睛的。如果它不眨,月亮会不高兴的!"

对这一阶段的孩子来说,提出问题本身就是满足其好奇的手段。到了4~5岁的孩子,他们有了一定的问题意识,会开始寻找问题的答案。对于这一阶段的孩子来说,需要通过探索的过程才能使其好奇心得到满足。对于孩子的问题,家长更重要的不是给孩子答案,而是和他们一起探索。对于5~6岁的孩子,他们不但会刨根问底,而且能够通过自己的探索寻找答案。对于这一年龄段孩子的问题,家长则需要用通俗的语言加以解释,给予解答,也可以鼓励孩子通过自己的探究去寻找答案。

因此,对于孩子的问题,不同的年龄段会有不同的解决办法。家长应根据孩子的思维发展特点给予相应的支持。

五、如何培养幼儿的科学素养

《幼儿园教育指导纲要》明确指出,幼儿的科学素养,一是指培养幼儿具有良好的科学态度和科学情感,包括对周围事物探索的好奇心和求知欲、科学的价值观念、对科学学习的正确态度;二是培养幼儿掌握基本的科学知识技能,包括自主探究能力、基本认知能力、创造能力、发现问题解决问题的能力和较为流程准确的语言表达能力等。因此,幼儿的科学素养包含对科学概念的理解、科学知识和科学经验、科学技能和科学方法、科学的精神和科学的态度。

 策略探究

（一）通过丰富的感官体验积累科学经验

幼儿的科学经验包括动态和静态的两个维度。动态的科学经验是指幼儿和物质材料、环境的相互作用。静态的科学经验是指幼儿在科学探索的过程中,通过亲自操作、凭自身感觉器官获取的关于科学的知识、技能方法和情感态度、价值观等。科学的经验是由一个个生动而具体的事物形象或操作过程等组成的,这些形象的科学经验能够被孩子接受和理解。丰富的科学经验的积累有助于儿童理解以后复杂的科学概念。学前儿童获得科学经验的方法是皆有自身的感官通过实际的操作活动获得的。这些感官经验包括孩子在生活中的看、听、摸、闻、尝。孩子通过皮肤的触觉知道冰是凉凉的,通过嗅觉知道花是香香的,通过尝知道糖是甜甜的。因此,帮助孩子积累丰富的科学经验需要给孩子创造更多的更丰富的感官经验。

（二）引导孩子掌握科学的技能和科学的方法

科学过程一般包含以下几个环节：观察现象、提出问题、做出假设、收集资料检验假设、推理和形成结论。在科学的过程中,人们需要运用科学技能探索周围世界,如观察、分类、测量、预测、推断、表达与交流、界定和控制变量、形成与验证假设、解释数据、实验及建立模型等。科学的方法是人们在认识和改造客观世界的实践活动中总结出来的正确的思维方式和行为方式。最基本的科学方法有观察法、实验法、调查法、分类和测量、数理统计以及协作交流等。

（三）培养孩子科学的态度和科学的精神

科学不仅是知识的过程,也是一种对世界的基本看法和态度。科学态度的内涵是丰富的。美国科学促进协会提出儿童应具有的科学态度包含,好奇心、尊重事实证据、批判地思考、灵活性和对变化的世界敏感。儿童天生对世界万物充满好奇心和探究欲望,科学活动能使其得到满足。同时,科学本身是一种锲而不舍的精神,就是一种积极求索的价值追求。科学的精神具体包括,探究、批判、怀疑以及发现和创新知识的热情,其中探究精神是科学精神的核心。培养孩子的科学态度和科学的精神,家长需要在生活中尊重孩子的好奇心,并引导孩子敢于向未知挑战、鼓励创新、勇于发现问题和尝试解决问题。

知识链接：

美国的幼儿科学教育观

美国儿童教育协会(NAEYC)公布的《0～8岁儿童适宜发展性教育方案》中的《幼儿科学教育课程标准》强调使用术语"sciencing",它表达了对于幼儿科学教育实质的认识：幼儿学科学是一个积极参与的过程,幼儿科学活动过程是一个动手动脑的过程。在"幼儿适宜发展性科学教育目标"中可以更加清晰地看到美国的幼儿科学教育观：

第一,重视培养幼儿对科学的兴趣和热情,科学教育给幼儿最好的礼物就是帮助他们认识美、欣赏美。幼儿总是根据自己的需要和兴趣选择学习内容,以自己的方式和进程与物体相互作用,获得对周围物质世界的认识,因此,培养幼儿对科学的兴趣和热爱之情是幼儿科学教育的首要任务。这一目标使幼儿科学教育活动更富有生气。

第二,重视培养幼儿的探索技能和解决问题的能力,强调让幼儿意识到应该怎样想、怎样做、怎样发现。美国的幼儿科学教育标准强调把科学探究作为获取知识和认识世界的一种方法,构成科学教育的一个独立的组成部分,探究被看成是学科学的中心环节。

第三,鼓励幼儿进行直接的科学活动,在对材料、物等的观察、操作中获得独特的、挑战性的直接经验。这些直接经验是幼儿学习科学的基础,对于他们形成有关科学概念以及今后学习科学具有重要意义。

总体来看,美国幼儿科学教育将培养儿童具有良好的科学素养作为根本目标;强调发展儿童的科学探究能力。对于科学情感、科学探究能力和科学经验这三个目标,是由一个核心概念——探索(动手动脑)而使三者形成一个有机联系的整体。

 **案例分析**

情景案例:

豆豆,5岁5个月,上幼儿园大班。豆豆是一个好奇心非常强,经常喜欢刨根究底的孩子。妈妈了解豆豆处在这样的年龄段好奇是很正常的,因此,每次豆豆妈妈总是能尽力满足孩子的好奇心,有时还会带着豆豆一起为他好奇的事情尝试探索解决问题。一次,豆豆妈妈从菜场买来各种各样的五谷杂粮回来煲粥。豆豆对这些谷物非常感兴趣,便问妈妈:"这些谷物是用来干什么的? 它们是从哪里来的?"于是妈妈借此机会向豆豆介绍谷物的作用以及它们的来源,是用来煲粥,是不同的植物的种子。豆豆又问:"它们的植物一样吗? 它们的植物是从哪里来的呢?"为了使豆豆明白各种谷物植株的不同,以及植株的来源,妈妈对豆豆说,植株是由这些种子发芽长成的。为了能让豆豆更直观地看到不同谷物长出的不同植株,妈妈决定和豆豆一起把种子种下。妈妈在播种谷物前先将每个种子拍成照片打印出来并且编好号,以便谷物长成植株后观察和比较。妈妈还带着豆豆一起为每个谷物做了一张观察记录表,用来记录谷物的生长过程。

案例分析:

由上述案例,我们看到豆豆是个非常有好奇心的孩子,妈妈非常懂得孩子的年龄特点以及发展的需求。我们看到了案例中,豆豆对妈妈买回来的谷物表示强烈的好奇心,想知道谷物是从哪里来的,谷物的作用是什么。当妈妈给予孩子的答案时,孩子的问题又来了,谷物是不同植物长出来的,那每个谷物的植物是什么样的呢? 豆豆的好奇心没有因得到答案而终止,反而由此引发更多的问题,借此激发了妈妈的想法,妈妈想借这个机会带领孩子一起来探索解答这个问题。此时豆豆妈妈没有直接给予孩子一个现成的答案,而是通过播种谷物的方式使孩子通过实际操作,亲身体验来获得答案。这样的做法有助于保护孩子的好奇心以及科学探索的精神,实事求是的精神。而且妈妈在整个过程中,引导孩子将每种谷物的生长过程记录下来,这样使孩子学习观察记录,懂得记录的方法,培养孩子的科学观察的能力。孩子在动手的操作过程中也能习得关于"种子"、"发芽"、"生长"、"播种"等科学的经验。

🌿 第二节 培养幼儿的数学认知能力

一、如何引导幼儿感知生活中数学的有用与有趣

数学教育不仅使孩子获得有关经验,更重要的是提高孩子对数学的兴趣、探究欲望及解决实际问题的能力。数学来自人们的现实生活,是人们在日常实践活动中获得的对现实世界的空间形式和数量关系的认识,也是对现实世界经验的总结。通过生活的不断积累,两三岁的孩子已有了一些粗浅的数学经验,如三岁的小孩会伸出三个指头说"我三岁了";孩子会知道到达家里需要坐21路车;

给他糖果,他会说要多多的。学龄前阶段孩子思维发展处于具体形象性阶段,对于数概念、量、物体形状、时间和空间等抽象概念的理解需要借助于生活中实际的物体。因此,家长需要以生活化的方式,引导孩子感知数学,让孩子体验到数学的乐趣及其与生活的紧密联系,从而自发地形成一些数学经验。

 **策略探究**

(一)引导孩子关注生活中与其密切相关的数的信息

数的信息主要是指有关数字的信息,通过关注生活有关数字的信息,尤其是与孩子密切相关的数,从而增强孩子对于数概念的认识。生活中处处存在数的影子,如孩子和父母的年龄、家里的人数、日期、温度、时间等。家庭环境中同样也存在数的信息,如家里摆放的时钟、身高测量图、在卫生间的茶杯和毛巾架上编上的序号。可以引导孩子学习翻看日历,并在日历上标出孩子与父母的生日的日期。总之,生活中任何可以用数字来表示的都可以引导孩子关注,形成对数的感性经验。

(二)感受数字的有用和有趣

有用的数字既取材于生活,又应用于生活。家长要善于捕捉生活中的教育契机,引导孩子感知数字的有用与有趣。在生活中引导孩子寻找生活中不同地方的数字,了解其作用。如家长平时可以引导孩子观察车辆的车牌号码,让孩子尝试运用单双数设计车牌号码,让孩子体验到数学与日常生活是密切联系的,体会到数字的有用性,激发孩子学习数学的兴趣。

(三)引导孩子应用数学解决生活中的问题

生活中人们常常运用数学解决实际的问题,如买东西付钱、测量、出行乘坐公交车。运用数学解决实际问题是孩子的较高的数学能力,一般4岁以上的孩子可以达到。家长可以根据孩子发展水平,在生活中适当给孩子自己锻炼的机会,如记住自己回家需要乘坐的公交车。可以让孩子记住父母的电话号码,并让孩子练习拨打父母的电话。引导孩子定期测量自己的身高,感知不同的数字表达不同的身高,且随着身体的长高,所使用的数也越来越大。

知识链接:

推荐给2~7岁宝宝读的数学绘本

2~4岁宝宝的数学绘本

宝宝进入两岁以后,数字的概念开始渐渐萌芽了。什么是数字的概念呢? 对于一个两岁左右的孩子,最简单而最直接的概念就是知道多与少、大与小的区分。对于这个年龄段的孩子来说,知道6比3大,远远要比他知道"6-3=3"有意义得多。到了2岁半左右,孩子会步入一个主动数数的敏感期,这个时期是右脑数学向左脑数学转化的时期。推荐给2~4岁宝宝的数学绘本有:

1.《首先有一个苹果》;2.《完美的小狗阿波罗:我会数数》;3.《数一数,亲了几下》;4.《一个下雨天》;5.《小球听民乐——数字歌》;6.《小玻会数数了》;7.《这是什么队列》;8.《快点睡觉吧》;9.《失踪了一只熊》;10.《10只小猴加油》。

4~7岁以上孩子的数学绘本

孩子四五岁的时候,以往具体、直观的数学感性经验,会在大脑中慢慢形成抽象数学概念,通常这个时期会被称为"数学概念敏感期",具体表现就是孩子会突然对数字概念,如数字、数量、排列顺序、数运算、形体特征等都产生极大兴趣。

到了六七岁,孩子又将迎来"数学逻辑敏感期",这和"数学概念敏感期"是有区别的,主要是孩子们在完成对数字、数名、数量的认识之后,开始对数的序列、概念以及概念间的关系产生兴趣。

这个时候,真正的左脑计算时期就来临了,如果在这个时候适当地引导孩子学习数学计算,孩子可以获得较高的数学认同度,以后数学的学习会比较轻松。推荐给4~7岁宝宝的数学绘本有:1.《数字在哪里》;2.《吉莉娅数星星》;3.《100层的房子》;4.《365只企鹅》;5.《谁偷了包子》;6.《大象的算术》;7.《走进奇妙的数学世界》;8.《十个人快乐大搬家》;9.《奇妙的种子》;10.《壶中的故事》。

 **案例分析**

情景案例:

佳佳,6岁,上幼儿园大班。今天是佳佳的6岁生日,佳佳的爸爸妈妈请来了佳佳的几个小朋友来给他过生日。切蛋糕的时候,妈妈说佳佳已经6岁了,长大了,可以自己切蛋糕了。让佳佳先数数今天来了几位小朋友,5位,加上爸爸妈妈和佳佳一共是几个人,8个。佳佳需要将蛋糕分成相同的8份,妈妈先示范,先将蛋蛋切成相同的两半,请佳佳自己分后面的。在小朋友的帮助下,佳佳将蛋糕成功的分成相同的8份,他们一起开开心心地分享了蛋糕。

案例分析:

由以上案例描述,我们知道6岁的佳佳掌握了均分的概念,并且成功地用等分的方法将蛋糕均分为相等的8份。均分是数学中较难以理解和掌握的概念,只有当孩子有一定的数学经验基础,思维的发展从具体向抽象发展,那么孩子能够接受这个概念。案例中的佳佳已经达到了这样的能力,因此他能完成妈妈给的任务。这是一个将数学运用与生活的例子,那么我们生活中还有很多运用数学解决问题的例子。

二、如何引导幼儿理解数和量

数和量是数学当中两个重要的概念,对数和量的理解也是学习数学的基础。学前儿童数概念的形成不是短时期能够实现的,它是一个长期而且复杂的过程,同时也是一个连续的发展过程。数和量都是比较抽象的概念,而学前儿童数学思维的发展是一个由具体到抽象的过程,因此,学前儿童对数与量的理解需要建立在具体实物的基础之上。孩子对于数和量的理解主要包括:计数能力的发展、对数序的认识、对量的认识及数量关系的理解。

 **策略探究**

(一)培养孩子的计数能力

计数,也叫数数,是一种有目的、有手段、有结果的活动。孩子要想知道一个集合(整体)中的元素的个数就要进行计数。在计数的过程中,无论按什么顺序去数,只要没有遗漏、没有重复,所得的结果总是一致的,计数的结果与计数的顺序无关。学前儿童计数能力的发展顺序依次是口头数数、按物计数、说出总数和按数取数。口头数数可以从1开始数,也可以以任意数字开始跳数,可以顺数也可以倒数。按物点数需要孩子做到手口一致地点数。说出总数要求孩子在点数后能够知道总数是多少。按数取物要求孩子记住数然后取出相应数量的物品。家长可以跟孩子玩点数和按物取数的游戏,让孩子数一数玩具的数量,给孩子一个物品的数量让她取出相应数量的物品,通过不断反复的联系能培养孩子的计数能力,增强孩子对于数概念的理解。

（二）培养孩子对于数序的认识

数序,是指自然数的顺序,每个数在自然数列中的顺序,都是按照后面的一个自然数比前一个多"1"的顺序排列起来的。也就是说,数序指的是每个自然数在自然数列总的位置以及相邻两数之间的大小关系。3~4岁的孩子只能看着实物,在对应的基础上,依靠数数来比较数量的多少,脱离了实际的物品他们则不知道数的顺序与多少。例如,若问3多还是4多,孩子往往答不上来,而让他们看——对应的苹果,他们就会说4个苹果多,3个苹果少。到了5岁或5岁半以后,孩子往往能顺利地比较10以内数的多少。对于数的排序,4岁以下的孩子大都没有排序能力,到了5岁左右孩子对数的排序能力明显地提高了。

（三）培养孩子对于量的认识

量是指客观世界中物体或现象所具有的可以定性区别或测定的属性。物体量的测量结果可以用数来表示,即数量。学前儿童认识的量是一些基本的常见的量,如:大小、长短、粗细、高矮、宽窄、厚薄、轻重、远近等。儿童从出生起就感知并积累了大量的有关物体量的感性经验。由于其语言能力的发展晚于感知觉能力发展,因此还孩子常常不能用恰当的词来表示物体的量。量是相对的,家长可以结合具体事物让孩子通过多次比较逐渐理解量是相对的,在一对一配对的过程中发现两组物体的多少。

随着年龄的增长,孩子对于物体量的认识逐渐由只能区分明显差别的量到能区分细小差别的量,表现为3~4岁孩子能区分大小、长短,4~5岁孩子还能区分粗细、高矮和厚薄,5~6岁孩子还能区分远近、宽窄。

案例分析

情景案例：

龙龙,4岁。龙龙平时喜欢和妈妈玩一些数字游戏,每次龙龙都会接到妈妈给予的"任务"。今天也不例外,龙龙妈妈拿出画有1~10个圆点的10张卡片,让龙龙来排列,要求龙龙按照大小的顺序从小到大排成一行,龙龙欣然地接受了"任务"。可是,几分钟过去了,妈妈发现龙龙还是没有将卡片排列好。妈妈很纳闷,"为什么龙龙不能完成此项任务呢? 龙龙已经会数到20了呀"。于是,妈妈就开始教龙龙排列。妈妈让龙龙先数一下卡片上的数字,然后再摆放,可是妈妈发现教了三个数字后,龙龙还是不会排列。

案例分析：

由以上案例可以知道10以内的排列4岁的龙龙并没有掌握。这是因为按序排列圆点卡片是一个比较复杂的过程,因为4岁的孩子还不能从图片上一眼看出圆点的多少,并且比较出他们的大小,他们必须通过点数的方式知道圆点的个数,然而每次点数完之后,他还需要记住每个图片总的数目,还要知道每个数在序列中的位置,最后还要进行大小比较,才能将卡片按大小顺序排列好。然而,4岁左右的孩子排序能力还没达到,到了5岁,能排列的卡片数目平均也不超过5个。因此,案例中龙龙妈妈认为孩子会数20以内的数了,并不代表孩子能将数在序列中的位置抽象出来。如果要使得龙龙完成此项任务,首先需要减少排列的数量到至少一半,且需要孩子有一些准备经验,如后一个数比前一个数多1,会点数并能说出总数。这样可以请孩子通过观察先找出最小的,然后找出第二小的,进行比较后排列。

三、如何引导幼儿理解数量关系

幼儿数学教育内容中包含十二种数量关系,反映了数学知识间的内在联系和规律,这十二种数量关系是:1和许多关系、对应关系、大小和多少关系、等量关系、守恒关系、可逆关系、等差关系、互补关系、互换关系、传递关系、包含关系以及函数关系。因此,数量关系不是简单字面意义上的数和量之间的关系,还包括数和数之间、量和量之间以及图形之间的关系。引导孩子理解数量关系可以包含这样一些内容:排序、分类、配对(或匹配)、大小长短的比较、记录、守恒、相邻数、数的组成和分解、加减运算、自然

测量,等分与不等分等。家长可以根据幼儿的实际发展水平以及孩子理解数量关系的可能性选择数量关系内容,不宜让孩子掌握数量关系的名称、概念及术语,家长应使用孩子易懂的语言,引导孩子在自身的探索中初步理解数量关系。

策略探究

(一) 提供孩子操作的材料

数量关系是抽象的,孩子在操作材料中感知数量关系,能为其获得清晰的表象,有助于对数量关系的理解和迁移应用。操作法是指导孩子理解数量关系的一种主要方法。家长在指导孩子理解数量关系时,应充分发挥孩子学习的主动性,为孩子提供充足的操作材料、操作时间和空间,让孩子在自由操作中探索发现数量关系。如让孩子理解7的组成,可以给孩子提供7根筷子,引导孩子操作把7根筷子分成两部分,数数看这两部分分别有多少根筷子。引导孩子尝试不同的分法。

(二) 恰当地选择数量关系的内容

恰当地选择数量关系的内容就是要根据孩子的认知发展特点选择适合孩子理解的数量关系内容。学前儿童的思维以直观形象为主,孩子不能理解很多抽象的数学概念,如5岁以前孩子还不能很好理解守恒的关系。家长可以将抽象的数量关系放在成一些具体物品的操作中。在生活中能找到很多数量关系的教育内容,如瓶子配瓶盖的匹配游戏,各种家具用品的分类游戏。分类游戏还可以按不同特征进行分类,如将一堆树叶先按颜色分,再按大小分,再按形状分等等,引导孩子感受整体与部分之间的包含关系。同样是玩树叶还可以请孩子将树叶先剪成不同的图形,然后再将各种图形拼成原来的一大片树叶,引导孩子感受图形之间的等量关系。

(三) 采用游戏化的方式,增加趣味性

家长在引导孩子理解抽象的数量关系时,尽量设计一些游戏,采用游戏化的方式能激发孩子学习的兴趣。在引导孩子理解时同时注意提出有启发性的问题,并且层层深入,同时在游戏中设置孩子操作的环节,引导孩子在操作中解决问题,从而理解相应的数量关系。家长可以在情景游戏表演中、体育游戏、音乐游戏或者玩具游戏中渗透数量关系知识,例如,玩雪花片和串珠玩具时,让幼儿练习颜色的排序,让幼儿玩点子与数字等量匹配,按玻璃瓶上的数量把相应数量的串珠放到瓶子中;玩沙子时,给幼儿提供各种形状的杯子,让幼儿感知量的守恒;这样他们在每一次玩玩具的时候都有不同的收获,孩子们兴趣就会很高。

知识链接:

幼儿数学游戏

1. 厨房配菜

玩法:将素菜和荤菜卡片放在桌上(没有卡片也可以画,用实物的话就不太方便),各排列在一边,然后由家长来"点菜",由孩子来"配菜"。比如,家长要求孩子配两盘菜,每盘菜中要有1根黄瓜、2只鸡蛋。那么孩子就必须找出2根黄瓜,4只鸡蛋。这个游戏还可以反向进行,比如,家长告诉孩子两盘菜中有4棵青菜,6只鸡蛋,问问孩子,每一盘菜中有几棵青菜、几只鸡蛋。

2. 蝴蝶找花

玩法:卡片上大花一朵,分别有2~7的数字;蝴蝶卡数十张,每只"蝴蝶"上有试题或分解符号及一对数字。把卡片一字排列,帮"蝴蝶"逐一找到与它身上的试题数量相对应"花",每人必须帮5只以上的"蝴蝶"找到"花"。

3. 母鸡下蛋

玩法：卡片上母鸡各一只，分别标有 3～7 的数字；"鸡蛋"数十个，每个上面标有分解符号及一对数字；把几只"母鸡"按顺序排列，按总数与两个部分数的关系逐一把"鸡蛋"送回"母鸡"身边。

4. 开火车

玩法：提供情景道具，玩开火车的游戏，让幼儿巩固练习 6 以内的序数，正确运用"第几"表示物体顺序。如：在火车票上写上数字，幼儿要根据数字上的第几号车厢找座位。

5. 小鸭吃鱼

玩法：在纸上画上要求的各类型鱼，然后剪下。把这些纸鱼散扔在地上。跟孩子说："你是个小鸭鸭，饿肚子了，想吃这些小鱼，小鸭想，我一样一样地吃，比如先吃长鱼短尾巴的，再吃长鱼长尾巴的，就这样，一样一样地吃，并且边吃边数(把纸鱼拣到一纸盒内就算吃了)。"

 **案例分析**

情景案例：

肉肉，6 岁，上幼儿园大班。一天肉肉爸爸在跟孩子玩"水一样多吗"的游戏，肉肉爸爸是想通过这样的游戏，让孩子理解量的守恒概念。肉肉爸爸首先取出两个装有等量的水的杯子。并问肉肉："两个杯子里的水是不是一样多？"肉肉说："一样多。"爸爸变魔法拿出两个更小的透明杯子，并将其中一个大杯子的水分别倒进两个小杯子里面。爸爸又问："大杯子里的水和小杯子里的水是不是一样多呢？"肉肉迟疑了，分辨不出来。爸爸见此状，变出一个小碗，请肉肉用小碗测量一个大杯子里装有几碗水，两个小杯子装有几碗水，肉肉开心地"测量"起来。结果发现，"一个大杯子里装有 3 碗水，两个小杯子里也装有 3 碗水"。爸爸开心地说原来两个大杯子的水也是一样多，分成两个小杯子后，一个大杯子的水和两个小杯子的水还是一样多，肉肉真棒！

案例分析：

由上述案例可以看出肉肉爸爸是经过了思考之后设计的游戏，对于量的守恒的游戏过程设计非常清晰。爸爸首先设计两份等量的水，这样做其实非常重要，使得其中一分量的形式改变了以后，孩子还可以直观地、有比较地看到这种变式的量是和原来的一样。然后爸爸通过"变魔法"的方式，吸引孩子的注意，引出变式"一个水杯变成两个水杯"，给孩子设置了一个"难题"——"变了之后的水还是一样多吗"，为了帮助孩子解决难题，家长不是直接给予答案，还是给孩子提供测量工具"小碗"让孩子自己通过操作探索解决问题。当孩子通过测量后，惊奇地发现"一个大杯子里装有 3 碗水，两个小杯子里也装有 3 碗水"，爸爸这时将孩子的发现进行总结原来大水杯的水倒成两份以后还是一样多。孩子在整个游戏过程中感受到了形式变化量却没有变化，这就是量的守恒。

四、如何引导幼儿感知物体形状

形与数和量一样都是学前儿童数学教育的重要内容。几何形体是对客观物体形状的抽象和概括，是人们用来确定物体形状的标准形式，具有普遍性和典型性。通过认识几何形体，不仅能帮助孩子更好地认识客观世界，而且能发展孩子的观察、比较、归纳、概括、空间知觉和空间想象力。家长可以通过引导孩子学会区分物体与形状，教会孩子通过观察比较的方式认识图形，教孩子学会区分平面图形与几何图形，或者与孩子一起制作图形和几何形体能让孩子充分感知物体的形状，丰富其对数学的认识和理解。

策略探究

（一）教幼儿学会区分物体与形状

生活中充满了大量的具有各种形状的物体,儿童从小就生活在充满各种形状的物体的环境中。几何形体是对物体形状的高度抽象和概括的结果。在儿童的眼里,生活中看到的是具有各种各样形状的实物而非抽象的形体,孩子能直呼的是物体的名称,而非数学意义上的几何图形的名称。例如,看到一个圆形的篮球,孩子会说"篮球"而不是"圆形"。因此,孩子在认识几何图形时常常出现用物体名称取代形体名称的现象。如把圆形叫作"皮球"、"太阳"等,把正方形称作"手帕"等。家长在引导孩子认识几何形体时,注意引导其区分物体和形状。先让孩子说出物体的名称,然后引导其观察物体的形状并告诉孩子几何形状的名称,帮助孩子从物体的形状中抽象概括出几何形体。例如,让孩子说出"橙子",问:"你看看它是什么形状?"如果孩子没能说出形体名称或者孩子说成"圆圆的",那么这仍然不是几何形体的名称,家长应告诉孩子"它是圆形的"。

（二）教幼儿学会区分平面图形与几何图形

平面是几何体的一个部分。几何体具有空间感和立体感,是由多个平面组成。我们周围环境中具有各种各样形状的物体,这些物体都是几何体。学前儿童对物体的认识是整个的,是从整体开始的。孩子在认识几何形体时往往从先认识平面图形开始,再认识几何体。家长常常会发现,在要求孩子寻找周围环境中什么样的物体具有什么形状时,孩子常常以体代面,如孩子会说"冰箱是长方形的"。由于孩子认识图形受经验性影响,孩子生活中越常见、越熟悉的物体形状越容易被认识。因此,孩子认识物体形状呈现出一定的顺序性,认识平面图形的顺序是:圆形—正方形—三角形—长方形—椭圆形—梯形;认识几何形体的顺序是:球体—正方体—长方体—圆柱体。家长需结合孩子认识几何形体的顺序,引导孩子认识图形和几何体,并引导其区分什么是平面图形什么是几何体。

（三）教幼儿动手制作图形和几何体

动手制作图形和几何体即是通过孩子的动手操作来实际感知形状的概念。《指南》中提到学前儿童的学习方式是"直接感知,亲身体验和实际操作"。幼儿教育家蒙台梭利也曾说过"我看见了,我就忘记了。我听到了,我就记住了。我做了,我就理解了"。因此,动手制作几何形体,能帮助孩子更好地理解几何形体及各几何形体间的关系。可以通过撕纸、折纸的方式制作图形或几何体。可以为孩子提供各种形体的印模和橡皮泥,让孩子用各种模具做出几何形体。用橡皮泥塑造几何体。为孩子提供几个平面图形,让孩子拼搭出几何体,孩子拼搭完后引导孩子观察感受几何体包围的空间以及它的立体感。例如,用6个一样大的正方形做成正方体,6个长方形拼出长方体。有条件和细心的家长还可以尝试在布上打孔,让孩子用胶线或鞋带穿出各种图形。在钉子板上用橡皮筋绷出常见的平面图形。

案例分析

情景案例:

溜溜,5岁,上幼儿园大班。溜溜的妈妈发现溜溜最近特别喜欢三角形,在生活中看到有三角形的物体就说那是三角形的。妈妈询问幼儿园老师才知道,原来溜溜最近的数学活动就是关于三角形的。为了巩固和拓宽溜溜对于三角形的认识,妈妈决定跟溜溜玩三角形的游戏。第一天妈妈和溜溜玩了"比一比谁在家里找到的三角形多"的游戏,游戏一开始,妈妈和溜溜都找出好多三角形的物品,开始他们找到很多常用物品上的三角形,随着游戏的进行溜溜越找越细致,就连茶几桌布上的花纹都有好多三角形。第二天,妈妈和溜溜玩了三角形拼图的游戏,溜溜发现三角形可以拼出好多的图形,有大的三角形、四边形,还有花型,风车型等。第三天,妈妈又和溜溜玩了三角形搭建的游戏,这一天溜溜惊奇地发现原

来三个一样的三角形搭在一起可以"站起来",妈妈说这个叫"三角锥体"。

案例分析:

从以上案例可以看出,溜溜的妈妈是一个很有智慧的妈妈。她设计的游戏既巩固了孩子对于三角形的认识,又丰富了她对三角形的认识,还使得溜溜建立了更高一级的概念——"三角锥体"的概念。妈妈的游戏设计,达到了让溜溜"跳一跳就能摘到果子"的效果。

五、如何引导幼儿感知时间和空间

时间是物质运动变化过程的持续性和顺序性的反映。时间是一种可以测量的连续量,是数学学习的范畴。时间有这样一些特点,第一时间具有流动性和不可逆性,第二时间具有周期性,第三时间没有直观形象。时间是抽象的,它看不见也摸不着,但它是客观存在的。学前阶段让孩子理解时间,只是让孩子感受时间的这些特性即可。

空间方位是指对于物体的空间位置的辨别和物体之间的相互关系的了解,也叫作空间定向。客观世界中的任何一个物体都存在于一定的空间之中,都占有一定的位置并且与周围的物体间存在着相互的位置关系。学前儿童掌握空间方位的过程中最早分出的是垂直的上下方,然后是水平方向的前后和左右。3~4岁的孩子只能辨别自身的上下、前后,4岁以后的孩子逐渐学习区分以客体为中心的上下、前后,如桌子的上面,能够区分自己的左右;学龄以前的儿童大部分尚不能区分客体为中心的左右,如凳子的右边。

 **策略探究**

(一)引导孩子感受时间的流动性与不可逆性

流动性和不可逆性是时间的一个很明显的特点。"逝者如斯",时间就像滚滚东流的江水,一去不复返。我们每天都会感受到时间在流逝,我们一天天地长大、成熟、衰老。因学前儿童思维的具体形象性,难以直接理解抽象的概念。在生活中可以借助时钟让孩子感知时间的流逝。如当孩子在做某件事时可以让她看着时钟开始的位置,等他做完再看看时间指针到了哪里,以此来感受时间的流逝。也可以用秒表记录孩子在1分钟的时间内可以完成多少事情,比如可以穿几颗珠子等。

(二)引导孩子感受时间的周期性

时间的周期性即时间的循环,它是自然界的一种规律。如日复一日,每天都经历早上、中午和晚上,一年有四季,春夏秋冬,四季更替,周而复始。计时的钟表时针一圈是12小时一天2圈,每天重复着。一个星期七天,每周都循环重复。家长引导孩子感知时间的周期性可以采用出勤记录的方式,请孩子坚持一个月或者更长时间来记录其上幼儿园的日子,可以采用天气或者小动物的印章来记录,一个月后让孩子找出一个月中有几个星期一,他有几个星期一去了幼儿园。还可以尝试做一个孩子的成长记录,选出孩子不同年龄在春夏秋冬的照片,请孩子感受不同的年份不同的时间一样的春夏秋冬场景,以此来感受时间的周期性。

(三)感受空间方位先上下再前后左右

家长引导孩子感受空间方位应"先上下再前后左右",这包含两个层面的意思,一是孩子感受上下前后左右这样一些空间方位的顺序,二是指孩子感受空间方位存在一定的规律性。不管孩子的身体位置怎么移动,孩子的上下方位的位置是不会改变的,所以孩子认识上下方位较容易。前后、左右的方位具有方向性和可变性,前后、左右的方位会随儿童身体的位置的变化而变化。如原来的前面一转身就会成为后面,而原来的左面也会成为右面。因此,前后、左右方位的辨别较上下方位的辨别要困难些。前后方位的辨别可以以儿童的脸的方向为参照,因此儿童对前后方位的辨别较左右容易。

一般来说,3~4岁的儿童只能以辨认自身的上下、前后,以自我为中心确定物体的上下前后。随着孩子年龄的增长,在正确的教育下5岁以后的儿童不仅可以辨认离自己近的物体的方位,而且可以辨认离自己较远物体的方位,甚至可以判断物体的运动方向。

操作技能训练

堂上练习:扫码查看亲子大自然探索活动简讯,并根据简讯撰写一份亲子活动方案。

7-2

课外拓展任务

1. 素质拓展

扫码阅读文章,谈谈文章对你指导家长开展幼儿科学探究有什么启发意义?

2. 活动拓展

利用平时或见习实习时间指导小朋友开展一个科学探索活动。

7-3

第 八 章

学前儿童艺术领域的家庭指导策略

★ 学习目标

素质目标	1. 感受优秀传统文化之美,树立以美育人、以美化人、以美培元的教育观。 2. 增强立德树人意识,弘扬精益求精的工匠精神,提升艺术审美素养。
知识目标	1. 掌握《指南》中艺术领域的两大教育目标及其子目标。 2. 知道《指南》中艺术领域各年龄段的典型表现。
能力目标	1. 能根据《指南》中艺术领域的两大教育目标开展相应家庭教育指导。 2. 能够设计一份亲子艺术活动方案。

情境分析导入

讨论分析:扫码观看视频,谈谈该访谈对你开展学前儿童艺术领域的家庭教育指导的启示。

8-1

知识内容学习

关键经验

1. 能感受、发现和欣赏自然环境和人文景观中美的事物。

2. 能用自己的方式来表达他对音色、强弱、快慢的感受。

3. 能和别人分享、交流自己喜爱的艺术作品和美感体验。

4. 能自哼自唱或模仿有趣的动作、表情和声调。

5. 能用绘画、捏泥、手工制作等多种方式表现自己的所见所想。

6. 能哼唱、即兴表演、敲打节拍、绘画、律动、舞蹈和自编自演故事。

家长聚焦

1. 幼儿是否具有良好的感受、发现和欣赏美的能力。

2. 幼儿是否具有良好的艺术感。

3. 幼儿艺术兴趣的培养方法是否适当。

4. 幼儿艺术兴趣班的选择是否正确。

5. 幼儿是否具有良好的艺术欣赏能力。

6. 幼儿是否具有较强的表现欲和表演能力。

7. 幼儿绘画作品的欣赏和评价方法是否科学。

8. 幼儿是否适合学习舞蹈。

9. 幼儿是否适合学习音乐。

10. 幼儿是否有艺术创作的天赋。

《指南》建议

1. 和幼儿一起感受、发现和欣赏自然环境和人文景观中美的事物。

2. 和幼儿一起发现美的事物的特征,感受和欣赏美。

3. 创造条件让幼儿接触多种艺术形式和作品。

4. 尊重幼儿的兴趣和独特感受,理解他们的欣赏行为。

5. 创造机会和条件,支持幼儿自发的艺术表现和创造。

6. 营造安全的心理氛围,让幼儿敢于并乐于表达表现。

7. 尊重幼儿自发的表现和创造,并给予适当的指导。

第一节　培养幼儿良好的感受与欣赏能力

一、如何教会幼儿感受、发现和欣赏自然环境和人文景观中美的事物

儿童教育家陈鹤琴先生说:"大自然是我们最好的老师,大自然充满了活教材,大自然是我们的教科书,我们要张开眼睛去仔细看看,要伸出两手去缜密地研究。"的确如此,我们处于天高地阔、自然资源无限丰富的环境中,"仰观宇宙之大,俯察品类之盛",四季的更迭、物种的多样,为孩子们提供了观察与学习的鲜活教材;浩莽的苍天、游动的流云、广袤的田野及丰富多彩的户外活动,拓宽了孩子们的知识视野,培育了孩子们的基本技能,陶冶了孩子们的稚嫩心灵,健全了孩子们的独立人格,也充实了孩子们的童年时光。

策略探究

(一)多带孩子开展户外活动,让孩子欣赏自然美

幼儿的感受性是很强的,要多带幼儿出外看看,特别是带幼儿去看土地、森林、山脉、河流、海洋等自然景物,为幼儿身心健康奠定基础。

在孩子眼中,大自然是神奇的,它有孩子们探索不尽的奥秘;同时,大自然又是诱人的,它蕴涵着朴实的美。那潺潺的流水、鲜艳的花朵、婉转的鸟鸣,无不给孩子带来乐趣和遐想。住宅小区、小公园也是大自然的缩影,有草、有花、有树,随着季节的变化,园内景色也不断变化。春天来了,可以带幼儿在院子里寻找春天,让孩子们看到桃花开了,小草长高了,树枝长出了绿叶。家长可以经常带幼儿到公园游览,去野外远足,让幼儿充分感知色彩的美:绿色的宁静,红色的喜悦,白色的纯洁。家长可以让幼儿在松软的草地上躺着观看天空中各种形状的云,看鸟群从天空飞过,看飞机长长的雾气尾巴,看路边的小草、花朵,田野里的果实、庄稼,家长可以让幼儿用照相机拍照留住大自然的美,也可以让他们把感受最深、感觉最美的景色画在纸上,或者留住心上。

(二)抽空带孩子们参与种植活动,感受美无处不在

春天是万物生长的季节,家长可抽空带领幼儿在自家的花盆或者去菜园种上各种蔬菜、大豆、向日葵等一些农作物。让幼儿感受幼芽破土而出的喜悦,感受给庄稼拔草、培土、浇水的辛苦和快乐。当向日葵开花时,家长可以教会孩子注意观察它们转动的方向,引导幼儿发现它们向着太阳转动的特点,使

幼儿就对大自然产生了浓厚的兴趣。家长要带孩子和小伙伴结伴去观察自己种植的植物变化,关爱着每一株幼苗的成长。家长还可以引导幼儿参观养鸡场、养鸭场、养猪场、农贸市场等地方,了解蔬菜瓜果的种植,鸡、鸭、猪的养殖等。这样,孩子们得到的不仅仅是丰富的知识,还有那份对知识的渴求,对未来的探知,对大自然的美好的感受。

(三) 多带幼儿参观人文景点,提高幼儿的人文素养

在日常生活中,家长要多带幼儿参观人文景点,经常带幼儿参观文化园林、名胜古迹等人文景观,讲讲有关的历史故事、传说,与幼儿一起讨论和交流对美的感受,去了解家乡的风土人情,民族文化。使幼儿对家乡的认识由表及里,逐渐深化,激发了幼儿热爱家乡的情感,培养幼儿对社会的认同感,加深对本土文化尊重和热爱的情感。家长还可以收集、整理并合理运用乡土材料,指导孩子们利用乡土材料制作玩具、开展活动,让幼儿感受了民间艺术和游戏带给他们的快乐,既锻炼了动手操作能力,也提高了幼儿的人文素养。

 **案例分析**

情境案例:

刘先生是一个非常喜欢出门旅游的人,孩子伟伟今年已经 6 岁,他觉得孩子已经长大了,能够跟上家长旅游的步伐了,于是他才决定搞一个短线的亲子游。但是,六个人挤在一辆车里,车一开就是四五个小时,伟伟感觉很不适应。到了海边,几个男士马上就跑到海里游泳,把伟伟放在沙滩上让孩子的妈妈看着。晚上又是吃海鲜又是喝啤酒,一直玩到深夜,而伟伟已经倒在妈妈的怀里睡着了。回到家后,问孩子玩得开心不开心,孩子却说"一点也不好玩""你们都不陪我玩"之类的话。

案例分析:

亲子游,是促进孩子与家长之间感情和互动的旅游方式,主要目的还是让孩子在旅游的过程中放松心情和长见识,但是现在不少年轻家长带孩子出门旅游,只是因为孩子没有人看着,或是自己想出门玩了。在旅游的目的地和方式上面也都以大人的视角去考虑,完全没有争取孩子的意见。在游玩的过程中,家长们又完全把自己当成"孩子"对待,玩起来不考虑怎么和孩子互动,甚至不考虑孩子的感受,这就使得亲子游成为家长出门旅游的一个由头,其与孩子增进感情的目的却没有达到。

亲子游不仅仅是带上孩子一起旅游这么简单,在旅游内容上,家长更应该听取孩子的意见。在行程的安排上,要考虑孩子的接受能力,不能把时间安排得太紧,在交通工具的选择上也应该尽量以舒适为主。亲子游应多是选择一些自然景观和名胜古迹,在游玩的过程中,家长们一定要跟着孩子的脚步走,多和孩子进行互动,给孩子讲述相关的知识和故事,亲子游最忌讳的就是家长玩高兴了,却忽略了孩子的感受。

二、如何激发幼儿的艺术潜能

家庭在幼儿的幼儿艺术潜能的挖掘中发挥着极为重要的作用。家庭教育传递着家长的艺术教育观念,对幼儿产生着广泛而深刻的影响,也潜移默化影响幼儿的艺术修养。对于家长来讲,如何培养幼儿的艺术感并不是一件难事。重要的是做一个细心的家长,懂得利用一切和孩子交流的机会,让幼儿的眼、耳、口、鼻等感官不断有新发现,手脚不断地创造。

每一个幼儿从出生就表现出来了不同的艺术潜能。根据幼儿身心发展的特点可把儿童艺术感受力的发展分为三个阶段。第一阶段是萌芽感受期(0~1.5 岁),幼儿的感知觉初步发展,能分辨音乐、色彩,喜欢欢快的音乐和鲜明的色彩,并且能通过表情、动作表达自己的喜好。第二阶段是形象模仿期(1.5~3 岁),幼儿对世界非常好奇,喜好想象和模仿,复制能力超强。比如乱涂乱画,随着音乐翩翩起舞,模仿听到的声音等等,用模仿的方式表达自己对世界的感受。第三阶段是表达的关键期(3～6岁),幼儿不再简单模仿,而是能表达自己的想法。比如自己做编剧,自己建造风格迥异的积木房子,自己打扮自己。针对幼儿的发展阶段,家长在生活中可以通过以下几个方面激发幼儿的艺术潜能。

 策略探究

(一) 多利用手边的艺术素材启发幼儿的艺术灵感

家庭艺术教育,不必拘泥于唱歌、跳舞、画画等形式。幼儿身边的艺术素材,只要能吸引孩子的兴趣都可以采纳。幼儿的思维具有具体形象性的,他们通过动作来学习和感受,所以家长在学习的过程加入游戏的因素,效果会更好。当儿童通过亲身体验、感受自然环境和艺术作品中的情感表现,同时又通过艺术活动表达自己的情感时,即通过艺术欣赏和艺术创造活动,使自己的内心情感和外在形式达到同构时,儿童就会感受到用艺术与别人交流的喜悦,从而获得一种精神上的满足,产生丰富的审美愉悦感,一种因自我肯定而产生的愉悦感。比如,家长可以带着幼儿喜欢收集民俗方面的艺术品,像面具、脸谱、剪纸等具有艺术感、象征性、装饰性和冲击力的材料,其构图和造型精巧、秀美,色彩鲜明,同时可以将音乐、绘画、文化全部都能融合起来,可以带给孩子艺术的感悟。家长也可以通过向幼儿讲述作品背后的故事,或者带幼儿参与与作品相关的活动,如化装舞会,让孩子在这些活动中学了不少感受艺术的魅力,使幼儿的审美能力不断提高。

(二) 给幼儿提供机会,让孩子发现自己的艺术兴趣点

给幼儿提供机会,让孩子自己发现兴趣点,等于给孩子选择的权利。这样,孩子才能够真正进入艺术世界,而不是被迫接受学习。再好的艺术享受,必须建立在幼儿能感受和感兴趣的基础上。比如学习古诗,带着孩子亲身感受的效果会更好。家长可以带着孩子去河边看荷花,一边欣赏一边教她"小荷才露尖尖角,早有蜻蜓立上头"。也可以去山里看瀑布,教他"飞流直下三千尺,疑是银河落九天",有情有景,孩子很容易体会到其中的优美愉悦,甚至喜欢上了古诗。事实上,幼儿在以情观物的同时,也将自己的感情移入了观察对象,给观察对象涂上了浓厚的情感色彩,仿佛能与观察对象进行情感交流,这对幼儿审美情感的升华和凝聚有促进作用,也能帮助幼儿找到自己的艺术兴趣点。

(三) 注重幼儿穿着打扮的艺术性,让艺术融入幼儿的生活

艺术源于生活,幼儿的艺术感的培养不能脱离幼儿的生活而孤立存在。幼儿从出生就开始对美有感受,喜欢欢快的音乐、明亮的颜色。1岁以后就会自编自创咿呀之歌,随着音乐摇摆,动作不仅合乎节拍,而且模样快乐可爱。家长要把幼儿艺术的艺术熏陶融入幼儿的日常生活中,把生活过得艺术化,是培养幼儿艺术感的要点。家长要善于给孩子一双发现美的眼睛,等于赋予孩子一颗爱美的心灵。在孩子的世界中,任何事物的形象都是艺术。透过孩子想象,我们可以看到星星眨眼,听到小河唱歌,这也是幼儿生活中的艺术。家长要鼓励孩子参与到各种活动中,并在活动中感受艺术的熏陶。比如让幼儿参与房间的布置,选喜欢颜色的床单,对平常的穿衣搭配发表意见。这些都能够培养孩子对美的感受。如果有条件的话,父母可以为孩子开辟一个艺术空间,不需要很大,能让他们自由玩耍就可以了。

(四) 细心呵护幼儿的艺术兴趣和信心

孩子在艺术方面的兴趣和信心需要家长的保护,别担心自己不懂艺术,你只要好好欣赏他,做个好的倾听者就可以了。父母不是做超然于幼儿之外的纯客观的分析家,而应该站在幼儿中间,以一个支持者、参与者、行动者的态度来对待幼儿,全身心投入到幼儿的现实存在中,面对儿童鲜活的审美事实,关注感性的存在于世界中的具体的幼儿个体,关注时时在进行着自我创造和自我超越的自由的幼儿个体,思考幼儿真实体验着的艺术活动。

 案例分析

情景案例：

小班幼儿斌斌画了一幅画，他兴奋不已地请爸爸、妈妈欣赏自己的作品，听到的却是"你画的是什么呀""人的腿有那么长吗""太阳怎么成了绿色的""你看你们班的超超小朋友画得多像啊"，斌斌听了之后很不开心。

案例分析：

面对斌斌那么引以为豪的作品，却得到家长这样的评价，我们不免会思考，以后斌斌还敢大胆发挥自己的想象吗？他还会拥有无拘无束、随心所欲的作画兴趣吗？孩子的画表现的是孩子的思维方式，他们眼里的世界是通过对周围实物的感知，大胆想象而成的。仔细观察他们的作品，不难发现幼儿的想象力、创造力远远超越了写实性，显得那样的随心所欲，自由自在，无拘无束。

作为家长或是老师，我们没有权利利用成人的标准来扼杀孩子那样丰富的想象力、积极性和创造性。评价孩子的绘画作品，我们首先要学会肯定，不管他们画得怎样，只要他画了，都应该及时地给予他鼓励和表扬，其次，家长应该学会欣赏，从孩子的角度欣赏他们的点点滴滴的创造，使孩子始终信心百倍，牢牢抓住兴趣的手，按照自己的表达方式，发挥自己的想象，尽情地表达自己的所见所想所感。

家长要给孩子创造一个良好的绘画环境，要鼓励孩子多画，熟能生巧就是这个道理。家长不要轻易地否定孩子的绘画，因为孩子正处在成长过程，需要家长耐心地循循善诱，引导他们去动手动脑，大胆想象，大胆尝试，防止孩子陷入纯技巧表现的狭窄空间而泯灭创造个性，家长应创条件，让孩子轻松地自由无拘无束地作画，让他们插上想象的翅膀自由飞翔。

三、如何培养幼儿学习艺术的兴趣

培养幼儿的艺术兴趣能使幼儿有一双发现美、欣赏美、创造美的眼睛。有了对艺术的兴趣，幼儿会在艺术魅力的影响下，增添对生活的快乐和希望，成为一个阳光的幼儿，快乐地生活，快乐地学习，快乐地成长。幼儿在成长过程中的艺术培养是很多家长极为关注的焦点，但有的家长由于急于求成或是目标不明晰、方法不正确的缘故，导致幼儿对艺术产生了厌倦心理，家长要根据孩子自身的兴趣点来培养其对艺术的感知，适当建立艺术氛围，使孩子接触艺术环境，在环境之中自己去发掘新的兴趣点及爱好，不要人为地强加给幼儿很多不必要的负担，可以让幼儿参加一些艺术类活动，通过艺术活动可以调节幼儿的情绪，陶冶幼儿的性情，促进幼儿的心灵健康发展。

 策略探究

（一）发挥自身对幼儿潜移默化的影响作用

家长要培养自己对艺术的兴趣，多看有关的演出、展览、刊物书籍，最好进修研习其中一两样，如学学写字画画，少看空洞无聊的肥皂剧。父母是孩子的第一模仿对象，父母的行为和爱好会很快带动孩子喜欢上某类艺术形式。多带孩子欣赏艺术作品，多听孩子表达对艺术的内心感受，使孩子真正感到艺术是表达自己感情情绪的最佳工具。这样，孩子就会真正爱上艺术。

（二）激发幼儿对艺术活动的好奇心

幼儿对艺术的好奇心、积极性如果被挫伤，想重新点燃他的兴趣会变得十分困难。家长在发现幼儿的艺术兴趣以后，应小心呵护，充分肯定和鼓励，使其越来越浓。如发现幼儿诸如跟着儿歌或电视机播放的音乐节奏摇摆时，或嘴里哼哼着五音不全的音调时，那是幼儿在模仿，是幼儿在用肢体语言加深自己对音乐的感受，是幼儿自主地对某样事物关注的时候，这就是引导的最佳时机。家长要创造条件让幼儿接触多种艺术形式和作品。例如：经常让幼儿接触适宜的、各种形式的音乐作品，丰富幼儿对音乐的感受和体验；

和幼儿一起用图画、手工制品等装饰和美化环境;带幼儿观看或共同参与传统民间艺术和地方民俗文化活动等;有条件的情况下,带幼儿去剧院、美术馆、博物馆等欣赏文艺表演和艺术作品,经常外出的家长每到一处也可以买风俗画片、卡通什么的做孩子的礼物。这些活动可以激发幼儿对艺术活动的兴趣。

(三) 给幼儿提供开展艺术创作的材料

幼儿的艺术创作离不开家长提供的材料,但这些材料不是一成不变的,家长不必拘泥于它的工具、材料及形式,很多的材料都有异曲同工的效果。家长可以为幼儿提供了各种各样的材料,让幼儿自由地选择自己感兴趣的材料去进行操作、创造,如在纸上拼贴纸条、布块。开始,当幼儿把纸条或布块随意进行摆放时,家长就可以鼓励他们充分发挥想象,不管幼儿说是雪花还是星星,家长要持肯定的态度,从而激发幼儿的想象的欲望,让他们从单一到复杂,不断地创新。家长可以让幼儿利用各种纸条、布块拼贴图画;用树叶做各种小动物;用小石头或树枝在纸上或地上画画、写作等等。这些东西都是幼儿百玩不厌且极富创造性的活动,在这些活动中幼儿不在乎自己所创作的东西有多么形象,多么逼真,他们只在乎这些东西能表达自己的想法,能表达自己对世界的理解,在活动中能把自己的想法充分表达出来就行了。

(四) 要给孩子艺术学习的空间

家长要明白"欲速则不达"的道理。培养幼儿艺术兴趣时不用太刻意,要从幼儿的实际出发,尊重幼儿的感受。现在社会上兴趣班名目繁多,许多家长在选择上容易盲目跟风,到最后,使得幼儿既没学到什么,还弄得兴趣全无。家长要学会和孩子交朋友,要心与心地和孩子沟通,那么孩子不管是干什么都会很开心。在孩子学习艺术时,也一定要给空间,知道有时孩子会对学习感到厌倦,甚至想放弃学习都是常有的事,家长不要去逼迫孩子学习。当他有一天感到那门艺术能表达内心感受时,他又会以更大的热情重新学习。要知道,真正以艺术为生的人是很少的,绝大部分学习者是以此为兴趣,或只是一种表达情感的方式而已。

知识链接:

培养幼儿绘画兴趣的十条建议

1. 以表扬为主,不加任何附加条件。对独具个人创作特点的尤其要多加鼓励。以建议的口吻提出改进意见。目的:增强自信心,承认和接受自己与他人的不同之处。

2. 在家中开辟一面墙专门悬挂孩子的作品,或开辟一个角落供其创作。目的:使孩子感受自己在家庭中的位置。

3. 每逢家中亲戚朋友过生日鼓励孩子作画相送,以此让孩子表达感激之心。目的:以孩子自己用心创作的作品代替用钱购买的礼物。

4. 为孩子提供不同规格的纸张和多种绘画材料。在使用大块油彩时可用成人旧衣物作为工作服使用。活动完毕让孩子学会自己收拾打扫。目的:让孩子尽情工作,避免不愉快争吵。

5. 当孩子解释自己的画时注意倾听,遇有不解的地方及时提问。目的:表示对孩子的尊重。

6. 当孩子因叙述能力有限无法讲清自我感受或现实情景时请他画下来,以利于孩子再次归纳思考,并组织想要表达的语言。目的:让孩子的艺术活动和语言活动有机结合。

7. 如孩子情绪过于紧张激动,伤心郁闷,成人可以用画画的方式与孩子对话,起到发泄疏通的作用。目的:让孩子在平和的气氛中恢复平衡。

8. 在孩子作画时可以放些轻音乐,有益于孩子发挥想象力。目的:让孩子享受艺术的创作过程。

9. 带孩子参加成人聚会或与孩子无关的活动时携带绘画用具。目的:以防孩子感到枯燥乏味。

10. 挑选孩子的作品进行收藏,标上日期,题目以及孩子特有的解释。目的:记录孩子精神成长的财富。

 案例分析

情境案例：

我的孩子艾艾从小到大接受过的艺术启蒙教育，分别是美术、舞蹈、书法、画画、古筝。

艾艾接触过这么多项目里，也是经过取舍的。她试过拉丁舞，但是不喜欢，还学过中国舞，弹过钢琴，没有兴趣，钱虽然交了，课却再也不愿去上。这些代价是值得付出的，至少家长知道了，她不喜欢钢琴。她一直很喜欢画画，从儿童画、线描画、水粉画、结构素描、艺术赏析到现在的小画家班，每节课都喜欢得不得了，一有画画的比赛或者活动她也积极参加。舞蹈也是这样，从幼儿园一直跳到了现在。但是唱歌她就不要去学，也没有太大兴趣。所以，只要孩子有兴趣，一切大人觉得对孩子是压力的就不再是压力，她自己学得开心，也会投入。

艾艾中班时候去学钢琴，三节课后她死活不要学了。没想到到了一年级，有一天她竟然来和我说班级里有几个好朋友都学了古筝，她也想学。我没有立刻同意，但是有意无意之间在电视里有古筝表演的时候会多逗留一阵，有古筝演奏会时带她去看，"不经意的"说说中国古典乐器的音色优美、演奏得优雅。艾艾的心像猫爪挠过一样，经常提起想学古筝。这样状况一直到了二年级，在她一再要求下，我总算点头同意了。我提了两个条件，一坚持主动练习、二处理好写作业的合理时间。这两点她都同意后，开始学古筝。从这段时间看来，她喜欢自己选择的这种乐器，愿意弹，特别是现在可以弹出简单曲子之后，全家人都很开心，她自己也觉得很有成就感。有时候等一等、不要急，孩子长大的过程中他自己会发现喜欢的东西，支持他、鼓励他，会有更好的效果。

案例分析：

培养幼儿艺术兴趣的方法是多种多样的，成人应对幼儿的艺术表现给予充分的理解和尊重，不能为追求结果的"完美"而对幼儿进行千篇一律的训练，以免扼杀想象与创造的萌芽。要善于用幼儿的眼光看待他们的世界，善待每个幼儿的想象，并给予真诚热情的评价。让幼儿在感受爱意和期待中不断地茁壮成长，让幼儿在艺术的空间中尽情遨游、驰骋，最后绽放出美丽的花朵。

家长在教育观念上要有所更新和提高，不仅对幼儿主体性的发挥提供适宜的土壤，还要在操作的具体方式上进行大胆的尝试与实践，灵活地加以运用，为幼儿的各方面发展提供适宜的学习机会和发展的机会。兴趣班的参加，钱是物质支持，而最重要的还是人。幼儿兴趣班的学习需要有一个能够持之以恒陪伴孩子的家长。没有一个能挑得起这副担子的人，就不可能有孩子的成绩。只花了钱放手不管，对孩子兴趣班学的效果不闻不问，都不会有理想的成绩出来。

四、如何选择适合幼儿的艺术兴趣班

家长发现孩子的兴趣，比家长让孩子产生兴趣重要得多。也就是说，不能刻意去培养兴趣。因为每个家长的人生观、世界观、文化素养与所处的社会环境、生活经历千差万别，他们对孩子培养兴趣的想法具有很强的主观性，往往会受社会潮流和自我经历的影响与制约，或者仅凭孩子的一句话就草率地做出决定。如果要培养的兴趣与孩子原本的兴趣相悖，那就会南辕北辙，不仅没有效果，而且会被孩子抗拒，甚至导致亲子间的矛盾。让孩子在学校学习之余，学一些别的东西，培养一下其他技能，只要不过度，不给孩子造成压力，这是非常必要的。但是，这就需要家长对各种兴趣班的培养重点、利弊关系、注意事项有全面科学的认识，从而做出正确的判断，有针对性地培养孩子某一方面的能力。

 策略探究

（一）了解各种艺术兴趣班的特点及其对幼儿成长的价值

幼儿常见的艺术培训班主要包括手工班、美术班、音乐班、舞蹈班等。

手工班。主要是剪纸、折纸、泥塑、陶艺等手工班,能够充分满足孩子动手的欲望,并有利于培养孩子的观察能力、手眼协调能力、激发孩子的创造力等。如果孩子天生好动,并喜欢摆弄东西,可以考虑选择其一。手工类的兴趣班应该循序渐进地锻炼,手工技能并非一日之功就能习得,应给孩子足够的时间和空间来适应并接受。此外,在手工类的兴趣班上孩子会接触一些剪刀等工具,如果使用不当可能会对孩子产生伤害。因此,上手工类兴趣班的儿童年龄建议3岁以上,在能够比较灵活地使用剪刀等工具的基础上再开始学习。

美术班。美术班可以帮助孩子观察和记录大千世界。孩子会在老师的带领下,有目的地观察和描绘不同的事物。孩子到了四五岁,空间概念逐渐形成,能够熟练运用涂鸦符号,创造出象征符号来表现事物的特征,进入绘画的象征期,而且能够理解、认识具体的事物,并通过形状、颜色、大小来对客观事物进行简单的分类。幼儿手部的控制力虽有所增强,但灵活性仍不够,所以在画画时常常会出现不流畅、造型与实际事物相去甚远等情况。综合考虑这一阶段孩子的特点,父母可以为孩子报一个绘画启蒙班,学习简单的线条和形状,同时加强其对色彩的感受。对于四五岁的孩子还称不上是"学画",应重在让孩子"玩画"。

音乐班。音乐兴趣班的种类非常丰富,有侧重通过各种音乐游戏等方式,教授孩子音乐知识,培养孩子音乐兴趣的音乐启蒙兴趣班;也有旨在增强孩子对音乐的了解,培养孩子对音乐的鉴赏能力,提高孩子对音乐的喜欢程度的音乐欣赏兴趣班;还有旨在培养孩子乐感,锻炼孩子听音、视唱能力的专项音乐基础课程的培训班;更有为大众所熟悉的各类乐器班、声乐班等。为孩子选择音乐兴趣班除了要考虑孩子的兴趣、自身素质、家庭条件等因素,还要参考孩子优势智能的表现。4~5岁孩子的音乐记忆力、想象力、理解能力、表达能力都有了很大的进步,对音乐的悟性与日俱增。不妨为孩子选择如音乐欣赏兴趣班、视唱听耳训练班以及声乐班等,对孩子进行发声和歌曲训练,让孩子掌握正确的唱歌姿势养成良好的唱歌习惯等。对于6岁以上的孩子来说,音乐智能得到了全面的发展,乐感更加强,对音乐的领悟能力也有了进一步的发展,而且这时孩子的手指动作能力有了长足的发展,协调性增强,除了可以选择先前的一些视唱听耳训练班、声乐班等外,还可以开始选择乐器班。

舞蹈班。对于正处于生长发育时期的孩子,通过学习舞蹈,能培养他们优良的站姿和形体,让孩子举止更加优雅。在舞蹈训练中,可以增强孩子身体的柔韧性与肢体的力量,锻炼孩子的协调能力。此外,孩子在舞蹈过程中,呼吸、心跳、肌肉、骨骼、循环系统都能得到充分锻炼,其机能得到增强,新陈代谢加快,从而促进了机体的生长发育。参加有计划、系统的舞蹈训练,可以增强孩子的体质。舞蹈兴趣班的种类同样繁多,如热情奔放的拉丁舞、优雅高贵的芭蕾舞、温柔内秀的民族舞、气势磅礴的踢踏舞等,各具特色,各有各的风格。为孩子选择舞蹈兴趣班一方面要考虑孩子的兴趣,另一方面还要考虑孩子的性格。如果孩子性格比较内向,可以为孩子选择较为热情、充满活力的拉丁舞等,但运动量不宜过大,让孩子在感受欢快舞曲的同时,释放自己的心灵,变得开朗活泼。对于4~7岁的孩子,应以律动训练为主,可适当加入一些简单的软开度训练,但要恰如其分,不可操之过急。另外,这个年龄段的孩子不宜进行力量训练,也一定不能以软开度好坏来衡量孩子的学习成果。

(二)根据孩子的需求选择艺术兴趣班

家长应尊重孩子的愿望,为其选择兴趣班。要以呵护孩子的兴趣为重点,只有兴趣才能激发孩子的主动性,促进孩子主动学习、快乐学习。不要让孩子过早地上兴趣班。当孩子太小时,身体机能发育还不完全,学习会有困难。要创造一种轻松、愉快的环境。要记得给上了兴趣班的孩子减负。幼儿正处于身体发育的关键期,要让他们在轻松、愉悦的学习中健康快乐地成长。

家长应保持平和的心态,不要强求孩子参加某个班就一定要相应提高些什么或者学到些什么,快乐的学习过程对孩子来说,比学习的结果更重要。选管理规范、师资优良的兴趣班。兴趣班选择不当,可能会扼杀幼儿的兴趣,损害幼儿的身心健康。在报读兴趣班的同时也要重视平时的教育,要多花一点时间与孩子进行亲子游戏,更多地创设家人共处的时间。如果因为孩子兴趣班的学习而将一家人的周末时间切割得乱七八糟,没有团聚的时间,也是一件得不偿失的事。

 **案例分析**

情景案例：

从斐斐上幼儿园开始，妈妈每天下午去幼儿园接孩子，总会接到不少花花绿绿的兴趣班招生广告，有校外的，也有幼儿园自己办的。上吧，不想让孩子的生活节奏太紧张；不上吧，又怕老师对孩子有看法。她认为，自己回忆过去的时候，印象最深、最开心的事就是快乐的童年，她不想让孩子长大后回忆童年的时候是被兴趣班和压力充斥着。虽然斐斐妈妈也还没有决定是否让孩子上兴趣班，但对兴趣班的情结却挥之不去。

案例分析：

音乐和美术等方面的艺术培养，对孩子的发展都是有好处的。在兴趣培养的初期，环境的熏陶是最重要的。如果家长觉得孩子喜欢音乐，就让孩子尽可能多接触音乐，家里多播放好听的、适合孩子的音乐，带孩子看音乐会和音乐书籍，多和懂音乐、爱音乐的朋友交流等等。如果发现孩子喜欢美术，就提供各种材料让孩子尽情涂鸦和感受，平时多带孩子去大自然、美术馆接触美好的事物。但是，不要让孩子过早参加以技巧性为主的兴趣学习，如乐器演奏、绘画临摹、素描等。

家长不急着带孩子参加兴趣班，最重要的是保护孩子的兴趣。参加各式兴趣班并不意味着孩子能多才多艺，如果因为参加兴趣班而剥夺了孩子玩耍的时间，不但不能培养他们的兴趣，反而促生他们厌恶的心理。后果是兴趣班经常换，孩子学一样厌一样；要不然就是孩子对学的东西毫无兴趣，在课堂上要么做小动作要么打瞌睡。

重要的是，不要因为让孩子上兴趣班而导致缺乏亲子交流时间。应利用假期为孩子创造更多接触大自然的机会，加强亲子交流与孩子接触培养感情，生活环境和生活教育才是最好的"兴趣班"。

五、如何选择适合幼儿欣赏的艺术作品

艺术欣赏是幼儿在艺术活动中对艺术作品进行感受、品评、理解的一种审美活动。幼儿通过欣赏艺术作品，不仅提高他们的感受力、理解力、想象力、创造力，更重要的是陶冶他们的性情、美化他们的心灵，培养幼儿高尚的道德情操，同时也提高了他们的审美能力和鉴赏能力。

幼儿的艺术欣赏潜能是与生俱来的。幼儿时期也是培养他们艺术欣赏能力的最好时期，但不可回避的是幼儿生活阅历浅、感情积少、抽象思维能力差等，就需要家长在艺术欣赏教学中，按照幼儿的年龄和心理特点，寻找各种适合幼儿欣赏的艺术作品。幼儿的艺术欣赏素材可以不受艺术能力的限制，选材范围可以丰富广泛，形式可以多样化，有利于扩大幼儿的艺术视野，培养幼儿对艺术的爱好。在宽松自由的环境下，幼儿通过多种感官通道与艺术作品交流，充分地进行感知、充分地发挥想象、自由地表达情感，进而激发和提升幼儿的艺术欣赏能力。

 **策略探究**

（一）了解幼儿的艺术欣赏能力发展的特点

学前阶段的幼儿，在成人的引导和教育的干预下，不仅能关注到艺术作品的内容，而且能初步关注其形式审美特征。随着幼儿年龄的增长，幼儿艺术欣赏能力的发展逐渐从笼统到分化，从没有标准到掌握一定的标准。

在欣赏美术作品时，幼儿关注作品内容多于形式。当幼儿面对一件美术作品时，他们首先感知的是作品内容。幼儿对作品内容的感知与理解往往处于浅表层次，还未达到深入感知、理解作品内容所蕴含的深刻意义这一水平。在家长的引导下，幼儿开始初步关注作品的颜色、形状、构图等形式审美特征，具有初步感知与理解作品形式审美特征的能力。而且，幼儿更喜欢感知描绘熟悉物体与令人愉快的现实

主义作品,以及色彩明快的作品等。

在欣赏音乐作品时,幼儿是把音乐作为一个整体来接受的,并不孤立地辨认音乐的各个因素。3~4岁的幼儿能注意倾听音乐,初步感知音乐所表现的内容,能与音乐发生情绪上的共鸣,能辨认音乐作品中速度的变化,且其动作能跟随音乐速度变化而发生变化,但感知音乐作品的性质、力度等还有困难。4~5岁的幼儿已有初步的音乐概念,并能将其掌握的音乐概念迁移到性质相同、但没听过的音乐作品,能区别音乐作品中较为明显的力度、速度变化及其表情作用。大班幼儿懂得音乐作品可以表达一定的思想内容,能辨认熟悉的音乐作品的情绪、性质,并掌握初步的音乐知识。通过有趣的活动,5~6岁的幼儿能理解乐句、乐段的简单结构,分辨音乐的性质、体裁、风格。幼儿在表达自己对音乐的感受时,常会加上许多自己想象的情节、场景来加以解释,并用语言表达出来,这是幼儿欣赏和理解音乐的较为独特的方式。

(二) 选择适合孩子欣赏的艺术作品

家长要根据幼儿的年龄特点,把握住孩子们的兴趣点,选择适合孩子欣赏的音乐、美术等艺术作品。

在音乐作品选择方面。因为幼儿年龄小,有意注意时间短,欣赏的音乐作品首先应该具有幼儿比较熟悉的音乐形象,以便提高他们的欣赏兴趣。如描写小鸟、兔子等动物的歌曲,可以让幼儿一听就马上会想起平时看到的、听到的动物形象。这样,幼儿在欣赏过程中就容易找到他的音乐形象。家长可以经常让孩子欣赏乐曲,让孩子在宽松、愉快、亲切的氛围中,体验了各种各样的音乐风格,容易激发幼儿的欣赏兴趣,引起情感上的共鸣,因此,选择一个好的歌曲,是成功开展音乐欣赏活动的首要条件,家长在选材上要注意选择节奏明快、旋律优美、符合幼儿年龄特点和发展水平的内容,激发幼儿的审美情趣。

在美术作品选择方面,家长要关注到,儿童具有天生的好奇心,也喜欢观察熟悉的事物,如果能进一步通过美术欣赏活动,启发他们看出某一美术作品在形式、色彩、造型、表现手法上与众不同的地方,并以选择此类作为美术欣赏的切入口,那将不失为一种增进幼儿欣赏能力的有效办法。幼儿的美术欣赏始终伴随着明显的情绪体验,体验性使儿童的美术欣赏教育始终具有独特的感情色彩,幼儿可从色彩、造型上把欣赏美术作品、体验美术作品的情感,在美术欣赏中磨炼幼儿敏锐的审美知觉能力,从而培养幼儿的审美情感。

知识链接:

适合幼儿欣赏的中外经典美术作品

经典美术作品是人类宝贵的文化财富,不仅可以陶冶人的情感,而且可以启迪人的思想,对促进幼儿身心的发展起到不可替代的作用。例如,国外的马蒂斯的剪纸作品《跳舞的人》,米罗的《倒立的小人》、《人头鸟—石子》,梵高的《向日葵》、《星月夜》,达利的《有趣的脸》,莫奈的《日出》、《睡莲》,还有《椅中圣母》、《树林》等作品。中国的吴冠中《春如线》、《小鸟的天堂》,韩美林的《熊猫图》等作品都是经过精心分析与筛选,最终呈现在孩子们面前的名画作品。

其中,米罗的《倒立的小人》,作品有趣生动,浅显易懂,加之幼儿在家尝试过倒立的动作,有亲身的感受,欣赏过程中表现得积极主动,兴趣浓厚,创作的过程中自然地表现出了倒立人物特征,对颠倒方位感的理解比较深刻。再如马蒂斯剪纸作品《跳舞的小人》——优美的舞姿,剪贴的表现方式,形象生动;超现实主义画家达利的作品《有趣的脸》——充满想象,米罗的《人头鸟—石子》——有趣夸张。这些作品都是来源于生活的,大师们在进行创作时,都带着一颗质朴的童子之心,投入了对生活的无限热爱,创作出来的作品充满了纯真和生活的气息。

（三）引导幼儿运用多种感官欣赏艺术作品

家长可以借助语言和动作帮助幼儿欣赏艺术作品。欣赏艺术作品时,为幼儿欣赏艺术创设的宽松自由的活动氛围,鼓励幼儿能够大胆说出自己的感受,让幼儿知道,作品的欣赏和理解没有所谓的唯一的正确答案,为幼儿欣赏和理解艺术作品创设一种宽松自由的活动氛围,鼓励他们大胆体验和表达,激发幼儿的艺术欣赏潜能。家长还需要帮助幼儿借助动作感受艺术作品,如在欣赏歌曲时,家长可引导幼儿一边欣赏,一边感受,让幼儿根据强弱音的感受自由地做一些符合音乐性质、能表现音乐形象的动作,加深幼儿对音乐作品的理解。家长也可将音乐欣赏与幼儿熟悉的故事相结合,鼓励幼儿在欣赏音乐的基础上,进行大胆地想象,根据音乐创编故事,让幼儿以喜欢的方式体验音乐,使音乐欣赏不仅局限于纯艺术方面的体验,而是与语言领域相结合,增加音乐欣赏的趣味性、个性化,培养自主欣赏音乐的能力。又如欣赏美术作品,可采用视听相结合的形式,帮助幼儿尽快地进入情境,加深幼儿对美术作品的感受,并鼓励幼儿对美术作品进行幻想,提出与众不同的理解和感受,使幼儿能够用欣赏的眼光看待周围的事物和美术作品,获得积极的审美体验。

 **案例分析**

情景案例:

名画《红色中的和谐》画面一展示,那强烈的红色引起了幼儿的阵阵赞叹,白和红、绿和黄、蓝和橙……,这些直观的冷暖对比色在给予幼儿强烈视觉冲击的同时,也让幼儿感受到了在一大片暖和、热闹的背景下点缀了些许的冷色调后让人觉得很舒服、很和谐;而画中不同地方直线弧线的体现更是激起了幼儿好动的天性,幼儿情不自禁地用自己的身体模仿着硬邦邦的直线和弯弯软软的弧线。

案例分析:

绝大多数家长并非艺术专业人士,引导幼儿欣赏和认识艺术作品也不需要面面俱到,能让幼儿了解对称、均衡、变化等形式美,感受造型、色、构图等艺术手法,已经很不错了,家长应该把欣赏摆在第一位,如在《红色中的和谐》的画面欣赏中,冷暖色调和直线弧线的对比是本幅作品传达出的关键元素,应着力引导幼儿通过比较、讨论、交流、模仿、想象等来感悟和认识,获得最直接的美感体验,只要充分调动和发挥幼儿的想象力,很多时候幼儿比成人离艺术更近、更真、也更深,这也为幼儿的欣赏能力发展提供了无限的可能。

第二节 培养幼儿良好的表现与创造能力

一、如何提高幼儿的表现欲和表现能力

表现欲是人对自我抱有期望与信心的显示,也是对自我价值的肯定和提升。孩子的表现欲是一种积极的心理品质,当孩子的这种心理需求得到了满足时,便产生一种自豪感。这种自豪感会推动孩子信心百倍地去学习新的东西,探索新的问题,获得新的知识,享受学习的乐趣,获得新的提高,体验成功的滋味。表现欲是幼儿自我发展的需要,是幼儿客观地认识自我价值、自我能力的需要。表现欲能充分显露幼儿的个性,发展其兴趣、爱好,培养活泼开朗、积极向上的性格。表现欲和表现能力几乎是与生俱来的,婴儿的微笑、啼哭、牙牙学语都是一种表现,其目的是引起成人的注意,使之意识到他的存在。进入幼儿期,这时的孩子表现欲特别强烈。每当学会了某种新技能,如学会了一首儿歌或一个舞蹈,学会了折一只小船或画一幅画,学会了用积木搭一座与别人不同的房子,幼儿就会迫不及待地向父母、老师、同伴展示,以求得到别人的赞许。

孩子年龄越小,其表现心理越单纯。他们还不懂得表现会带来负效应,没有成人意识和面子观念。

所以,不怕表现不好被笑话,也不顾及丢面子会损害自身形象,对于表现的失败并不感到有什么心理压力。成人如果用鼓励的言行帮助孩子巩固、发展他的表现欲和表现能力,就会促进其成长和发展;相反,如果表现欲长期受到冷漠、压抑或排斥,就容易形成心理障碍,如胆小、退缩、缄默、内向、不敢竞争等等,不利于孩子的发展。

  **策略探究**

(一) 创设机会,满足和发展幼儿的表现欲

幼儿的表现活动分为两类:一是用具体的动作表现,如绘画、手工、唱歌、舞蹈、表演、运动、创造性游戏等;二是用抽象的语言符号表现,如回答问题、讨论、讲述、朗诵等。家长要善于激发幼儿的表现热情,满足和发展幼儿表现欲和表现能力。首先,要提供表现的时间。家长要多给幼儿一些自由,让孩子自愿选择自我表现的方式,使幼儿的个人才能得到充分的显示,满足幼儿的表现欲望。其次,家长要创造表现的契机。要善于观察、发现、了解每一个幼儿的长处,为他创造显示个人兴趣、爱好和才能的机会。比如让有特长的幼儿给大家表演弹琴、舞蹈、体操、书法。也可以让幼儿把在班里学会的新本领在家里表现,如讲故事、说笑话、变魔术等,这样,会使幼儿的某种特长表现因受到欢迎而高兴。

(二) 关注幼儿,帮助幼儿增强表现的勇气

家长尊重幼儿的表现欲,积极加以引导,帮助其转化为现实的表现行为。首先要当个好听众和好观众。当幼儿在家长面前展示时,家长要全神贯注,认真听,注意看,表示出极大的兴趣和热情,用赞赏的语言、肯定的表情或者肢体动作做出恰当的反应,把支持和鼓励的信息及时反馈给表现的幼儿,使幼儿获得喜悦,强化其表现欲望。当幼儿表现成功时,特别是对表现欲和表现能力低的幼儿表现成功时,要给予肯定的表扬,当幼儿表现不够理想时,也要给予表扬和鼓励,肯定其进步,并表示家长的喜爱之情,帮孩子树立信心,鼓起再表现的勇气。

(三) 提供培训,给幼儿提供表现自己的舞台

家长要给幼儿提供学习和表演的机会。首先,家长可以通过让幼儿观看文艺节目、歌舞表演、绘画展览等方式,让孩子用感官直接感受艺术的美,引起孩子对艺术的兴趣。其次,根据幼儿的孩子本身的天赋、性格、爱好、能力以及身体状态选择音乐、舞蹈、美术、书法、器乐、戏剧、舞蹈、摄影、曲艺等兴趣班。家长要明白,学艺术无论从形式到内容,都充满童趣和创造。所以,对幼儿参加一些艺术班的培训目的应当是提高他们本身的艺术素养,提高幼儿的生活质量。再次,家长应为孩子提供表演的机会,鼓励孩子在舞台大胆表现自我。让孩子能在舞台上展现自己学到的各类技能如钢琴、舞蹈、唱歌等,也可以带孩子为社区爷爷奶奶、敬老院表演,鼓励孩子参加大型演出或综合性表演,如儿歌秀、亲子才艺秀、毕业典礼等等。有机会也可参加参与社会性表演,如电视台的少儿节目,六一庆祝活动等等,让幼儿在舞台上能大胆表现自己。

 案例分析

情景案例:

读小班的妮妮和来家串门的邻居小朋友娉娉在家里中表演着学过的儿歌《小小手》,边念边做动作,演得非常认真。等他们演完,作为观众的家长不仅给予了他们热烈的掌声,更要求和他们一起玩个小游戏——小手变变变:"我的手可以变成望远镜,你们的手可以变吗? 可以变成什么呀?"妮妮看到我的手变成望远镜放了在眼前,她说:"我也能变成望远镜。"她模仿着我把小手放在了眼睛前。"小小手,小小手,变成望远镜,望一望。"我即兴改编了《小小手》的儿歌。"除了望远镜,还能变什么吗?"娉娉边做动作边说:"我的手能变蝴蝶。""小小手,小小手,变成小蝴蝶,飞一飞。"我继续创编儿歌。"我能变孔雀""我能变手枪"……妮妮和娉娉不断想象着小手能变的物品,我们一起不断创编着简单的儿歌。

案例分析：

爱模仿是幼儿最显著的年龄特点。回忆、再现、联想是最基本的途径，小班年龄段的幼儿处于具体形象思维中，他们的认知依赖于行动。小班幼儿的创造更多地依赖于成人给予的提示，顺着家长指引的方向，他们可以有所想象，有所创造。就如案例中"我的手变成了望远镜"加以提示语引导，孩子的手也纷纷变出了不同的物品。作为家长，需要为小班孩子创设自由的氛围，从小处着手，可以是一个动作、一个词语，引导幼儿从回忆开始，逐渐联想，继而发挥想象，表现自己。

二、如何欣赏和评价幼儿的绘画作品

家长是幼儿在生活中接触最多的教育者，所以家长的评价对幼儿的自我意识的形成有重要作用。家长对幼儿绘画作品的鼓励性评价，有利于幼儿对成功的体验并激发幼儿绘画的兴趣，增强幼儿的自信心，发展自我表现能力和感受美、创造美的动力；但由于家长接受的教育程度不一样，很多家长都没受过良好的美术教育，再加上不了解幼儿美术教育的规律和特点，往往在对幼儿绘画作品评价时走入误区，以"像"与"不像"，"对"与"不对"作为标准。事实上，"像"与"不像"完完全全是我们成人自己强加于孩子的一个自认为正确，实则不合理的评价标准，其实幼儿眼中的世界和成人眼中的世界是不同的。另一方面，在评价幼儿的作品时家长总会说，"你看人家画的多好"，"你要向这个小朋友学习，知道吗"，家长总是爱拿自己的孩子和别人的"比一比"，只要有比较才分得出"好"与"坏"，"高"与"低"。可是，他们不知道在评价幼儿绘画作品时，过度的横向评价会使挫伤幼儿的积极性。此外，家长容易忽略幼儿年龄特点，有的家长会因为孩子画的图形不圆不方，画面凌乱而懊恼，不知道孩子处于幼儿期生理到心理的发展都不成熟，特别是手指和手腕等的发育尚不完善，所以通过他们的小手画出来的图案一般都是不协调和不流畅的。导致他们总是对幼儿提出超出其年龄阶段的绘画要求，作出一些不合理的评价，不利于幼儿的发展。

 策略探究

（一）建立正确的幼儿美术教育观

正确的幼儿美术教育观是让幼儿在进行创作时，可以自由、愉快地进行，促进其想象力、创造力、个性等的发展，要发挥艺术的熏陶作用，健全并完善幼儿人格，使其身心健康地成长。如果家长了解了这些基本的观念，转变其教育观念，那么家长对孩子的教育将会向前迈进一大步；家长在评价幼儿绘画作品时，必须先学会了解幼儿，尝试着用幼儿的眼光去看世界，用幼儿的思维方式去思考，做到尊重幼儿，立足于幼儿的发展，用赏识的态度去看待孩子的绘画以及他们自己对艺术的理解。

（二）根据不同年龄阶段幼儿绘画能力发展的特点作出评价

家长要了解不同年龄阶段幼儿绘画能力发展的特点。

处于涂鸦期（1.5～3岁）的幼儿所作的画，一般是没有具体的形象，可能在成人眼里就是乱七八糟的，不知道画的是什么。这是幼儿由于缺乏对手的有效控制，画的线条通常都是弯弯曲曲，图形也不似图形，在绘画的形式和内容上没有太大的意义，画出的都是一些较为凌乱，又无秩序无规则的线条和图形。涂鸦期的教育目的在于让孩子对美术活动产生兴趣，这在于家长应如何评价他们的"杰作"，当家长面对孩子"乱七八糟"的作品时，应始终抱着尊重幼儿的态度，以积极地表扬、鼓励来对幼儿进行评价，因为幼儿勇敢地用他稚嫩的双手去表达自己内心的情感和认知，有时候对于这个年龄段的幼儿来说本身就是一种成功，是一种自信的表现，家长应给予他们肯定的评价，理解和支持他们。

处于象征期（3～5岁）的幼儿开始将自己对周围世界的认识与理解在自己的画面上表现出来，根据他们的角度和经验来描绘和表现事物，这个阶段幼儿的绘画特点是他们的画里出现了一些象征性的"符号"，每一个"符号"都代表着不同的意义，当我们用成人的眼光和思维去看他们的画时，总是认为他们画得是这样，但幼儿讲出的却是那样，所以，我们在评价幼儿绘画作品时，可以先听听幼儿对自己画的理

解,说出他们宝贵的想象。这个时期的幼儿总是用很多不规则的"符号"来象征事物,他们还把自己在作品中所描绘的非人的物象赋予了人的情感,比如画的树啊,太阳啊,都会有人的脸,有时候是哭的,有时候是笑的,这其实都是在表达着人的情感。

处于图式期(5~8岁)的幼儿对事物的认知和思维有了更高的发展,开始可以用较为固定的样式来描绘事物,而且他们的画越来越清晰,易于家长理解。但是,他们的画仍带有孩子应有的稚嫩特点,当他们在创作时,通常会不顾所画形象的大小,比例是否合理等,但他们能慢慢地表达出自己较为合理的想法,所以家长在评价这个时期幼儿的绘画作品时,尽可能地引导幼儿自己完整地表达自己的想法,使家长容易了解幼儿的画中的话。

(三) 引导幼儿学会自评

大部分的家长在对幼儿绘画作品的评价时喜欢横向比较,即和其他小朋友的比较,而且评价的内容偏重幼儿的绘画知识和技能技巧方面。其实,家长可以尝试着改变评价的主体,由传统的家长评价转向由幼儿自己评价。即使这些"评价"显得稚嫩,但这毕竟是也幼儿的一个自我认识和自我评价的良好开始。自评的过程其实也是幼儿对自己作品的思考和理解,在此过程中,幼儿如果突然产生一个想法,那都是他们进行再创造的基础;幼儿参与对自己作品的评价,不仅提高幼儿的鉴赏力,更重要的是在这一过程中,幼儿能大胆地表达思想和情绪,表现了自己的真实想法。

(四) 对幼儿进行纵向的比较和评价

在幼儿园的每个班里都有一份属于小朋友自己的成长档案,当中记录了幼儿的成长,家长在对幼儿绘画作品评价时,可以借鉴这种成长档案,在家里为孩子建立一个作品档案袋,用来记录幼儿的美术学习和成长的过程的资料夹,以便家长在对幼儿作品进行评价时与以前的相对比,对幼儿进行纵向的比较和评价。"运用档案袋评价是幼儿园美术教育评价的重要方式,因为它不仅注重幼儿美术学习的结果,还重视美术学习的探索过程。"所以在家里,家长为幼儿设置一个作品档案袋,把幼儿每次的绘画作品收集起来,并按照顺序有序地放好,这样以便于家长对幼儿的绘画作品进行纵向的评价。

 **案例分析**

情景案例:

早晨,我刚到班上,乐乐妈妈就拿着一张画气呼呼地对我说:"老师,乐乐在幼儿园学习半年了,怎么连太阳都不会画? 红太阳都画成绿太阳了。"我接过画一看,原来乐乐画了一个长满了叶子的太阳,还给太阳涂上了绿色。我问乐乐:"你为什么要画绿太阳?"乐乐认真地说:"妈妈说天太热了,我想画个绿太阳,天就不热了。"乐乐妈妈说:"哪有绿太阳? 你今天找老师补画红太阳。"说完很不满意地走了。

案例分析:

在幼儿绘画过程中,经常会遇听到家长的质疑:幼儿在幼儿园怎么学画画的? 为什么孩子画得很多东西家长看不懂,特别是小班的幼儿绘画作品,家长觉得画得什么都不像。这种疑问产生的根源在于家长对幼儿的绘画教育缺少了解,在评价幼儿的绘画作品时存在错误的认识。

家长在评价幼儿绘画作品时应尊重幼儿的奇思妙想。幼儿心理的自我中心特点及其思维发展的形象性决定了他们绘画的主观化色彩,他们觉得一切事物都与自己一样具有相同的心理,他们将万物赋予了生命的色彩。在幼儿美术作品中常常会出现一些在成人看来既可笑又非常可爱的现象,如不合逻辑的构思、不合比例的造型、主观想象的色彩、随意安排的空间等。在幼儿绘画展示区,我们常看到这样的一幅幅画:老虎长了翅膀飞上天空、月亮成了孩子们的滑梯。这种独特的绘画表现,充分体现了幼儿大胆的想象力、创造力,家长应鼓励幼儿在绘画过程中大胆地画其所知、画其所想、画其所爱。家长对这种创造性美术作品的鼓励和赞美会使幼儿对绘画产生更大的兴趣,从而进一步促进其想象力、创造力的发展。

三、如何引导幼儿学习舞蹈

幼儿经常参加生动活泼的舞蹈教育和活动,可以增强他们的体质,促进骨骼、肌肉、呼吸、神经系统和循环系统的生理机能发育,加快新陈代谢,使他们的肌体不断生长发育。幼儿参加舞蹈活动,可以在轻松、活泼、愉快的环境中通过身体动作去感受音乐形象,通过表情、动作表达自己的思想感情,形成活泼、开朗、热情、大方的性格。

幼儿年龄还小,兴趣转移大,容易反复,无法正确选择自己的兴趣爱好,意志也比较薄弱,往往会因为学习中的小小的困难或不愉快而放弃最初的选择。这就需要家长通过平时细心的观察,了解幼儿的意愿并帮助他们从中选择自己喜欢的去培养、发展。往往是家长的坚持最终才能成就孩子在这一方面的真正的兴趣爱好。长期的、规范的训练才能看出培养的效果,这也决定着幼儿舞蹈学习的成效和最终走向。

 **策略探究**

(一) 注重培养孩子对舞蹈的兴趣

舞蹈学习应让孩子感到是一种游戏活动,是一种娱乐,是愉悦身心的过程。当孩子在学习了一段时间的舞蹈之后突然没了兴趣,家长首先需要找出孩子失去兴趣的原因。如果是因为在学习过程中碰到了困难,那就和孩子一起找出困难,鼓励孩子去克服困难,告诉孩子只要克服了这个困难,在舞蹈学习中就可以上一个新的台阶。不能打击孩子的积极性,也不能让孩子轻易放弃学习。有时间的话,家长可以让孩子看看各种舞蹈大赛电视节目,还可以把孩子的舞蹈录下来,再回放给孩子们看,这样,孩子们会越跳越觉得美,越觉得美越爱跳。此外,家长可以尝试分角色练习、照镜子练习、家长和孩子一起练,还可以戴上头饰或穿上表演服装练习等等,这些方法可以引起孩子的学习兴趣,保持学习热情,提高学习效率,随时随地、每时每刻都感受到舞蹈的快乐,使幼儿真正爱上舞蹈。

(二) 学习一些舞蹈知识,帮助幼儿掌控舞蹈练习的难度

幼儿学习舞蹈,除了每周有1～2节课由专业舞蹈教师教授外,大部分时间需要家长的陪伴孩子练习。然而,大多数家长其实都没有舞蹈基础,幼儿的骨骼、肌肉、肌腱非常娇嫩,可塑性非常强,如果家长不了解舞蹈相关的知识,幼儿练习时就容易伤害到身体。在陪伴孩子练习舞蹈动作时,家长要避免孩子发生意外伤害,不要过早地让孩子学一些有难度的技巧性动作,要根据自己孩子的身体条件进行训练。如有的家长看见其他孩子下叉、下腰、搬腿样样都比自己的孩子强,就急于求成,强求孩子也要做到,这样练习可能会导致受伤情况的发生。还有在缺乏家长保护的情况下,最好避免孩子单独练习,以防意外发生。一般情况下,家长还是适宜把幼儿训练工作交给专业舞蹈老师负责,最多只是协助教师开展一些热身活动。基本功训练中软开度的训练,家长可以先安排如跑、跳步或节奏快的舞蹈或组合进行热身。如果进行开胯、压腿、下腰训练时,要根据自己孩子的身体条件进行训练。

(三) 尊重孩子,乐于接受幼儿喜爱的舞蹈方式

幼儿听到了一首能理解的乐曲并随之手舞足蹈的时候,家长要善于引导他们感受音乐的轻重、强弱、快慢、长短,使他们的动作能与音乐结合在一起,并使身体能表达出音乐的形象来。这样,孩子感受美的能力会逐渐增强。如果孩子确实有舞蹈天分的话,父母可以在家里配备小地毯、升降把杆等基本舞蹈设备,以便孩子能经常进行压腿等基本功的练习。在辅导孩子的时候,要防止不正确的方法,一段舞蹈里有一两个动作就可以了,使它合着音乐的节拍不断反复。这样,既节省了动作,又能使儿童在不断的舞动中,把歌与舞中的情绪尽情表达出来。

(四) 鼓励表扬,为孩子提供舞蹈表演的机会和平台

当孩子取得成绩时,家长要及时表扬鼓励孩子。家长要为孩子创设必要的学习舞蹈的环境,如时间、场地、服装、学习材料等；要鼓励孩子积极参加幼儿园内外各种舞蹈比赛、表演；对于一些比较有舞蹈天赋的幼儿，家长还可积极向舞蹈艺术学校、芭蕾舞团、艺术团体推荐孩子，以使孩子走向更广阔的舞蹈艺术天地。

 **案例分析**

情景案例：

从怀孕后知道孩子性别开始，孩子爸爸就说女孩子什么都可以不学，但舞蹈和钢琴必修，因为可以培养孩子的气质。后来因女儿有点驼背，走路有些外八字，她决定让孩子开始学跳舞。

于是，4岁半的女儿到一家在舞蹈界比较有名气的工作室学民族舞。学了近一年后，换了另一家工作室学习，有一次，孩子练压腿等基本功时大腿肌肉拉伤。半年间，她带女儿看了3次骨科。渐渐地，女儿上课开始紧张，经常一进教室就吐，"跳舞"也成了家里的敏感词，一有人说"跳舞"她就生气或掉眼泪。"我不想让孩子放弃，担心她会形成怕吃苦的习惯，但又觉得孩子太可怜了。"每次看孩子练习舞蹈的照片，她都会落泪，她也担心频繁的肌肉拉伤会对孩子身体发育有影响。

案例分析：

虽然儿童身体柔软度较好，很多人因此从小学跳舞，但导致运动损伤后，确实会影响身体发育。因此，建议家长在给孩子报这类培训班前，先给孩子做个健康测试，看看是否适合学跳舞。

家长要告诉孩子学习舞蹈遇到肌肉拉伤该如何处理。因为孩子还比较的小，不是很擅长处理意外事故的发生，所以孩子在跳舞过程中很容易出现肌肉拉伤，尽管少儿舞中对于柔韧性的要求不是非常严格，但是要做好每个动作，小腿和脚部的动作需要很细腻清晰，也经常出现拉伤。

家长也要学会处理。肌肉拉伤不是大问题，不过如果不采用正确的康复方式，会延长恢复的时间。肌肉拉伤后，会感觉肌肉酸疼肿胀，发生这种情况后，要减少运动量，每天做一些基本的热身运动，最好每天两三次，每次时间不要超过20分钟。不要做强度很大、冲击很强的运动，如大跳、劈叉之类。可以用小关节运动做热身，使身体上的每个小关节都活动到。对于受伤肌肉附近的关节，要轻柔均匀地多做几次环绕、曲直等动作。每天用热水冲洗肌肉拉伤的部位，促进血液循环。有时可以摸到肌肉紧张形成的硬块，碰触会有疼痛感。跳舞最容易受到伤害的是大腿和小腿的肌肉。如果活动明显受到限制，不便于关节活动，可以用指腹按压受伤肌肉，沿着肌肉的纹路，来回反复按压。如果孩子受伤比较严重，就需要及时送医就诊。

四、如何引导幼儿学习音乐

幼儿音乐教育是根据幼儿自身发展的特点，有计划、有目的的对幼儿进行音乐熏陶，丰富他们的情感经验，提高他们的审美能力，促进幼儿健全人格的形成及社会性发展的教育。幼儿音乐教育的目标不应该仅仅是追求孩子们学会了几首儿歌，而是在于丰富幼儿的情感，培养初步的感受美、表现美的情趣和能力。

随着社会的发展和生活水平的不断提高，现在的家长越来越重视孩子的音乐教育问题，但也存在对幼儿进行音乐教育时的不同程度的偏差，往往存在期望值过高、跟风、从众选择、态度恶劣、方法机械等问题。有的家长期望孩子才艺出众、出类拔萃，将来成名成家；有的家长则不顾孩子的个性特点、兴趣爱好，盲目跟风，别人的孩子学什么，自己的孩子也要学；也有的家长对学习的结果操之过急，经常采取简单、粗暴的态度，强迫孩子学习，或者将自己的孩子与别人的孩子横向比较，孩子在某个方面不如人家时，常常指责批评，造成孩子心情紧张，对学习恐惧、厌恶；有的有的家长不注意激发孩子的学习兴趣，只知道让孩子机械练习、机械模仿。如练琴，每天强迫孩子在琴前坐一两个小时，从头到尾一遍一遍重复，当孩子练不好时，不分析原因，不帮助找出难点、只一味硬性规定学习时间、学习量。

（一）帮助幼儿认识和发掘自己的音乐兴趣倾向

家长需了解幼儿的生理和心理特点，从幼儿身心健康出发，以培养幼儿审美情趣、陶冶情操、开启智力为目的的开展音乐教育，使音乐教育成为孩子喜欢的快乐活动，真正起到教育的作用。对于孩子的音乐兴趣，家长要先尊重他们的个人意愿，他愿意学习某样器乐或声乐就让他学，而不能将自己的想法强加给他。不要因为别人的孩子是这样，所有自己的孩子也要这样。为了帮助幼儿认识和发掘自己的兴趣倾向，可以让他多做尝试。无论是学艺术或其他，都需要给他提供尝试的机会，而不是过早地下判断。每样东西尽可能让幼儿体验一段时间，然后让孩子自己决定是否继续。当孩子选择继续，作为家长需要一定的监督。孩子的理智没成熟到有控制力，不太懂得坚持的重要性，这个时候就得由家长出面去给他一定的压力，说服幼儿明白坚持的意义，即使一时不明白，也要使他忍耐，给些奖励帮助孩子继续。如果真的没有兴趣了再放弃。

知识链接：

美国学龄前孩子的音乐能力

1. 2～3 岁幼儿的音乐经验

2～3 岁幼儿需要包含着各种声源的环境，如有选择的音乐录音、即兴歌唱的机会以及歌曲曲目的积累。恰当地使用多种材料，以探索为主要方法，可以使他们打下一种丰富的基础，以便将来发展对音乐概念的理解。对这个年龄段来说，各种个体的音乐经验甚为重要，所以不必强调幼儿的一致性集体表演的音乐活动。

2～3 岁幼儿应能够：

① 表演/读谱

游戏时自由即兴式地唱歌；唱民歌和创作歌曲，允许有时与他人合作时不合拍，不入调；自由敲打简单节奏乐器，探索节奏乐器和环境中的音响；随成人对幼儿动作的击乐伴奏走、跑、跳、奔、拍手、停。知道乐谱为何物，称之为音乐。

② 创造

探索它们自身嗓音的各种表现可能性；游戏时即兴编唱；在乐器上和环境声源中创造音响。

③ 听/描述

注意倾听经选择的音乐曲目；自发地随各种类型音乐做律动；认识唱与说的不同；通过律动和动作的静止表现对声音及休止的意识；用即兴律动表现对拍子、速度和音高的意识。

④ 价值

喜欢听音乐和环境中的其他音响。喜欢听其他人歌唱。喜爱在游戏时唱歌。喜爱用环境的身体的和乐器声源来尝试音乐活动。

2. 4～5 岁幼儿的音乐经验

4～5 岁幼儿的社会意识逐渐得以发展。恰当的音乐活动经验包括各种小组活动，如唱歌、歌曲游戏和课堂简易乐器的演奏。另外，对嗓音、身体、自然界和乐器音响的个体探索活动机会也应包括在内。律动是这一年龄阶段儿童表达他们音乐经验的最有效手段。他们喜爱用自己的思想、律动、语言和音响进行游戏。突出自由探索的各种音乐活动可以为他们日后的创造性音乐成长打下最积极的基础。

4～5岁幼儿(在结束幼儿园教育时)应能够:

① 表演/读谱

运用歌唱嗓音,并有别于说话嗓音;在他们的自然音域内唱歌时基本上音准;在律动和课堂简易乐器的演奏中,表现出对拍子、速度、力度、音高及分句异同的意识;喜爱唱无意义音节歌、民歌和歌曲游戏。运用图片、图形和其他符号来表示音高、时值型和简易曲式。

② 创造

在课堂简易乐器上探索各种音型;在各种课堂和游戏活动中,自发地即兴唱歌;用歌唱和乐器为未完成的旋律乐句创编"答句";用乐器、环境的及身体的音响来表达思想和情绪。

③ 听/描述

注意短小的音乐选段;注意倾听更广的音乐曲目;通过律动或课堂简易乐器,对音乐的要素(如音高、时值、响度)和音乐的风格(如进行曲、摇篮曲)做出反应;用律动或语言描述音乐中的异同,如强弱、快慢、长短、级进跳进、相似对比。根据外形、尺寸、音高和音色对课堂简易乐器和一些传统乐器进行分类;用一些简单的音乐术语来描述声音。

④ 价值

表现出对音乐是日常生活一部分的意识;喜爱独自或与他人唱歌、律动及演奏乐器;尊重音乐和音乐家。

(二) 采取形式多样、内容丰富的教育方式

家庭教育具有游戏性、随机性、灵活性和生活性的特点,对幼儿的音乐教育可以在家庭生活的任何时间、任何场合随时随地地进行。孩子喜欢新奇有趣、贴近生活的活动,形式和内容单一的活动往往会让孩子厌倦乏味。如果家长长期对孩子的音乐教育只局限于一两种形式和内容或完全照搬人家的教育方式,会让孩子失去对音乐的兴趣。家长须了解自己孩子的兴趣,根据孩子的兴趣爱好采取多种形式,如学习乐器,在孩子弹枯燥的练习曲时,可以教给孩子一些有趣的、孩子喜欢的幼儿歌曲,增加孩子弹琴的兴趣。还可以将孩子平日弹得好的曲子录下来放出来听一听,再弹一弹来比较等,在音乐教育上为其创造更好的音乐环境。在实施方式上,家长应采取与游戏相结合的方式进行音乐教育,幼儿有热爱游戏的天性,家长在游戏中渗入音乐教育,使幼儿在游戏中能够获得音乐体验。在形式上,家长也应采用教孩子唱歌或组织家庭卡拉OK,与其他家庭联谊开展音乐活动等。同时,家长应给孩子提供多种类型、内容丰富的音乐,让孩子对传统音乐、西洋音乐、古典音乐及流行音乐都有所了解。另外,家长的态度应该是积极的、理解的、耐心的和期待的,因为幼儿是需要得到承认和鼓励的,他们喜欢成功,喜欢得到大人的认可和赞扬,经常性的鼓励可以使得幼儿的音乐学习更有自信和恒心。

(三) 不断提高自身的音乐修养

家长是家庭音乐教育的主动实施者,在家庭音乐教育中起着关键作用,家长自身的音乐修养不同也会影响音乐教育的实施。家长可以通过书刊、电视、网络等了解音乐知识和学习科学的教育方法,而且还能接触到很多不同类型的音乐,使他们在美的环境中体验音乐美的同时,增加音乐修养和音乐审美能力,当家长的自身音乐修养提升后,对孩子的音乐教育会更加有效。

作为家长最好的教育方式是榜样,以身作则才会有效果。家长千万不要孩子在练习的时候,做一些影响孩子学习事情,如玩电脑或打麻将,这样孩子只会就觉得不公平,不会再专门学习音乐。如果抱着认真负责的态度和孩子一起学,用热爱和认真的学习行动、态度去感染孩子,效果比粗暴的管教要好得多。有家长的共同参与,孩子就不会觉得孤单无助。若家长能懂一点基础的乐理知识,就可以和孩子进行交流和讨论,家长与孩子的音乐互动活动不仅是对孩子实施教育活动,更是亲子活动。

知识链接：

幼儿早期应学习的十项音乐基本概念(Chosky,1974)

音乐基本概念	说　　明
力　度	音的强弱或大小声
速　度	音的快慢
音　色	人声或乐器的辨别;强调音质、音源、表情等
节　奏	音的长短
拍　子	固定不变的节奏,强调拍与节奏间的区别及平衡
重　音	音的轻重
单拍与复拍	乐曲中,每拍2等分与3等分之区辨
乐　句	简易区辨相同、类似及不同的概念
曲　式	较复杂,在大型音乐结构中区辨相同、类似及不同的概念
曲　调	音的高低

 **案例分析**

情景案例：

5岁的文文是小区里颇有名气的孩子,别看年龄小,她已拿下了钢琴二级、剑桥英语一级和芭蕾舞三级的证书。但是,文文的生活成天围绕着兴趣班的考级,不仅孩子很疲惫,家长也是非常忙碌和辛苦。妈妈经常为兴趣班的事情冲文文发火,这些都让文文丝毫感受不到兴趣班学习的乐趣,小小年纪的孩子每天都闷闷不乐。文文妈妈说,她这么做都是为孩子今后升学做准备的。因为现在报考的人越来越多,还有的家长给孩子跳级报考,很多孩子的压力比她家文文还要大。

案例分析：

这是当前艺术教育中常见的现象,家长为了让孩子具备一定的竞争优势、不输在起跑线,或者想让孩子在某个方面出人头地而强迫孩子参加某项兴趣学习。比如,让孩子学习钢琴,就是为了以后参加考级,为升学增加优势。

如果是出于功利目的让孩子参加兴趣班学习,最根本的害处是:如果孩子没有机会自己找到学习的兴趣动力,在成年后就难以具备成功所需的想象力、创造力以及内在的动力。对于真正的成功来说,内在的动力要素,要比才华、技能本身重要得多。

五、如何指导幼儿开展艺术创作

家庭生活中处处有美,艺术创作就源于生活。幼儿的艺术创作是审美感知和审美想象的外化,创作过程中的发现和反思必将进一步促进审美感知能力的发展,然而,幼儿只是一个生活的学习者和探索者,还离不开家长的循循善诱,其潜在的能力还需要家长的引导。家长要善于开发幼儿对美的感受能力、欣赏能力和评价能力,从而使幼儿能够感受到生活的美,并从中捕捉到美,产生对美的表现欲望,达到创造美的目标。

 **策略探究**

（一）开展丰富多彩的亲子活动，引导幼儿体验生活

家长要认识到兴趣才是幼儿艺术创作的催化剂。大部分幼儿都会对音乐、美术等艺术活动产生浓厚的兴趣，但也有个别幼儿对艺术活动兴趣不大，有的孩子不敢自我表现，这就需要教师去鼓励他们，去激发孩子的学习欲望。根据幼儿充满童趣、天真、求知欲强、好模仿、形象记忆等年龄特点，家长应选择幼儿容易感兴趣的内容入手陶冶幼儿的兴趣。例如，在家长带孩子秋游中，可以让幼儿捡树叶，感知秋天的美，了解树叶的一些简单形状、结构，当幼儿对树叶产生了浓厚的兴趣时，再让幼儿发挥想象，用树叶粘贴小猫、孔雀、金鱼等等不同的形象，也可以让幼儿用彩笔画出美丽的叶子，或者用相机记录下美丽的秋天。幼儿对艺术的兴趣源于生活经验，要让幼儿内心产生创作冲动，就要开展丰富多彩的活动，引导他们体验生活，形象地理解事物。

（二）教会幼儿基本的创作技能

幼儿阶段的音乐、美术活动具有启蒙性的。家长要先教给幼儿一些简单的技能，为幼儿进行创造性活动打下良好的基础。比如，在绘画方面，教会幼儿画一些简单的线条和物体，横线和竖线，各种花纹、几何图形，以及房屋、小鸟、蘑菇等，在色彩上能掌握最简单的配色方法，会处理色彩之间深与浅的对比关系，在构图上能把主要形象画得大些，画在突出的位置上，并能适当加些相关的细节等等。幼儿只有在了解物体的基本形象的基础上，才会进一步发挥自己的想象和创作。在手工方面，家长要教会幼儿使用剪刀，会进行折叠粘贴连接及处理不同质感不同形状的材料，能独立进行简单的造型组合。又如，教幼儿创编动作时，可以让幼儿在欣赏作品的同时边唱边跳，并结合日常生活的经验，创编出自己喜爱的动作。家长可以扮演摄影师，让每个幼儿做出一个可爱的造型，并用相机拍下美好的形象。这样幼儿不仅增加了兴趣，还能萌发更多的想象。

（三）鼓励和引导幼儿大胆和自由地表现自己的艺术创作

家长的鼓励和引导是幼儿艺术创作的关键。家长主要的任务就是引导幼儿去发现美、表现美、创造美，当幼儿发现美之后，要充分信任、尊重他们。幼儿的行为不受约束，不会形成固定的思维模式，这让幼儿创作出的作品形象与现实生活可能存在比较大的差异。如幼儿画小鱼时，画得形象各异，脱离实际，甚至还会用黑色表现被污染的小鱼，这时，需要的是家长的理解与尊重。家长要与幼儿一起讨论欣赏画面的内容，并对幼儿的创造性给予鼓励。家长在幼儿艺术教育活动中，一定要从幼儿的特点出发，鼓励幼儿大胆和自由地表现自己的艺术创作或想法。如当幼儿听到音乐时，往往会根据音乐的旋律产生不同的想象，这时教师要引导其表达出自己的想象和想法，鼓励其根据自己的想法进行自由创造，这对培养幼儿的艺术创造能力是非常有利的。

 案例分析

情景案例：

有一次，儿子昆昆在家画菊花，我发现孩子的菊花画得很棒，色彩丰富，姿态各异，然而却在画面上部涂上了一团团的黑色。虽然看了心里不大满意，可我还是耐着性子问："为什么要在这里涂上黑色？"他得意地告诉我，"天黑了啊！"他的回答让我出乎意料，庆幸自己没有贸贸然地去批评他，否则就伤害到他的想象力了，孩子的心中有一百种语言，孩子发现的美也就有一百种美，因为孩子是创造的天才。

案例分析：

幼儿的艺术创作是不能用对与错去形容的。在幼儿没有按照家长的要求去做时，又或者幼儿呈现的作品与众不同时，家长不妨冷静下来听听他们的意见，允许幼儿在展现个性特点的基础上大胆表现，让他发表自己与众不同的见解，从而形成积极的创新热情，培养幼儿的创造能力。哪怕有时幼儿的想法很奇怪，甚至很荒诞，家长也不能以成人的标准横加指责，而应敏锐地捕捉其创新思维的闪光点，并加以有效的引导，发展幼儿的艺术创作潜能。

操作技能训练

堂上练习：扫码查看亲子手工活动资料，指出该活动方案的优缺点并尝试修改完善。

8-2

课外拓展任务

1. 素质拓展

扫码阅读文章，谈谈对你指导家长开展亲子艺术活动有什么启发意义？

2. 活动拓展

结合见习实习(或模拟)向家长推荐一项适合家庭参与的艺术欣赏活动。

8-3

参 考 文 献

专著:

1. 幸福新童年编写组编.《3～6岁儿童学习与发展指南》家长读本[M]. 北京：旅游教育出版社,2012.
2. 幸福新童年编写组编.《3～6岁儿童学习与发展指南》解读[M]. 北京：首都师范大学出版社,2012.
3. 李季湄,冯晓霞主编.《3～6岁儿童学习与发展指南》解读[M].北京：人民教育出版社,2013.
4. 李季湄主编.《3～6岁儿童学习与发展指南》实施问答[M].北京：北京师范大学出版社,2014.
5. 管旅华.《3～6岁儿童学习与发展指南》案例式解读[M].上海：华东师范大学出版社,2013.
6. 杨宁,张艳婷主编.《3～6岁儿童学习与发展指南》教师培训读本[M].广州：广东教育出版社,2013.
7. 张敬培等著.3～6岁儿童家庭教育现状调查[M].北京：教育科学出版社,2014.
8. 张富洪主编.幼儿园班级管理[M].上海：复旦大学出版社,2013.
9. 中国儿童中心组编.我国家庭教育指导服务体系状况调查研究[M].北京：中国人民大学出版社,2014.
10. 李红主编.幼儿心理学[M].北京：人民教育出版社,2007.
11. 张俊主编.幼儿园领域课程资源[M].北京：教育科学出版社,2014.
12. 董旭花主编.幼儿园科学区(室)：科学探索活动指导117例[M].北京：中国轻工业出版社,2014.
13. 刘洪霞主编.儿童科学教育主题活动创意设计[M].北京：中国轻工业出版社,2014.
14. 夏力主编.学前儿童科学教育活动指导[M].上海：复旦大学出版社,2015.
15. 张俊等著.幼儿园科学领域教育精要[M].北京：教育科学出版社,2015.

论文:

1. 李媛.家长的幼儿身体健康教育观的调查研究[J].新课程研究(下旬刊),2011(02)：55.
2. 李荣等.给幼儿父母的70条营养建议[J].家庭教育,2006(12)：18.
3. 王宏臣.幼儿家庭营养处方[J].家庭教育,2009(12)：43.
4. 李小伟.莫让超载的运动压坏幼儿身体[N]中国教育报,2012-11-25(001).
5. 陈金菊.亲子互动对幼儿情绪调节能力的影响及策略[J].早期教育,2012(07)：86-88.
6. 赵冬梅.案例解析幼儿情绪情感培养[J].教育导刊,2009(10)：22-24.
7. 刘相群.家长要做好新入园宝宝的适应期工作[J].山东教育,2010(01)：124.
8. 张晓红.在体育游戏中培养幼儿的协调能力[J].山西教育,2015(07)：37.
9. 向晓燕.小班亲子体育活动：和爸爸妈妈去旅行[J].早期教育,2014(07)：67.
10. 麦婉华.体育活动中要培养幼儿的自我保护意识[J]教育导刊,1999(04)：22.
11. 顾丽梅.关于在家庭中培养幼儿生活自理能力的思考[J].当代家庭教育,2011(02)：32-33.
12. 张蓉.培养家务小帮手—让孩子爱上劳动[J].早期教育,2015(07)：7-9.
13. 张富洪,麦彩屏.幼儿良好饮食习惯的家庭养成教育[J].教育导刊,2008(10)：58-59.

14. 王方.改善幼儿进餐行为的个案研究[J].早期教育,2008(01):14-15.

15. 思之.孩子作息不规律别烦恼[J].家长,2013(08):53.

16. 韩晓梅.幼儿良好卫生习惯的养成教育[J].教育实践与研究,2014(12):40-41.

17. 吕静.家长爱干净,孩子洗手习惯好[J].少年儿童研究,2010(09):51.

18. 马婕.如何培养幼儿的阅读兴趣[J].教育教学论坛,2011(09):253.

19. 黄萃.如何培养幼儿良好的阅读习惯[J].课程教育研究,2014(04):79.

20. 蒋丽明.让幼儿学会倾听——浅谈幼儿倾听能力的培养[J].黑龙江教育,2003,(10):46.

21. 王晓娟.幼儿家长倾听行为现状及原因分析[J].教师,2014(8):55.

22. 张明红.3～6岁儿童归属感及其发展[J].幼儿教育,2015,(09):7-9.

23. 张明红.学前儿童归属感培养的教育建议[J].幼儿教育,2015,(09):10-11.

24. 胡琰.幼儿抗挫折能力影响因素及其培养策略研究[J].江苏教育研究,2011(11):46-48.

25. 凌春媛.幼儿抗挫折能力现状调查分析与教育对策[J].早期教育,2013(07):14-19.

26. 李春.如何培养独立自主的幼儿[J].教育导刊,2007(01):55-56.

27. 丁俊玲.从孤立到融入——论幼儿群体意识的培养[J].现代教育科学·普教研究,2010(02),30-32.

28. 孙娓娓.幼儿同伴交往环境的创设[J].哈尔滨职业技术学院学报,2015(03):122-123.

29. 王晓平.在生活化教育中培养幼儿独立自主能力[J].教育导刊,2013(10):68.

30. 杨芸,李远秀等."指导家长从生活小事入手培养幼儿独立性的研究"研究报告[J].成都教育学院学报,2003(02):73-76.

31. 孙彦,周喜华.家庭教育中幼儿规则养成的思考[J].教育与教学研究,2011(02):100-101.

32. 毛小英.刍议家庭科学教育资源的利用与开发[J].小学科学(教师).2013(08):175.

33. 赵美凤.回归生活回归生本—研读《3～6岁儿童学习与发展指南》中"数学认知"部分的体会[J].福建教育.2013(05):32-34.

34. 江虹,陈凯.国外儿童趣味科学实验集锦[J].教学仪器与实验,2008(07):57-59.

35. 裴培.家长如何给孩子加点艺术感[J].当代学前教育,2010(02):44-46.

36. 杨永娜.简析幼儿艺术兴趣的培养[J].教育实践与研究,2015(01):57-59.

37. 王任梅.如何激发幼儿的艺术欣赏能力[N]中国教育报,2014-07-13(001).

38. 林琳.运用艺术家的眼光看世界[J].学前教育研究,2004(01):18-20.

39. 褚晶晶.幼儿名画欣赏内容选择及教学策略初探[J].西北成人教育学院学报,2014,(05):138-140.

40. 金怡.激发审美情感提升幼儿欣赏的能力[J].小学科学(教师论坛),2012(09):162.

41. 陈丽亚.从几则案例片段看幼儿名画欣赏实施的要素[J].当代学前教育,2010(02):14-17.

42. 顾佳力."小舞台"游戏中幼儿创造力培养的实践研究.[J].新课程,2015(04):168.

43. 陈启鹃,蔡玉.谈家长对幼儿绘画作品评价的误区及对策[J].大众文艺,2015(07):229.

44. 谭毛清.引导家长正确评价幼儿的绘画作品[J].好家长,2009(07):79-80.

45. 苏贵民.幼儿园科学领域课程实施研究[D].重庆:西南大学博士论文,2008.

46. 徐光荣.3～6岁幼儿阅读能力培养的研究——基于家庭视角[D].北京:首都师范大学,2015.

47. 陈元芬.早期家庭教育中幼儿语言能力和阅读习惯的培养[D].贵阳:贵州师范大学,2014.

48. 李雪艳.幼儿园故事创编活动的探索研究[D].长春:东北师范大学,2005.

49. 曾钰.昆明市C幼儿园小班幼儿数学教学活动生活化的实践探索[D].昆明:云南师范大学,2015.

50. 齐鑫聪.指导大班幼儿理解数量关系的教学策略研究[D].呼和浩特:内蒙古师范大,2013.

51. 梅艳.美国幼儿园中"数概念"的课程设计特点及其启示[D].武汉:华中师范大学,2014.

52. 查婷婷.关于幼儿家庭音乐教育的现状研究——以武汉市三所幼儿园为例[D].武汉:华中师范大学,2015.

网络资源：

1. http://wenku.baidu.com/百度文库.

2. http://www.sina.com.cn/新浪网.

3. http://www.sohu.com/搜狐网.

4. http://www.163.com/网易网.

5. http://www.preschool.net.cn/中国学前教育网.

6. http://www.yejs.com.cn/中国幼儿教师网.

7. http://www.age06.com/上海学前教育网.

8. http://www.cnki.net/中国知网

课程资源(扫码下载)：

课程标准   课程教案   课程课件   课程练习   其他资源

图书在版编目(CIP)数据

学前儿童家庭教育/张富洪等编著. —上海:复旦大学出版社,2016.8(2023.5重印)
普通高等学校学前教育专业系列教材
ISBN 978-7-309-12466-8

Ⅰ. 学… Ⅱ. 张… Ⅲ. 学前儿童-家庭教育-幼儿师范学校-教材 Ⅳ. G78

中国版本图书馆 CIP 数据核字(2016)第 179179 号

学前儿童家庭教育
张富洪 等编著
责任编辑/高丽那

复旦大学出版社有限公司出版发行
上海市国权路 579 号 邮编:200433
网址:fupnet@ fudanpress.com http://www.fudanpress.com
门市零售:86-21-65102580 团体订购:86-21-65104505
出版部电话:86-21-65642845
常熟市华顺印刷有限公司

开本 890×1240 1/16 印张 11 字数 316 千
2016 年 8 月第 1 版
2023 年 5 月第 1 版第 9 次印刷
印数 27 301—32 400

ISBN 978-7-309-12466-8/G·1627
定价:39.00 元